# Meine südliche Heimat

## oder: Der Süden und seine Menschen

William Wells Brown

Writat

Diese Ausgabe erschien im Jahr 2024

ISBN: 9789361469794

Herausgegeben von
Writat
E-Mail: info@writat.com

# Inhalt

# VORWORT.

Es wurde kein Versuch unternommen, Helden oder Heldinnen zu erschaffen oder die Fantasie oder das Herz anzusprechen.

Die früheren Vorfälle wurden aus den Erinnerungen des Autors niedergeschrieben. Die hier wiedergegebenen späteren Skizzen sind das Ergebnis kürzlicher Besuche im Süden, wo die Vorfälle zum Zeitpunkt ihres Geschehens oder so, wie sie den Erzählern über die Lippen kamen, und in ihrem eigenen, schmucklosen Dialekt niedergeschrieben wurden.

BOSTON , Mai 1880.

# KAPITEL I.

ZEHN Meilen nördlich der Stadt St. Louis im Bundesstaat Missouri stand vor vierzig Jahren auf einer schönen Ebene, die zu einem murmelnden Bach hin abfiel, ein großes, zweistöckiges Fachwerkhaus; vorn war ein wunderschöner See und hinten ein alter Obstgarten voller Apfel-, Pfirsich-, Birnen- und Pflaumenbäume, deren Zweige ungeschnitten waren und alle mittelmäßige Früchte trugen. Das Haus war von Plätzen umgeben, die mit Weinreben, Clematis und Passionsblumen bedeckt waren; der Stolz Chinas mischte sein orientalisch anmutendes Laub mit der majestätischen Magnolie, und die Luft war erfüllt vom Duft der Knospen, die aus jeder Ecke hervorlugten und einem mit einem höchst unerwarteten Willkommen entgegennickten.

Die geschmackvolle Hand der Kunst, die sich in den Gärten europäischer und neuenglischer Villen zeigt, war dort nicht zu sehen, doch man ließ der verschwenderischen Schönheit und harmonischen Unordnung der Natur freien Lauf und offenbarte einen Mangel an Geschmack, den man im sonnigen Süden so häufig antrifft.

Die tödliche Wirkung der Tabakpflanze auf die Ländereien der „Poplar Farm" zeigte sich im üppigen Wachstum der Dornen, Disteln, Kletten und des Stechapfels, die überall sichtbar wurden, wo sie nicht durch den starken Arm des Knechtes in Schach gehalten wurden.

Dr. Gaines, der Besitzer von „Poplar Farm", war ein gut gelaunter, fröhlicher alter Herr, der sich selbst immer glücklich fühlte und allen das gleiche Glück bringen wollte. Unglücklicherweise war der Doktor in Virginia geboren und aufgewachsen, in einer Familie, die behauptete, zu den „FFVs" zu gehören, in Wirklichkeit aber verhältnismäßig arm war. Dr. Gaines heiratete Mrs. Sarah Scott Pepper, eine gebildete Witwe mit mittlerem Vermögen, und wanderte nach Missouri aus, wo er in seiner Gegend zu einem führenden Mann wurde.

Der Doktor war tief durchdrungen vom religiösen Gefühl der calvinistischen Schule, kannte sich gut in der Heiligen Schrift aus und hatte einen unerschütterlichen Glauben an die Macht des Evangeliums, die Welt zu erneuern. Es bereitete ihm große Freude, seine Ansichten überall dort darzulegen, wo ihn seine Pflichten hinriefen.

Als Arzt hatte er keinen sehr hohen Rang, denn es wurde umgangssprachlich berichtet und allgemein angenommen, dass der Vater seinen Sohn für das Handelsgeschäft oder die Anwaltslaufbahn ungeeignet fand und daher beschloss, ihn entweder zum Geistlichen oder zum Arzt zu machen. Mr. Gaines Senior war etwas abergläubig und beschloss, die Frage hinsichtlich des Berufs des Sohnes nicht zu voreilig zu entscheiden und warf daher, so heißt es, einen Cent, da er meinte, dass „Kopf oder Zahl" ein besseres Omen wäre als sein eigenes Urteil in der Angelegenheit. Zum Glück für die Sache der Religion fiel der Kopf zugunsten des medizinischen Berufs. Trotzdem sagte der Sohn oft, er glaube, Gott habe ihn für den *heiligen Beruf bestimmt* und verbrachte viel Zeit damit, seine Nachbarn zur Reue zu ermahnen.

Die meisten Plantagenbesitzer in unserer Gegend kümmerten sich kaum um die religiöse Erziehung ihrer Sklaven und betrachteten sie wie ihr Vieh – eine Investition, deren Ertrag man nur in Dollar und Cent ausdrücken konnte. Anders war es jedoch bei Dr. John Gaines, denn er war besonders stolz darauf, sich um das geistige Wohlergehen seiner Sklaven zu kümmern, indem er sie alle im „großen Haus" zum Familiengottesdienst am Abend und am Morgen einlud.

Am Sabbatmorgen dauerte das Lesen und Erklären der Heiligen Schrift im Allgemeinen ein bis zwei Stunden und oft bis die Hälfte der anwesenden Neger fest schlief. Die weißen Familienmitglieder waren von den religiösen Lehren des Arztes nicht so angetan wie die Schwarzen.

Wegen seines christlichen Eifers hatte ich den größten Respekt, denn ich betrachtete ihn immer als einen wahrhaft frommen und gewissenhaften Mann, der jederzeit bereit war, das Nötige von seinen Mitteln zur Verbreitung des Evangeliums beizutragen.

Mrs. Sarah Gaines war eine Frau von beträchtlichem Wert, gut ausgebildet und von unbestrittener Frömmigkeit. Wenn sie die religiöse Begeisterung ihres Mannes nicht von ganzem Herzen teilte, lag das nicht daran, dass es ihr an tiefem und echtem christlichem Gefühl mangelte, sondern an der Vorstellung, dass er von bescheidenerer Herkunft als sie selbst war und daher kein fähiger Lehrer.

Dieser Unterschied in der Geburt, dieser Unterschied in der Vergangenheit trägt im Süden viel dazu bei, die Familienbeziehungen zu stören, wo immer sie bestehen, und wenn Mrs. Gaines ihre Verachtung für die Ansichten des Doktors zeigen wollte, spielte sie auf ihre eigene Abstammung und Geburt im Vergleich zu der ihres Mannes an. So sagte sie einmal, als sie ein „Familienfest" veranstalteten, mit Tränen, die ihr über die Wangen liefen, und rang die Hände:

„Meine Mutter sagte mir, ich sei ein Narr, einen Mann zu heiraten, der mir in der Gesellschaft so weit unterlegen ist. Und jetzt zeigst du es, indem du mich so sehr bedrängst und reizt, wie du nur kannst. Aber mach dir nichts daraus; ich danke dem Herrn, dass er mir Religion und die Gnade gegeben hat, es auszuhalten. Mach dir nichts daraus, eines Tages wird der Herr seine

Juwelen zusammenstellen – mich heim in die Herrlichkeit bringen, außer Sichtweite von dir – und dann werde ich teuflisch froh darüber sein!"

Solche unangenehmen Szenen kamen jedoch nicht jeden Tag vor und daher kann man davon ausgehen, dass das große Haus auf der „Poplar Farm" eine glückliche Familie beherbergte.

Sklavenkinder mit fast alabasterfarbener Haut, glattem Haar und blauen Augen, deren Mütter pechschwarz oder braun waren, waren in den Haushalten der Südstaaten und insbesondere für die Hausherrin oft ein großer Ärgernis.

Billy, ein Quadroon von acht oder neun Jahren, war unter den jungen Sklaven im Haus des Doktors und wurde damals zum Diener ausgebildet. Wer einen flüchtigen Blick auf den Jungen wirft, würde nie vermuten, dass ein Tropfen Negerblut durch seine blauen Adern floss. Ein Herr, den Dr. Gaines kennengelernt hatte, der aber nichts von dessen Familienbeziehungen wusste, besuchte das Haus während der Abwesenheit des Doktors. Mrs. Gaines empfing den Fremden und bat ihn, Platz zu nehmen und zu bleiben, bis der Gastgeber zurückkäme. Während er so wartete, hatte der Junge, Billy, Gelegenheit, durch das Zimmer zu gehen. Der Fremde, der annahm, der Junge sei ein Sohn des Doktors, rief aus: „Guten Tag!" und wandte sich an die Dame und sagte: „Wie sehr er seinem Vater ähnelt; ich hätte gewusst, dass es der Sohn des Doktors ist, wenn ich ihn in Mexiko getroffen hätte!"

Mit gerötetem Gesicht und aufgeregter Stimme informierte Mrs. Gaines den Herrn, dass der kleine Kerl „nur ein Sklave und nichts weiter" sei. Nachdem der Fremde gegangen war, sah man Billy mit bloßem Kopf, Hals und Schultern Gras im Garten ausreißen, während die Strahlen der brennenden Sonne das Kind zum Schmelzen zu bringen schienen.

Dieser Vorgang wurde alle paar Tage wiederholt, um dem Sklaven die Farbe zu geben, die ihm die Natur verweigert hatte. Und dennoch galt Mrs. Gaines nicht als grausame Frau, sondern als eine gütige Herrin. Billy jedoch wurde ein paar Tage später noch viel schlimmer geröstet als in der Sonne.

Der Morgen war kühl und der Frühstückstisch stand neben dem Kamin, in dem ein frisch entfachtes Feuer loderte. Mrs. Gaines, die nahe genug saß, um die immer größer werdenden Flammen deutlich zu spüren, befahl Billy, sich vor sie zu stellen.

Der Junge gehorchte sofort. Seine dünne Kleidung bot ihm nur wenig Schutz vor dem Feuer, und bald begann der Junge Grimassen zu schneiden, sich zu winden und zu bewegen, wobei er deutliche Anzeichen von Leiden zeigte.

„Was rumtreibst du so?", fragte die Herrin. „Es brennt mir", antwortete der Junge. „Dann dreh dich um", sagte die Herrin. Und der Sklave begann sich zu drehen und machte so weiter, bis die Dame vom Tisch aufstand.

Billy war jedoch nicht ganz ohne seine Krümel Trost. Es war seine Pflicht, die heißen Kekse aus der Küche an den großen Haustisch zu bringen, während die Weißen beim Essen waren. Der Junge wartete oft auf seine Gelegenheit, nahm einen „Kuchen" vom Teller und versteckte ihn in seiner Tasche, bis das Frühstück vorbei war, und genoss dann seinen gestohlenen Gewinn. Eines Morgens bemerkte Mrs. Gaines, dass der Junge, nachdem er die „Kuchen" hereingebracht hatte, ständig im Zimmer hin und her ging, und sah auch, dass die Tasche des kleinen Kerls ziemlich weit herausragte, und vermutete, dass dort etwas Heißes war, und sagte: „Komm her." Der Junge kam herbei; sie drückte ihre Hand gegen die heiße Tasche, woraufhin der Junge zurücksprang. Wieder wiederholte die Herrin: „Komm her", und mit demselben Ergebnis.

Das brachte natürlich den ganzen Raum, die Diener und alle, zum Toben. Immer wieder wurde dem Jungen befohlen, „heraufzukommen", was er auch tat, wobei er jedes Mal zurücksprang, bis die Hitze des Kekses erschöpft war. Dann musste er ihn herausnehmen und in den Hof werfen, wo die Gänse ihn packten und ein Volksfest darüber veranstalteten. Billy wurde von seinen Kameraden in der Küche und im Quartier herzlich ausgelacht, und die große Blase, die der heiße Keks verursacht hatte, sorgte bei den Sklaven eher für Heiterkeit als für Mitleid mit dem Jungen.

Als Mrs. Gaines eines Tages nicht zu Hause war und auch die übrige Familie nicht zu Hause, begann Billy mit der Schrotflinte zu spielen, die in der Ecke des Zimmers stand und von der der Junge annahm, dass sie nicht geladen war. Auf einem Eckregal, direkt über der Flinte, stand eine Hutschachtel, in der alle Mützen und Manschetten von Mrs. Gaines, die damals häufig verwendet wurden, sorgfältig verstaut waren.

Da das Gewehr mit einem Steinschloss ausgestattet war, machte es sich der Junge zum Vergnügen, den Hahn herunterzulassen und Feuer zu machen. Dadurch wurde Pulver in die Pfanne geschleudert und das Gewehr, das stark mit Schrot geladen war, wurde abgefeuert, wobei der Inhalt durch die Bandschachtel mit den Zündhütchen floss, diese buchstäblich in Stücke schnitt und über den Boden verstreute.

Billy sammelte die Bruchstücke auf, legte sie in die Kiste und stellte sie auf das Regal – er war der Einzige, der von dem Unfall wusste.

Ein paar Tage später erwartete Mrs. Gaines Besuch; sie rief Hannah, sie solle ihr eine saubere Mütze bringen. Als die Dienerin versuchte, die Kiste herunterzunehmen, rief sie aus: „Meine Güte, Misses, wenn die Ratten nicht an diese Mützen geraten und sie in Stücke schneiden, dann sehen Sie mal her." Mit einem unbeschreiblichen Erstaunen betrachtete die Herrin die Bruchstücke, als sie auf den Boden ausgeschüttet wurden.

In diesem Moment kam Hannah eine neue Idee und sie sagte: „Ich wette, das Gewehr hat was abgefeuert."

„Wo ist Billy? Wo ist Billy?", rief die Herrin. „Wo ist Billy?", wiederholte Hannah. Aus Angst, die Dame könnte Krämpfe bekommen, eilte ich hinaus, um den Jungen zu suchen, aber er war nirgends zu finden. Als ich zurückkam, fand ich sie weinend und händeringend vor. Sie rief: „Oh, ich bin ruiniert, ich bin ruiniert; die Gesellschaft kommt und kein sauberer Hut ist im Haus. Oh, was soll ich tun, was soll ich tun?"

Ich versuchte sie zu trösten, indem ich ihr vorschlug, dass die Diener rechtzeitig eins bereit machen könnten. Billy erschien bald und schaute verwundert zu. Als ich ihn fragte, wie er dazu gekommen sei, das Gewehr abzufeuern, erklärte er, er wisse nichts davon und: „Wenn das Gewehr losging, dann von ganz allein." Der Junge gab jedoch zu, dass das Schloss oder der Abzug gerissen war. Er bekam nur eine leichte Tracht Prügel, und dafür wurde er reichlich belohnt, indem er Gelegenheit hatte zu erzählen, wie „die Zündhütchen im Zimmer herumflogen, als das Gewehr losging."

Als er das Ereignis einige Zeit später im Quartier schilderte, sagte er: „Meine Güte, Sie hätten nicht die fliegenden Mützen und den Staub und Rauch im Zimmer sehen sollen. Ich dachte, der Tag des Jüngsten Gerichts sei gekommen, ganz sicher." Bei der Ankunft der Gesellschaft machte Mrs. Gaines eine sehr ansehnliche Erscheinung, obwohl die Mützen und Schnürsenkel zerstört waren. Einer der Besucher bei dieser Gelegenheit war ein junger Mr. Sarpee aus St. Louis, der, obwohl über einundzwanzig Jahre alt, noch nie etwas vom Landleben gesehen hatte und deshalb unbedingt über Nacht bleiben und auf Waschbärjagd gehen wollte. Da Dr. Gaines hinkte, konnte er den Herrn nicht begleiten, sondern schickte Ike, Cato und Sam, drei der erfahrensten Waschbärjäger der Farm. Die Nacht brach herein und der junge Mann und die Jungen machten sich auf zur Waschbärjagd. Nachdem sie etwa eine halbe Stunde im Wald verbracht hatten, witterten die Hunde das Wild, zur großen Freude von Mr. Sarpee, der mit einer doppelläufigen Pistole bewaffnet war, die er, wie er sagte, sowohl zu seinem „Schutz als auch zum Erlegen des Waschbären" bei sich trug.

Das Anhalten der Jungen und das schnelle, scharfe Bellen der Hunde kündigten an, dass das Wild auf einen Baum getrieben war, und der Herr aus der Stadt drängte in der freudigen Erwartung, den Waschbären zu sehen, weiter vorwärts und benutzte seine Pistole. Doch die Jungen stießen bald den Ruf „Iltissin, Iltis; aus dem Weg" aus und zogen sich gleichzeitig zurück, als fürchteten sie einen Angriff des Tieres. Nicht so bei Mr. Sarpee; er blieb mit der Pistole in der Hand stehen und wartete darauf, das Wild zu sehen. Er war nicht lange in Ungewissheit, denn bald erschien das weiß und schwarz gefleckte Geschöpf, woraufhin der Herr aus der Stadt das Feuer auf das Stinktier eröffnete, dessen Angriff sofort vom Tier beantwortet wurde, und zwar auf eine Art und Weise, die den jungen Mann wünschen ließ, er wäre ebenfalls mit den Jungen zurückgewichen. Einen solchen Geruch hatte er noch nie eingeatmet, und was noch schlimmer war, sein Gesicht, sein Kopf, seine Hände und seine Kleidung waren mit der Ursache des Geruchs bedeckt, und der Herr sagte sofort: „Kommt, lasst uns nach Hause gehen; Ich habe genug von der Waschbärjagd.“ Aber den Jungen machte es großen Spaß.

Die Rückkehr der Gruppe nach Hause war das Signal für ein herzhaftes Lachen, und zwar auf Kosten des Stadtherrn. Der Geruch war so stark und unangenehm, dass der junge Mann in die Scheune gehen musste, wo er seine Kleidung auszog und sich von den Bediensteten waschen ließ. Seife, Scheuerbürsten, Handtücher, ja, alles wurde angefordert, aber alles ohne Zweck. Der Stinktiergeruch war da und würde wahrscheinlich bleiben. Am nächsten Morgen saßen sowohl Familie als auch Besucher am Frühstückstisch, außer Mr. Sarpee. Er war noch in der Scheune, in der er die Nacht zuvor geschlafen hatte. Es schien auch keine Hoffnung zu bestehen, dass er das Haus besuchen könnte, denn der Geruch war unerträglich. Das Ersetzen seiner eigenen Kleidung durch einen Anzug des Doktors konnte den Geruch nicht beseitigen.

Dinkie, der Zauberer, wurde gerufen. Er musterte den jungen Mann, schüttelte wissend den Kopf und sagte, es sei eine große Aufgabe. Mr. Sarpee holte einen mexikanischen Silberdollar heraus, reichte ihn dem alten Neger und sagte ihm, er solle sein Bestes geben. Dinkie lächelte und glaubte, er könne den Geruch vertreiben.

Seine Abhilfe bestand darin, eine Grube zu graben, die groß genug war, um den Mann aufzunehmen, ihn hineinzulegen und mit frischer Erde zu bedecken. Daraufhin wurde Mr. Sarpee, nachdem er seine gesamte Kleidung ausgezogen hatte, begraben, bis auf seinen Kopf, während seine Kleidung auf die gleiche Weise versorgt wurde. Ein Diener hielt einen Regenschirm über den unglücklichen Mann und fächelte ihm während der acht Stunden, die er dort lag, Luft zu.

Als er um sechs Uhr abends aus der Grube geholt wurde, stimmten alle mit Dinkie darin überein, dass Mr. Sarpee „süßer roch“ als bei seiner Bestattung am Morgen; der Geruch des „Iltisses“ war immer noch da. Am nächsten Tag verbrachte er noch fünf Stunden in der Grube, nachdem Dinkie ihn mit seinem „Gopher“ abgerieben hatte, und der junge Mann war bereit für die Heimkehr in die Stadt.

Ich habe nie wieder gehört, dass Herr Sarpee an einer „Waschbärjagd" teilgenommen hätte.

Keine meiner Beschreibungen kann jedoch auch nur annähernd eine richtige Vorstellung von der großen Heiterkeit der gesamten Sklavenbevölkerung auf der „Poplar Farm" vermitteln, die durch die „Waschbärjagd" verursacht wurde. Sogar Onkel Ned, der alte, pensionierte Sklave, der selten die Grenzen seiner eigenen Hütte verließ, humpelte bei dieser Gelegenheit hinaus, um einen Blick auf „de gentleman fum de city" zu werfen, während er in der Grube begraben war.

Nachts vergnügten sich die Sklaven in den Quartieren bei der „Waschbärjagd".

„Meine Güte, aber hat der Iltis ihm nicht eine große Dosis gegeben?", sagte Ike.

„Aber wie Mr. Sarpee Französisch miteinander geredet hat, als der alte Waschbär ihn bedrängt hat", bemerkte Cato.

„Ich wette, er wird so bald nicht mehr auf Waschbärjagd gehen", sagte Sam.

„Die Waschbärjagd" und „die Waschbärenjagd in der Stadt" war tagelang Gesprächsthema.

# KAPITEL II.

ICH HABE bereits gesagt, dass Dr. Gaines ein Mann mit tiefen religiösen Gefühlen war, und dieses Interesse beschränkte sich nicht nur auf die Weißen, denn er war der Ansicht, dass es die christliche Pflicht sei, zur Rettung der gesamten Menschheit beizutragen, ob weiß oder schwarz. Er sagte oft: „Ich betrachte unsere Neger als von einer allweisen Vorsehung zu ihrem besonderen Wohle geschenkt, und wir sollten ihnen die christliche Zivilisation vermitteln." Und zu diesem Zweck arbeitete er äußerst gewissenhaft.

Egal wie anstrengend die Arbeit auf der Plantage war, ob Saat- oder Erntezeit, ob Regen oder Frost drohten, nichts konnte ihn davon abhalten, alle Sklaven abends und morgens zum Familiengebet einzuladen. Außerdem wurden die älteren Diener oft eingeladen, an den Übungen teilzunehmen. Sie leiteten immer den Gesang und durften am Sabbatmorgen Fragen stellen, die biblische Erklärungen erforderten. Natürlich waren einige der Fragen und Gebete ziemlich grob und riefen bei einem gebildeten Menschen eher Gelächter als Feierlichkeit hervor.

Als der Doktor eines Morgens sein Haus verließ, um die Stadt zu besuchen, befahl er Jim, einem alten Diener, im Roggenfeld etwas zu mähen. Als er zurückkam und das Roggenfeld so vorfand, wie er es am Morgen verlassen hatte, rief er Jim herbei und verprügelte ihn brutal, ohne dem Mann Gelegenheit zu geben, zu erklären, warum er die Arbeit vernachlässigt hatte. Als die Frau beim Abendessen von dem Vorfall berichtete, sagte sie:

„Es tut mir sehr leid, dass Sie Jim ausgepeitscht haben, denn ich habe ihn mitgenommen, um im Garten zwischen meinen Blumenbeeten zu arbeiten."

TROPISCHE ÜPPIGKEIT.

Darauf antwortete der Doktor: „Macht nichts, ich werde alles mit Jim klären."

Und tatsächlich tat er das, denn an diesem Abend sagte er beim Gebet: „Es tut mir leid, Jim, dass ich dich heute korrigiert habe, denn deine Herrin hat mir erzählt, dass sie dich im Blumengarten arbeiten ließ. Nun, Jim", fuhr er in einem sehr gefühlvollen Ton fort, „ich möchte meinen Dienern gegenüber immer Gerechtigkeit walten lassen, und du weißt, dass ich keinen von euch absichtlich misshandele, und heute Abend werde ich dich das Gebet anführen lassen."

Jim nahm die Entschuldigung dankbar an und akzeptierte die Situation mit Tränen der Dankbarkeit und überfließendem Herzen. Denn Jim strebte danach, wie die meisten Farbigen Prediger zu werden, und schätzte eine Gelegenheit, seine Überzeugungskraft zu beweisen, sehr. Und an diesem Abend machte der alte Mann von der ihm gewährten Freiheit großartigen

Gebrauch. Nachdem er allgemein für alles gebetet und dem Herrn erzählt hatte, was für ein großer Sünder er selbst sei, sagte er:

„Nun, Herr, ich möchte Sie besonders bitten, zu versuchen, den Herrn zu retten. Sie wissen, dass der Herr denkt, er sei sehr gut; Sie wissen, dass der Herr sagt, er würde in den Himmel kommen; aber Herr, ich habe meine Zweifel; und dennoch möchte ich, dass der Herr gerettet wird. Bitte, bekehre ihn noch einmal; nimm ihn, lieber Herr, am Nacken, schüttle ihn über der Hölle und zeige ihm seinen Zustand. Aber, Herr, lass ihn nicht in die Hölle fallen, lass ihn nur sehen, wohin er gehen sollte, aber lass ihn nicht dorthin gehen. Und nun, Herr, wenn du den Herrn retten willst, werde ich dir die Ehre geben.“

Die Empörung, die der Arzt am Ende von Jims Gebet zum Ausdruck brachte, sagte dem alten Neger, dass er diesmal zu weit gegangen war. „Was meinst du damit, Jim, mich auf diese Weise zu beleidigen? Du bittest den Herrn, mich wieder zu bekehren. Und betest, dass ich über die Hölle stolpern möge. Ich hätte große Lust, dich zu fesseln und dir eine ordentliche Strafe zu verpassen. Wenn du jemals wieder so ein Gebet sprichst, werde ich dich ordentlich auspeitschen, das werde ich.“

Dr. Gaines war sich der Pflicht der Herren gegenüber ihren Sklaven so sehr bewusst, dass er zusammen mit einigen seiner Nachbarn eine religiöse Bewegung ins Leben rief, die den Schwarzen an den Corners alle zwei Wochen eine Predigt ermöglichte, und zwar von einem gebildeten Weißen. Der für diese Aufgabe ausgewählte Reverend John Mason war ein stämmiger, fleischiger, fauler Mann, der, wenn er ein Haus betrat, den nächsten Stuhl suchte, ihn in Besitz nahm und ihn bis zuletzt festhielt.

Er war viele Jahre als Kolporteur oder Missionar tätig gewesen und predigte manchmal zu den armen Weißen und manchmal zu den Sklaven. Für diese Tätigkeit wurde er entweder von den Plantagenbesitzern oder von der vorherrschenden Religionsgemeinschaft in der Gegend, in der er arbeitete, entlohnt. Mr. Mason hatte den Charakter der Menschen, zu denen er predigen sollte, sorgfältig studiert und nutzte jede Gelegenheit, um sich seinen Pflichten zu entziehen und sie einigen Sklaven aufzubürden, von denen viele immer bereit und willens waren, zu ermahnen, wenn sie dazu aufgefordert wurden.

Wir werden seine erste Predigt nie vergessen und die tiefe Empfindung, die sie sowohl bei Herren als auch bei Sklaven, und besonders bei letzteren, hervorrief. Nachdem er als Text gewählt hatte: „Wer den Willen seines Herrn kennt und ihn nicht tut, wird viele Schläge erhalten“, sprach er im Wesentlichen wie folgt:

„Wenn Sie nun *bestraft* werden, verdienen Sie sie entweder oder nicht. Aber ob Sie sie nun wirklich verdienen oder nicht, es ist Ihre Pflicht, und der allmächtige Gott verlangt, dass Sie sie geduldig ertragen. Sie mögen vielleicht denken, dass dies eine harte Lehre ist, aber wenn Sie sie für richtig halten, müssen Sie zwangsläufig anders darüber denken. Angenommen, Sie verdienen eine Strafe, dann können Sie nur sagen, dass es gerecht und richtig ist, dass Sie sie erhalten. Angenommen, Sie verdienen keine oder zumindest nicht so viel oder so strenge Strafe für den Fehler, den Sie begangen haben, dann sind Sie vielleicht vielen weiteren entgangen und werden schließlich für alles bezahlt. Oder angenommen, Sie sind völlig unschuldig an dem, was Ihnen vorgeworfen wird, und leiden zu Unrecht in dieser speziellen Sache, ist es dann nicht möglich, dass Sie eine andere schlechte Sache getan haben, die nie entdeckt wurde, und dass der allmächtige Gott, der Sie dabei gesehen hat, Sie nicht das eine oder andere Mal ohne Strafe davonkommen lassen würde? Und sollten Sie Ihm in einem solchen Fall nicht die Ehre geben und dankbar sein, dass Er Sie lieber in diesem Leben für Ihre Schlechtigkeit bestraft, als Ihre Seelen im nächsten Leben dafür zu vernichten? Aber nehmen wir an, dass selbst dies nicht der Fall wäre (ein kaum vorstellbarer Fall) und dass Sie die Strafe, die Sie erlitten haben, weder bewusst noch unbewusst, auf irgendeine Weise verdient haben, dann liegt darin ein großer Trost, dass Er Sie im Himmel dafür belohnen wird, wenn Sie es geduldig ertragen und Ihre Sache in Gottes Hände legen, und die Strafe, die Sie hier zu Unrecht erleiden, wird sich im Jenseits zu Ihrem überaus großen Ruhm wenden."

An diesem Punkt zögerte der Prediger einen Moment und fuhr dann fort: „Ich werde Ihnen jetzt eine Beschreibung der Hölle geben, dieses schrecklichen Ortes, in den Sie ganz sicher kommen werden, wenn Sie keine guten und treuen Diener sind.

„Die Hölle ist eine große Grube, mehr als 60 Meter tief, mit Steinen vermauert und oben mit einem starken Eisengitter versehen. Das Feuer wird aus Pechkieferzweigen, Teerfässern, Schmalzfässern und Butterfässern entfacht. Einer der Teufelskobolde erscheint zweimal täglich und wirft etwa einen halben Scheffel Schwefel auf das Feuer, das nie aufhören darf zu brennen. Wenn Sünder sterben, werden sie kopfüber in die Grube geworfen und sofort von den Teufelskobolden mit Mistgabeln hochgehoben, die mit funkelnden Augen und lächelnden Gesichtern bereitstehen, um die Arbeit ihres Meisters zu verrichten."

Hier störten den Sprecher die Sätze „Amen", „Gott segne mich, ich werde der Hölle fernbleiben" und „Das ist meine Meinung", die ihm deutlich machten, dass er den richtigen Ton getroffen hatte.

„Jetzt", fuhr der Prediger fort, „werde ich euch sagen, wo der Himmel ist und wie ihr einen Platz dort bekommt. Der Himmel ist über den Wolken; seine Straßen sind mit Gold gepflastert; Seraphim und Engel werden euch mit Musik versorgen, die niemals aufhört. Ihr werdet alle in den Gesang einstimmen dürfen, und ihr werdet mit Manna und Honig gefüttert, und ihr werdet aus Brunnen trinken und in goldenen Wagen fahren."

„Ich bin auf dem Weg nach Hebben", rief einer.

„Ja, gesegneter Gott, Hebben wird mein glückliches Zuhause sein", sagte ein anderer.

Auf diese Gefühlsausbrüche folgte, während der Mann Gottes mit verschränkten Armen dastand und die Sensation genoss, die seine Beredsamkeit hervorgerufen hatte.

Nach einer kurzen Pause fuhr der Pfarrer fort: „Gibt es hier jemanden, der lieber in der Hölle schmoren als im Himmel zu ruhen? Denken Sie daran, dass Sie, wenn Sie einmal in der Hölle sind, nie wieder herauskommen. Wenn Sie versuchen zu entkommen, stehen oben in der Grube kleine Teufel, die Sie mit ihren Mistgabeln zurück in die Grube werfen werden, *du kleiner Kerl*, wo Sie für immer bleiben müssen. Aber wenn Sie erst einmal im Himmel sind, werden Sie für den Rest Ihres Lebens frei sein." Hier zeigte sich die wildeste Begeisterung, inmitten derer der Prediger seinen Platz einnahm.

Nun ereignete sich ein ziemlich komischer Zwischenfall, der für nicht wenig Heiterkeit unter den Schwarzen sorgte und Dr. Gaines etwas in Verlegenheit brachte, der zusammen mit den anwesenden Weißen Platz nahm.

Da er die Neger nicht kannte und annahm, dass alle oder fast alle von ihnen sich versuchsweise für Religion interessierten, sah sich Mr. Mason im Raum um und forderte Ike auf, mit einem Gebet abzuschließen. Allein die Nennung von Ikes Namen in einem solchen Zusammenhang rief bei den meisten Zuhörern ein breites Grinsen hervor.

Nun ergab es sich, dass Ike nicht nur kein religiöses Bekenntnis ablegte, sondern von allen Bediensteten auf der „Poplar Farm" tatsächlich am weitesten von der Kirche entfernt war. Dennoch war Ike der Situation gewachsen und reagierte sofort, zum großen Erstaunen seiner Mitsklaven.

Ike war seit frühester Kindheit Diener der Weißen gewesen und hatte gelernt, für einen ungebildeten Menschen richtig zu sprechen. Er war ziemlich gut in der Heiligen Schrift bewandert und hatte das wichtigste Gebet gelernt, das sein Herr zu sprechen pflegte. An regnerischen Tagen versammelte er oft seine Mitdiener in der Scheune und sprach das Gebet mit Zusätzen und Verbesserungen, die die Gelegenheit nahelegte. Als Mr. Mason ihn rief, sagte Ike daher sofort: „Lasst uns beten."

Nachdem er eine Weile herumgestolpert war, als ob er sich vortasten würde, begann der neue Anfänger mit dem wohlüberlegten Gebet und entlockte Mr. Mason bald ein lautes „Amen" und „Gott sei Dank dafür", was die Schwarzen sehr amüsierte. In seinem Eifer, einen großen Eindruck zu machen, versuchte Ike jedoch, in sein Gebet einige Gedichte über „Cock Robin" einzuflechten, die er gelernt hatte, und die ihm beinahe sein erstes Gebet verdorben hätten.

Nach Abschluss der Versammlung lud der Doktor den Prediger ein, über Nacht zu bleiben. Als er die Einladung annahm, hatten wir in dem großen Haus Gelegenheit, mehr über die religiösen Ansichten des Reverends zu erfahren.

Als wir es uns im Salon gemütlich gemacht hatten, sagte der Doktor: „Ihre Ausführungen haben mir sehr gefallen. Ich denke, sie werden sich positiv auf die Bediensteten auswirken."

„Ja", antwortete der Pfarrer, „der Neger ist ein ausgesprochen religiöses Wesen, mehr noch, glaube ich, als die weiße Rasse. Er ist emotional, liebt Musik, ist wunderbar gesprächig; sein Verdauungsorgan ist stark entwickelt und er liebt Beifall. Ich versuche daher immer, ihre Eitelkeit zu befriedigen; fordere sie auf zu sprechen, zu singen und zu beten und manchmal auch zu predigen. Das passt zu dieser Welt. Dann gebe ich ihnen einen Himmel mit Musik und etwas zu essen. Ein Himmel ohne Gesang und Essen wäre kein Ort für den Neger. In den Städten, wo viele von ihnen frei sind und ihre Zeit selbst einteilen können, kommen sie immer zu spät zu Kirchenversammlungen, Vorträgen oder fast allem anderen. Aber wenn ein Fest oder Abendessen angekündigt wird, sind sie alle pünktlich da."

„Aber wussten Sie", sagte Dr. Gaines, „dass Ike das Gebet, das er heute gesprochen hat, von mir gelernt hat?"

„Tatsächlich?", antwortete der Minister.

„Ja, dieser Junge besitzt die Nachahmungskraft seiner Rasse in einem größeren Ausmaß als die meisten Neger, die ich je gesehen habe. Er erinnert sich an fast alles, was er hört, ist voller Witz und hat ein ausgezeichnetes Urteilsvermögen. Allerdings war es zu viel, dass er die Gedichte von Cock Robin in mein Gebet einfließen ließ, und ich musste über seine Geschicklichkeit lachen."

Der Doktor war mit dem Pfarrer sehr zufrieden, Mrs. Gaines jedoch nicht. Sie empfand große Verachtung für Berufstätige, die aus der Unterschicht stammten, und Mr. Mason war für sie ein Mann, den man ertragen, aber nicht fördern sollte. Der Reverend Henry Pinchen war ihre höchste Vorstellung von einem Geistlichen. Dieser Herr würde damals in der Nachbarschaft

erwartet, und sie erwähnte dies besonders, als sie von dem „Negermissionar"
sprach, wie sie den Neuankömmling zu nennen pflegte.

Die Vorbereitungen, die einige Tage später für den Empfang von Mrs.
Gaines' beliebtestem geistlichen Berater getroffen wurden, zeigten deutlich,
dass ein religiöses Fest bevorstand, bei dem die Dame eine herausragende
Rolle spielen sollte. Und ob ihr Mann nun bereit war, an dem Vergnügen
teilzunehmen oder nicht, er würde eine Woche lang ziemlichen Lärm und
Trubel ertragen müssen.

„Geh, Hannah", sagte Mrs. Gaines, „und sag Dolly, sie soll ein paar fette
Hühner schlachten und den Keks aufgehen lassen. Ich erwarte Bruder
Pinchen heute Nachmittag hier und ich möchte, dass alles in Ordnung ist.
Hannah, Hannah, sag Melinda, sie soll herkommen. Wir Herrinnen haben es
wirklich schwer in dieser Welt; ich verstehe nicht, warum der Herr uns armen
Sterblichen so schwere Pflichten auferlegt hat. Nun, das kann nicht ewig so
bleiben. Ich sehne mich danach, diese böse Welt zu verlassen und in die
Herrlichkeit heimzukehren."

Als die Zofe hastig erschien, sagte die Herrin: „Ich bekomme heute
Nachmittag Besuch, Melinda. Ich erwarte Bruder Pinchen hier und möchte,
dass alles in Ordnung ist. Geh und hol eine meiner neuen Hauben mit
Spitzenbesatz und hol meinen Unterrock aus Dimity mit gewelltem Saum
heraus. Und wenn du rausgehst, sag Hannah, sie soll die Messer mit den
weißen Griffen reinigen und dafür sorgen, dass kein einziger Fleck darauf ist;
denn ich möchte, dass alles in Ordnung ist, solange Bruder Pinchen hier ist."

ihn aus ihrem Heimatland mitgebracht hatten , sondern auch bei einer
großen Zahl gut ausgebildeter und einflussreicher Weißer.

Am ersten Nachmittag des Besuchs des ehrwürdigen Herrn hörte ich mit
großem Interesse dem folgenden Gespräch zwischen Mrs. Gaines und ihrem
Freund aus dem Ministerium zu.

„Nun, Bruder Pinchen, erzählen Sie mir doch von Ihren Erfahrungen, seit
Sie das letzte Mal hier waren. Es tut meiner Seele immer gut, von religiösen
Erfahrungen zu hören. Es bringt mich immer näher an die Seite des Herrn.
Ich höre so gern gute Nachrichten von Gottes Volk."

„Nun, Schwester Gaines", sagte der Prediger, „ich hatte in meinem Leben
viele Gelegenheiten, das Herz des Menschen zu studieren. Ich habe viele
Zeltversammlungen,        Erweckungsversammlungen,        langwierige
Versammlungen und Sterbebettszenen besucht, und ich bin überzeugt,
Schwester Gaines, dass das Herz des Menschen voller Sünde und verzweifelt
böse ist. Dies ist eine böse Welt, Schwester Gaines, eine böse Welt."

„Waren Sie jemals in Arkansas, Bruder Pinchen?", fragte Mrs. Gaines. „Mir wurde gesagt, dass die Leute dort sehr gottlos sind."

*Mr. P.* „Oh ja, Schwester Gaines. Ich habe einmal ein Jahr in Little Rock verbracht und in allen Städten in der Umgebung gepredigt. Und ich habe dort einige harte Fälle gefunden, das kann ich Ihnen sagen. Ich verbrachte einmal eine Woche in einem Bezirk, in dem es sehr viele Pferdediebe gab, und eines Nachts stahl jemand mein Pony. Nun, ich wusste, dass es keinen Sinn hatte, Aufhebens zu machen, also sagte ich Bruder Tarbox, er solle nichts darüber sagen, und ich würde mein Pferd zurückbekommen, indem ich Gottes ewiges Evangelium predigte. Denn ich glaubte an die Wahrheit und wusste, dass mein Erlöser nicht zulassen würde, dass ich mein Pony verliere. Also predigte ich am nächsten Sonntag über Pferdediebstahl und sagte den Brüdern, sie sollten abends heraufkommen, mit Herzen, die von der Gnade Gottes erfüllt waren. So war das Haus an diesem Abend bis zum Rand mit besorgten Seelen gefüllt, die nach dem Brot des Lebens lechzten. Bruder Bingham begann mit einem Gebet, und Bruder Tarbox folgte, und ich sah sofort, dass wir eine gesegnete Zeit haben würden. Nachdem ich sie einigermaßen aufgewärmt hatte, sprang ich auf einen der Sitze, streckte meine Hände aus und sagte: „Ich weiß, wer mein Pony gestohlen hat; ich habe es herausgefunden; und Sie sind hier und versuchen, die Leute glauben zu machen, dass Sie religiös sind; aber das sind Sie nicht. Und wenn Sie mein Pferd nicht noch heute Abend auf Bruder Tarboxs Weide zurückbringen, werde ich Ihren Namen gleich morgen Abend in der Versammlung nennen. Bringen Sie mein Pony zurück, Sie niederträchtiger und elender Sünder, und kommen Sie herauf und geben Sie Ihr Herz Gott." Also ging ich am nächsten Morgen auf Bruder Tarboxs Weide, und tatsächlich war da mein Stummelschwanzpony. Ja, Schwester Gaines, da war er, gesund und munter. Ha, ha, ha!"

*Frau G.:* „Oh, wie interessant und was für ein Glück für Sie, Ihr Pony zu bekommen! Und welche Kraft steckt im Evangelium! Gottes Kinder haben großes Glück. Oh, es ist so süß, hier zu sitzen und solch guten Nachrichten von Gottes Volk zu lauschen? [ *Beiseite.* ] ‚Du, Hannah, was stehst du da und lauschst und vernachlässigst deine Arbeit? Mach dir keine Sorgen, meine Dame, ich werde dich ordentlich auspeitschen, wenn ich hier fertig bin. Mach dich sofort an deine Arbeit, du fauler Kerl! Mach dir keine Sorgen, ich werde dich ordentlich auspeitschen.' Komm, mach weiter, Bruder Pinchen, mit deiner frommen Unterhaltung. Es ist so süß! Es bringt mich immer näher an die Seite des Herrn."

*Mr. P.:* „Nun, Schwester Gaines, ich habe in meinem Leben schon einige sehr seltsame Träume gehabt. Sehen Sie, eines Nachts träumte ich, ich sei tot und im Himmel, und zwar an einem Ort, den ich noch nie zuvor gesehen hatte. Sobald ich die Tore des himmlischen Reiches betrat, sah ich viele alte und vertraute Gesichter, die ich schon einmal gesehen hatte. Die erste Person, die ich sah, war der gute alte Elder Pike, der Prediger, der meine Aufmerksamkeit zum ersten Mal auf die Religion lenkte. Die nächste Person, die ich sah, war Deacon Billings, der Vater meiner ersten Frau, und dann sah ich eine Menge frommer Gesichter. Aber, Schwester Gaines, Sie kannten Elder Goosbee, nicht wahr?"

*Frau G.:* „Ja, hast du ihn dort gesehen? Er hat mich mit meinem ersten Mann vermählt."

*Mr. P.:* „Oh ja, Schwester Gaines, ich habe den alten Ältesten gesehen, und er sah aus, als käme er gerade von einer Erweckungsversammlung."

*Frau G.:* „Haben Sie dort meinen ersten Mann gesehen, Bruder Pinchen?"

*Herr P.:* „Nein, Schwester Gaines, ich habe Bruder Pepper dort nicht gesehen, aber ich habe keinen Zweifel, dass Bruder Pepper dort war."

*Frau G.:* „Nun, ich weiß nicht; ich habe meine Zweifel. Er war nicht der glücklichste Mensch auf der Welt. Er machte sich immer wegen irgendetwas Ärger. Trotzdem hatte ich mit Mr. Pepper einige glückliche Momente. Ich war glücklich, als ich ihn kennenlernte, glücklich während unserer Brautwerbung, glücklich eine Zeit lang nach unserer Hochzeit und glücklich, als er starb." [ *weint.* ]

*Hannah.* „Massa Pinchen, hast du meinen alten Mann Ben da oben in Hebben gesehen?"

*Herr P.:* „Nein, Hannah, ich war nicht unter den Nigger."

*Frau G.:* „Nein, Bruder Pinchen ist natürlich nicht zu den Schwarzen gegangen. Warum stellst du Fragen? [ *Beiseite.* ] ,Macht nichts, Mylady, ich werde euch ordentlich verprügeln, wenn ich hier fertig bin. Ich werde euch von Kopf bis Fuß die Haut abziehen.' Fahre mit deiner himmlischen Unterhaltung fort, Bruder Pinchen; es tut meiner Seele gut. Das ist wirklich ein kostbarer Augenblick für mich. Ich höre so gern von Christus und seiner Kreuzigung."

*Mr. P.:* „Also, Schwester Gaines, ich habe Schwester Daniels versprochen, dass ich heute Abend für ein paar Minuten vorbeikomme und sie bete, und jetzt muss ich wohl gehen."

*Frau G.:* „Wenn Sie gehen müssen, dann muss ich Sie lassen. Aber vorher möchte ich Ihren Rat zu einer kleinen Angelegenheit einholen, die Hannah betrifft. Letzte Woche hat Hannah eine Gans gestohlen, sie geschlachtet und gekocht, und sie und ihr Diener Sam hatten viel Spaß beim Essen der Gans. Ihr Herr und ich hätten nie etwas davon erfahren, wenn nicht Cato, ein treuer Diener, seinem Herrn alles darüber erzählt hätte. Und dann, wissen Sie, musste Hannah schwer ausgepeitscht werden, bevor sie gestand, dass sie die Gans gestohlen hatte. Nächsten Sabbat ist Abendmahlstag, und ich möchte wissen, ob Sie meinen, dass Hannah nach dem Diebstahl der Gans geeignet ist, zum Abendmahl des Herrn zu gehen.“

„Nun, Schwester Gaines“, antwortete der Pfarrer, „das hängt von den Umständen ab. Wenn Hannah gestanden hat, dass sie die Gans gestohlen hat, und dafür gehörig ausgepeitscht wurde, und ihren Herrn und Ihre Herren um Verzeihung gebeten hat und glaubt, dass sie so etwas nicht noch einmal tun wird, dann kann sie, nehme ich an, zum Abendmahl des Herrn gehen; denn –

„Solange die Lampe brennt,
kann der schlimmste Sünder zurückkehren.“

Aber sie muss sicher sein, dass sie bereut hat und nicht mehr stehlen wird.“

„Hörst du das, Hannah?“, sagte die Herrin. „Ich für meinen Teil“, fuhr sie fort, „halte sie nicht für geeignet, zum Abendmahl zu gehen; denn sie hatte keinen Grund, die Gans zu stehlen. Wir geben unseren Dienern reichlich gutes Essen. Sie haben freien Auslauf zum Futtertrog, alle zwei Wochen Fleisch und so viel saure Milch wie im Haus, und ich bin sicher, das reicht für jeden. Ich glaube wirklich, dass unsere Neger die undankbarsten Geschöpfe der Welt sind. Sie machen mir das Leben schwer.“

Während dieser Rede der Herrin hörte die Dienerin aufmerksam zu, und am Ende sagte Hanna:

„Ich weiß, Missis, dass ich die Gans gestohlen habe und Massa mich dafür auspeitscht, und ich gestehe es und es tut mir leid. Aber, Missis, ich gehe nächsten Sonntag zum Abendmahl, denn ich werde meinem Herrn und Massa nicht wieder den Rücken kehren, nur weil ich keine alte, zähe Gans habe, die ich nicht habe.“ Und hier weinte die Dienerin, als würde ihr das Herz brechen.

Mr. Pinchen, der von Hannahs Worten gerührt schien, warf der Negerin einen mitfühlenden Blick zu und sagte: „Nun, Schwester Gaines, ich schätze, ich muss rübergehen und Schwester Daniels besuchen; sie wird auf mich warten.“

Nachdem Mrs. Gaines den Geistlichen hinausgeschickt hatte, sagte sie: „Nun, Hannah, Bruder Pinchen ist weg. Hol dir das Kuhfell und folge mir in den Keller, und ich werde dich ordentlich verprügeln, weil du mich heute so gereizt hast. Es scheint, als könnte ich mich nie hinsetzen, um ein wenig Trost beim Herrn zu finden, ohne dass du mich verärgerst. Der Teufel setzt dir immer ein, mich zu stören, gerade wenn ich versuche, dem Herrn zu dienen. Ich bin mir sicher, dass ich deinetwegen den Weg in den Himmel verpassen werde. Aber ich werde dich ordentlich verprügeln, bevor ich diese Welt verlasse, das werde ich. Hol das Kuhfell und folge mir in den Keller."

Nach ein paar Minuten kehrte die Dame ins Wohnzimmer zurück, gefolgt von der Dienerin, die sie gerade ermahnt hatte. Sie war in starkem Schweiß und setzte sich hin. „Hol den Fächer, Hannah, und fächel mir Luft zu. Du solltest dich schämen, dass du mich so in Rage bringst und mich dazu bringst, mich so aufzuheizen, indem ich dich auspeitsche. Du weißt, dass es für mich viel schwerer ist als für dich. Ich muss mich anstrengen und es versetzt mich in Fieber, während du nur dastehen und es ertragen musst."

Am folgenden Sabbat – es war Abendmahl – leitete Mr. Pinchen die Messe. Da die Kirche in Corners war, etwa eine Meile von „Poplar Farm" entfernt, schickte der Junge Billy den Abendmahlswein, der beim Doktor aufbewahrt wurde. Es war zufällig im April, als die Ahornbäume angezapft worden waren und der Saft frei floss.

Als Billy durch das „Zuckerlager" oder den Saftbusch ging, hielt er an, um einen Schluck Saft zu trinken, der in den neu angelegten Trögen einladend aussah. Plötzlich kam dem Jungen die Idee, dass er einen Schluck Wein nehmen und ihn mit Saft auffüllen könnte. Dieser Idee folgend setzte der Junge die Karaffe an den Mund und trank in großen Mengen, wobei er den Inhalt der Flasche beträchtlich verringerte.

Doch das Füllen der Flasche mit Saft war viel leichter vorstellbar als getan. Denn bei jedem Versuch lief das Wasser über den Rand und nichts drang ein. Der Junge jedoch, mit der blühenden Vorstellungskraft seiner Rasse, kam bald auf die Idee, seinen Mund voll Saft zu saugen und ihn dann in die Flasche zu spritzen. Dieser Plan gelang hervorragend, und der Sklavenjunge saß an diesem Tag auf der Empore der Kirche und fragte sich, ob die Kommuniongäste den Wein so bereitwillig getrunken hätten, wenn sie gewusst hätten, dass sein Mund der Trichter war, durch den ein Teil davon floss.

Die Sklaverei hatte bis zu einem gewissen Grad eine Verbesserung der geistigen Fähigkeiten der Neger zur Folge, insbesondere jener, die in engen Kontakt mit den Weißen kamen.

Tatsache ist auch, dass diese Schwarzen der Meinung waren, dass sie jedes Recht dazu hatten, ihre Besitzer auszunutzen, wenn sie dies konnten. Und der Junge, Billy, war sich zweifellos bewusst, dass er etwas sehr Schlaues getan hatte, als er den ihm anvertrauten Wein auf diese Weise trank.

---

# KAPITEL III.

DR. GAINES' Praxis auf die Plantagenbesitzer und ihre Neger in der Nachbarschaft von „Poplar Farm" beschränkt war, war sein Einkommen aus dieser Quelle sehr begrenzt, und er stützte sich daher mehr auf die Produkte seiner Plantage. Zwar versprach das neue Geschäft an den Corners zusammen mit McWilliams' Gerberei und Simpsons Brennerei eine Zunahme der Bevölkerung und damit mehr Arbeit für den Arzt. Dies wurde sehr deutlich, als der Doktor eines Morgens etwas euphorisch hereinkam und ausrief: „Nun, meine Liebe, meine Praxis wächst stetig. Ich habe vergessen, Ihnen zu sagen, dass Nachbar Wyman mich gestern als seinen Hausarzt engagiert hat; und ich hoffe, dass das Fieber und die Schüttelfrostanfälle, die jetzt die Leute befallen, mir mehr Patienten bescheren werden. Ich sehe in den Zeitungen von New Orleans, dass das Gelbfieber dort in furchtbarem Ausmaß wütet. Männer meines Berufs ernten in diesem Gebiet dieses Jahr eine Menge. Ich wünschte, wir könnten hier einen Hauch des Gelbfiebers bekommen, denn ich glaube, ich könnte ein Medikament erfinden, das es heilen würde. Aber das Gelbfieber ist ein Luxus, den wir Mediziner in diesem Klima nicht erwarten können; auf die Cholera dürfen wir allerdings hoffen."

„Ja", antwortete Mrs. Gaines, „ich würde es gern kränker sehen, damit Ihr Geschäft floriert. Aber wir sind immer unglücklich. Alle hier scheinen bei guter Gesundheit zu sein, und ich fürchte, das wird auch so bleiben. Wir müssen jedoch das Beste hoffen. Wir müssen auf den Herrn vertrauen. Die Vorsehung könnte uns möglicherweise eine Krankheit zu unserem Wohl schicken."

Als der Doktor das Büro betrat, fand er den treuen Diener schwer bei der Arbeit vor. Er grüßte ihn in seiner üblichen freundlichen und nachsichtigen Art und fragte: „Also, Cato, haben Sie die Salbe hergestellt, die ich bestellt habe?"

*Cato.* „Ja, Massa, ich habe die Absicht gemacht und mache jetzt die Brotpillen. Die Kartoffelpillen liegen ganz oben auf dem Regal."

*Dr. G.* „Ich gehe ein paar Patienten besuchen. Wenn ein Herr vorbeikommt, sagen Sie ihm, dass ich heute Nachmittag da sein werde. Wenn Bedienstete kommen, kümmern Sie sich um sie. Ich erwarte zwei von Mr. Campbells Jungs. Kümmern Sie sich um sie. Fühlen Sie ihren Puls, sehen Sie sich ihre Zungen an, lassen Sie sie bluten und geben Sie jedem eine Dosis Kalomel. Sagen Sie ihnen, sie sollen kein kaltes Wasser trinken und nichts als Wasserbrei zu sich nehmen."

*Cato:* „Ja, Massa, ich werde mich um sie kümmern."

Der Neger sagte nun: „Ich wusste immer, dass ich Arzt bin, und jetzt hat mich der alte Boss dazu gezwungen. Ich muss meinen Mantel wechseln. Wenn ein Nigger reinkommt, will ich verdächtig aussehen. Diese Jacke passt nicht zu einem Arzt. Ich werde sie wechseln."

Catos Eitelkeit schien an diesem Punkt ihren Höhepunkt erreicht zu haben. Nachdem er seinen Mantel gewechselt hatte, ging er vor dem Spiegel auf und ab und betrachtete sich nach Herzenslust und sagte zu sich selbst: „Ah! Jetzt sehe ich aus wie ein Arzt. Jetzt kann ich bluten, Zähne ziehen oder ein Bein abschneiden. Na, na, wenn ich das Pillenzeug und das Infusionszeug nicht zusammengetan habe. Meine Güte, der alte Kerl wird sauer, wenn er es herausfindet, oder? Aber egal, ich werde es in Pillenform machen, und wenn das Mehl darauf ist , wird er nicht wissen, was darin ist; und ich werde eine neue Infusion machen. Ah! Dort kommen Mr. Campbells Pete und Ned; das sind die, von denen die Masse sagte, sie würden kommen. Ich werde sehen, ob ich richtig aussehe. [ *Geht zum Spiegel und betrachtet sich.* ] Ich bin ein paar Kürbisse, oder? [ *Klopf an die Tür.* ] Komm rein." *Eintreten* PETER *Und* NED .

*Ich bin Pete.* „Wo ist der Doktor?"

*Cato:* „Hier bin ich. Siehst du mich nicht?"

*Pete.* „Aber wo ist der alte Boss?"

*Cato.* „Das geht dich nichts an. Ich habe dir nicht gesagt, dass ich der Doktor bin, und das reicht."

*Ned.* „Oh, erzähl uns, wo der Doktor ist. Ich bin fast tot. Oh, ich! Oh, du meine Güte! Ich bin so krank." [ *Schreckliche Gesichter.* ]

*Pete.* „Ja, erzähl es uns. Wir wollen hier nicht herumstehen und rumalbern."

*Cato.* „Ich sage dir noch einmal, dass ich der Doktor bin. Ich habe das Handwerk bei Massa gelernt."

*Ned.* „Oh! Na gut, dann gib mir etwas, um diesen Schmerz zu lindern. O je! Ich werde sterben."

*Cato.* „Lass mich deinen Puls fühlen. Und jetzt strecke deine Zunge raus. Du bist sehr krank. Wenn du meine nicht tust, wirst du sterben. Komm in den Schuppen und ich lasse dich bluten." [Ich *nehme sie heraus und lasse sie bluten.* ] „Dar, jetzt nimm diese Pillen, zwei morgens und zwei abends, und wenn du dich nicht besser fühlst, verdoppele die Dosis. Also, Mr. Pete, was ist los mit dir?"

*Pete.* „Ich habe Schüttelfrost und in der Nacht Fieber."

„Kommen Sie in den Schuppen, ich werde Sie zur Ader lassen", sagte Cato, während er sich im Spiegel betrachtete, als er ohnmächtig wurde. Nachdem sie einen Liter Blut abgenommen hatten, was den Patienten ohnmächtig machte, kehrten sie zurück und der schwarze Arzt sagte: „Nehmen Sie jetzt diese Pillen, zwei morgens und zwei abends, und wenn sie Ihnen nicht helfen, verdoppeln Sie die Dosis. Ach! Ich vergesse gern, Ihren Puls zu fühlen und sehe mir Ihre Zunge an. Strecken Sie Ihre Zunge heraus. [ *Fühlt seinen Puls.* ] Ja, ich sage Ihnen durch Fühlen Ihres Pulses, dass ich Ihnen die richtigen Pillen gebe?"

In diesem Moment betrat Mr. Parkers schwarzer Junge Bill mit der Hand vor dem Mund und offensichtlich unter großen Schmerzen die Praxis, ohne wie üblich an der Tür zu klopfen, was den neuen Arzt sehr beleidigte.

„Warum kommst du durch die Tür, ohne anzuklopfen?", rief Cato.

*Bill.* „Meine Zähne schmerzen so sehr, dass ich nicht daran dachte anzuklopfen. Oh, meine Zähne! Meine Zähne! Wo ist der Doktor?"

*Cato:* „Hier bin ich. Siehst du mich nicht?"

*Bill.* „Was? Du bist der Doktor, du blöder Schurke! Du siehst aus wie ein Doktor! Oh, meine Fresse! Meine Fresse! Wo ist der Doktor?"

*Cato.* „Ich sag dir, ich bin der Doktor. Wenn du mir nicht glaubst, mach das mit den Männern. Ich kann dir im Handumdrehen den Schwanz ausreißen."

*Bill.* „Also, dann zieh es raus. Oh, mein Maul! Wie es schmerzt! Oh, mein Maul!" [ *Cato holt die rostigen Schließer.* ]

*Cato:* „Leg dich jetzt auf den Rücken."

*Bill.* „Wozu?"

*Cato, das ist alles.* „So macht es Massa."

*Bill.* „Oh, mein Zahn! Na, dann komm schon." [ *Legt sich hin. Cato setzt sich rittlings auf Bills Brust, setzt den Schließer auf den falschen Zahn und zieht – Bill tritt und schreit* ] – Oh, hör auf! Oh, oh, oh! [ *Cato zieht den falschen Zahn – Bill springt auf.* ]

*Cato.* „Dar, ich hab dir gesagt, ich könnte dir an den Zehen ziehen."

*Bill.* Ach du meine Güte! Ach, es tut noch immer weh! Ach du meine Güte! Du ziehst dir nicht den falschen Zeh. Verflucht sei deine Haut! Wenn ich dich dafür nicht bezahle, du blöder Fluch! [ *Sie streiten und werfen Tisch, Stühle und Bank um – Pete und Ned sehen zu.* ]

Während des *Handgemenges* betrat Dr. Gaines das Büro und ging kurzerhand mit seinem Stock auf sie los, wobei er beiden eine ordentliche Tracht Prügel verpasste, bevor sie eine Erklärung abgeben konnten. Sobald er eine

Gelegenheit dazu hatte, sagte Cato: „Oh, Massa! Er ist schuld, Sir, er ist schuld. Er hat mich ganz schön fertiggemacht."

*Bill.* „Nein, Sir, er ist schuld, er hat den falschen Zeh gezogen. Oh, mein Zeh! Oh, mein Zeh!"

ZAHNMEDIZIN FÜR NEGER.

*Dr. G.* „Zeigen Sie mir Ihren Zahn. Öffnen Sie den Mund. So wahr ich lebe, Sie haben den falschen Zahn gezogen. Ich bin erstaunt. Dafür werde ich Sie auspeitschen, und zwar richtig. Sie sind ein guter Arzt. Und jetzt legen Sie sich hin, Bill, und lassen Sie ihn den richtigen Zahn ziehen. Und wenn er diesmal einen Fehler macht, werde ich ihn gut verstecken. Legen Sie sich hin, Bill." [ *Bill legt sich hin, und Cato zieht den Zahn.* ] „Also, warum haben Sie das nicht gleich gemacht?"

*Cato.* „Er wollte nicht stillhalten, Sir."

*Bill.* „Ich habe noch ein Loch."

*Dr. G.* „Geht jetzt nach Hause, Jungs; geht nach Hause."

„Sie haben in meiner Abwesenheit ein ziemliches Durcheinander angerichtet", sagte der Doktor. „Sehen Sie sich den Tisch an! Machen Sie sich nichts daraus, Cato; ich werde Ihnen für Ihr heutiges Verhalten eine ordentliche Tracht Prügel verpassen. Gehen Sie jetzt an die Arbeit und räumen Sie das Büro auf."

Als sich die Bürotür hinter dem Meister schloss, rief der verärgerte Neger, der wieder sich selbst überlassen war: „Verdammt sei dieser Nigger! Ich wünschte, er wäre in Ginny. Er hat mir in den Finger gebissen und mir das Gesicht zerkratzt. Aber habe ich es ihm nicht gegeben? Also, dann schätze ich, das habe ich. [ *Er geht zum Spiegel und stellt fest, dass sein Mantel zerrissen ist – weint.* ] Oh, du meine Güte! Oh, mein Mantel – mein Mantel ist zerrissen! Dieser Nigger hat meinen Mantel zerrissen. [ *Er wird wütend und rennt panisch im Zimmer auf und ab.* ] Verflucht sei dieser Nigger! Wenn ich ihn in die Finger kriegen könnte, würde ich ihn in Stücke reißen – das würde ich. Und der alte Boss hat mich mit seinem Stock geschlagen, nachdem dieser Nigger meinen Mantel zerrissen hat. Meine Güte, ich will mit jemandem kämpfen. Wenn der alte Massa jetzt reinkäme, würde ich mit ihm kämpfen. [ *Krempelt die Ärmel hoch.* ] Lass sie jetzt kommen, wenn sie sich trauen – den alten Massa oder sonst jemanden; ich bin bereit für sie.“

In diesem Moment kam der Doktor zurück und fragte: „Was ist das für ein Lärm hier?“

*Cato.* „Nichts, Sir. Ich bringe nur die Dinge in Ordnung, wie Sie mir gesagt haben. Ich habe kein Geräusch gehört, außer den Ratten.“

*Dr. G.:* „Beeilen Sie sich und kommen Sie herein. Ich möchte, dass Sie in die Stadt gehen.“

Als er wieder allein war, sagte der witzige Schwarze: „Meine Güte, der alte Boss wollte mich dieses Mal fangen, nicht wahr? Aber war ich nicht verrückt? Wenn ich verrückt bin, kann mir keiner was anhaben. Aber hier ist mein Mantel, in Stücke gerissen. Verflucht sei dieser Nigger! [ *weint.* ] Oh, mein Mantel! Oh, mein Mantel! Ich glaube, er hätte mir den Kopf eingeschlagen und dann meinen Mantel zerrissen. Verflucht sei dieser Nigger! Wenn er jemals wieder hierherkommt, ziehe ich ihm jeden Zahn aus, der ihm im Kopf steckt – das werde ich.“

# KAPITEL IV.

IN den Glanzzeiten des Südens vor vierzig Jahren gab es eine Klasse, die von den hochgeborenen, gebildeten Südstaatlern mehr verachtet wurde als die andere: die Sklavenhändler, die ihr Geld mit dem Handel mit menschlichem Vieh verdienten. Viele Sklavenhändler waren Männer aus dem Norden oder den freien Staaten, im Allgemeinen aus der unteren Gesellschaftsschicht, die durch ihre harte Arbeit ein wenig Geld verdienten und es in Sklaven investierten, die sie in Virginia, Maryland oder Kentucky kauften und in den Baumwoll-, Zucker- oder Reisanbaustaaten verkauften. Und dennoch war der hochgeborene Plantagenbesitzer aufgrund von Misswirtschaft oder aus anderen Gründen gezwungen, seine Sklaven, oder einige von ihnen, auf einer Auktion zu verkaufen oder sie dem „Seelenkäufer" zu überlassen.

Da sich Dr. Gaines' finanzielle Lage in einer ungünstigen Lage befand, gab er den Angeboten eines bekannten St. Louis-Händlers namens Walker nach. Dieser Mann war der Schrecken des gesamten Südwestens unter der schwarzen Bevölkerung, ob gebunden oder frei, denn es kam nicht selten vor, dass sogar freie Farbige entführt und in den äußersten Süden verschleppt und dort verkauft wurden. Walker hatte keine Gewissensbisse, denn Geld war sein Gott, und er betete keinen anderen Altar an.

Walker, ein ungehobelter, schlecht erzogener, hartherziger Mann ohne Bildung, hatte in St. Louis als Fuhrmann angefangen und als reicher Sklavenhändler geendet. Der Tag war festgelegt, an dem dieser Mann kommen und seine Vorräte kaufen sollte, und zu dieser Gelegenheit war Mrs. Gaines nicht da; und selbst der Doktor, obwohl allein, empfand die Demütigung zutiefst. Ich selbst saß da und biss mir vor Wut auf die Lippen, als der vulgäre Händler zu dem treuen Mann sagte:

„Also, mein Junge, wie heißt du?"

*Sam.* „Sam, Sir, ist mein Name."

*Gehen.* „Wie alt bist du, Sam?"

*Sam.* „Wenn ich die nächste Maisanpflanzung noch erlebe, werde ich siebenundzwanzig, dreißig oder fünfunddreißig sein – ich weiß nicht, was von beidem, Sir."

*Gehen.* „Ha, ha, ha! Also, Doktor, das ist noch ein ziemlich unerfahrener Junge. Also, mein Junge, geht es Ihnen gut?"

*Sam.* „Ja, Sir, das glaube ich."

*Gehen.* „Mach den Mund auf und lass mich deine Zähne sehen. Ich beurteile das Alter eines Nigger nie an seinen Zähnen, genauso wie ich das bei einem Pferd tue. Ah! Ziemlich gute Zähne. Hast du guten Appetit?"

*Sam:* „Jawohl, Sir."

*Gehen.* „Kannst du dein Taschengeld essen?"

*Sam.* „Ja, Sir, wenn ich es bekommen kann."

*Gehen.* „Geh auf die Tanzfläche und tanz. Ich möchte sehen, ob du geschmeidig bist."

*Sam.* „Ich tanze nicht gern. Ich bin religiös."

*Gehen.* „Oh, ho! Du bist religiös, nicht wahr? Das ist umso besser. Ich beschäftige mich gern mit dem Evangelium. Ich glaube, er wird zu mir passen. Nun, Meermädchen, wie heißt du?"

*Sally.* „Ich bin Big Sally, Sir."

*Gehen.* „Wie alt bist du, Sally?"

*Sally.* „Ich weiß es nicht, Sir, aber ich habe einmal gehört, dass ich zu einer Zeit geboren wurde, als es noch richtig heiß herging."

*Gehen.* „Ha, ha, ha! Weißt du nicht, wie alt du bist? Weißt du, wer dich gemacht hat?"

*Sally.* „Ich habe gehört, wer es in der Bibel war, der mich gemacht hat, aber ich habe den Namen des Herrn nicht vergessen."

*Gehen.* „Ha, ha, ha! Also, Doktor, das ist der grünste Haufen Nigger, den ich seit langem gesehen habe."

Die letzte Bemerkung traf den Doktor zutiefst, denn er hatte gerade Sallys Schulden abgegolten und war daher nicht für ihre Unwissenheit verantwortlich. Und das sagte er ihm auch offen.

„Das ist eine unangenehme Angelegenheit für mich, Mr. Walker", sagte der Doktor, „aber Sie können Sam für 1.000 Dollar und Sally für 900 Dollar haben. Sie sind alles wert, was ich für sie verlange. Ich mache keine Scherze, Mr. Walker. Da sind sie; Sie können sie zu diesem Preis nehmen oder sie in Ruhe lassen, ganz wie Sie wollen."

*Gehen.* „Also, Doktor, ich glaube, ich nehme sie, aber sie sind alles wert. Ich lege ihnen Handschellen an und bezahle Sie dann. Ich gehe gern nach Scripter. Scripter sagt, wenn Sie Ihren Bruder beleidigen, wenn Sie Fleisch essen, müssen Sie damit aufhören; und ich sage, wenn Sie Ihre Sklaven ohne Handschellen zurücklassen, laufen sie weg, müssen Sie ihnen Handschellen anlegen. Und jetzt, Sam, weine nicht, du und Sally. Ich habe ein weiches Herz und es tut mir immer leid, wenn ich Leute weinen sehe. Weine nicht, und an dem ersten Ort, den ich erreiche, kaufe ich jedem von euch einen großen *Lebkuchen* – das werde ich."

Und bei dieser letzten Bemerkung nahm der Händler aus einer kleinen Tasche zwei Paar Handschellen, legte sie an und sagte lachend: „Jetzt sehen Sie mit dem Schmuck besser aus."

In diesem Moment bemerkte der Doktor: „Da kommt Mr. Pinchen." Walker, der hinausschaute und den Mann Gottes sah, sagte: „Es ist Mr. Pinchen, so wahr ich lebe; genau der Mann, den ich sehen möchte." Und als der ehrwürdige Herr eintrat, ergriff der Händler seine Hand und sagte: „Na, wie geht es Ihnen, Mr. Pinchen? Was in Jesu Namen führt Sie hier nach Muddy Creek? Gibt es hier irgendwelche Zeltversammlungen, Erweckungsversammlungen, Sterbeszenen oder sonst etwas in Ihrer Branche? Wie steht es jetzt um die Religion, Mr. Pinchen? Ich höre immer gern etwas über Religion."

*Mr. Pin.* „Nun, Mr. Walker, das Werk des Herrn ist jetzt überall in gutem Zustand. Ich sage Ihnen, Mr. Walker, ich bin seit dreizehn Jahren im Predigtdienst und bin überzeugt, dass das Herz des Menschen voller Sünde und verzweifelt böse ist. Dies ist eine böse Welt, Mr. Walker, eine böse Welt, und wir alle sollten eine Religion haben. Religion ist eine gute Lebenseinstellung, und wir alle wollen sie, wenn wir sterben. Ja, Sir, wenn die große Posaune ertönt, sollten wir bereit sein. Und ein Mann in Ihrem Geschäft des Sklavenkaufs und -verkaufs braucht Religion mehr als jeder andere, denn sie bringt Sie dazu, Ihr Volk so zu behandeln, wie Sie es sollten. Nun, da ist Mr. Haskins – er ist ein Sklavenhändler, wie Sie. Nun, ich habe ihn bekehrt. Bevor er zur Religion kam, war er einer der schlimmsten Menschen gegenüber seinen Nigger, die ich je gesehen habe; sein Herz war hart wie Stein. Aber die Religion hat sein Herz weich wie ein Stück Baumwolle gemacht. Bevor ich ihn bekehrte, verkaufte er seine Ehemänner und schien daran Freude zu haben; jetzt aber verkauft er nicht mehr seine Ehemänner und -frauen, wenn er jemanden findet, der beide zusammen kauft. Ich sage Ihnen, Sir, die Religion hat ihm große Dienste geleistet."

PFARRER HENRY PINCHEN.

*Walk.* „Ich weiß, Mr. Pinchen, dass ich religiös sein sollte, und ich fühle, dass ich ein großer Sünder bin; und wann immer ich mit guten, frommen Leuten wie Ihnen und dem Doktor zusammen bin, fühle ich mich immer wie ein verzweifelter Sünder. Ich fühle es umso mehr, weil ich eine religiöse Einstellung habe. Ich weiß, dass ich mit Religion glücklicher wäre, und in der ersten freien Zeit, die ich habe, werde ich versuchen, sie zu bekommen. Ich werde zu einer längeren Versammlung gehen und nicht aufhören, bis ich religiös bin."

Der Weggang des Händlers mit seinem Besitz hinterließ sogar unter den weißen Familienmitgliedern Trauer, und Hannah empfand besonderes Mitgefühl, weil sie ihren Mann durch den Verkauf verloren hatte. Mrs. Gaines nahm es jedoch gelassen hin, denn da Sam ein Feldarbeiter war, hatte sie oft gesagt, sie wolle, dass sie einen der Hausangestellten hätte, und da Cato ohne Frau war, schien dies ihre Pläne zu begünstigen. Als Hannah daher eines Abends eine Woche später das Wohnzimmer betrat, sagte sie zu ihr: „Du brauchst mir nicht zu sagen, Hannah, dass du keinen anderen Mann willst, ich weiß es besser. Dein Herr hat Sam verkauft, und er ist den Fluss hinuntergegangen, und du wirst ihn nie wiedersehen. Also zieh dein Kattunkleid an und triff mich in der Küche. Ich habe vor, dass du mit Cato *über den Besen springst*. Du brauchst mir nicht zu sagen, dass du keinen anderen Mann willst. Ich weiß, dass es keine lebende Frau gibt, die ohne einen Ehemann glücklich und zufrieden sein kann."

Hannah sagte: „Oh, Missis, ich möchte nicht mit Cato vom Besen springen. Ich liebe Cato nicht; ich kann ihn nicht lieben."

*Frau G.:* „Halt sofort die Klappe! Was weißt du schon von Liebe? Ich habe deinen Herrn nicht geliebt, als ich ihn geheiratet habe, und heute heiratet man nicht aus Liebe. Also zieh dein Kattunkleid an und wir treffen uns in der Küche."

Als die Dienerin in die Küche ging, bemerkte die Herrin: „Ich bin froh, dass der Doktor Sam verkauft hat, denn jetzt werde ich dafür sorgen, dass sie Cato heiratet, und ich werde sie beide im Haus unter meine Augen haben."

Als Hannah die Küche betrat, sagte sie: „Oh, Cato, geh und sag der Frau, dass du nicht mit mir auf dem Besen springen willst – das ist ein guter Mann. Tu das, Cato; denn ich kann dich nie lieben. Erst letzte Woche hat die Massa meinen Sammy verkauft, und ich will keinen Eutermann. Geh und sag der Frau, dass du mich nicht willst." Worauf Cato antwortete: „Nein, Hannah, ich werde der Frau nichts dergleichen sagen, denn ich will dich, und ich werde weder für dich noch sonst jemanden eine Lüge erzählen. Dar, jetzt hast du es! Ich verstehe nicht, warum du so viel Aufhebens machen musst. Ich sehe besser aus als Sam; und ich bin ein Hausdiener, und Sam war nur ein Feldarbeiter; also solltest du stolz auf eine Veränderung sein. Also geh und tu, was die Frau dir sagt."

Als die Frau sich zurückzog, fuhr der Mann fort: „Hannah braucht nicht zu versuchen, mich zu einer Lüge zu verleiten; ich werde es nicht tun, weil ich sie wirklich will, und ich will sie schon so lange, und sobald Massa Sam verkauft hat, wusste ich, dass ich sie bekommen würde. Meine Güte, ich werde ein verheirateter Mann sein. Werde ich nicht glücklich sein? Wenn ich jetzt nur einfach von der alten Massa weglaufen und mit Hannah nach Kanada gehen könnte, dann würde ich ihnen zeigen, wer ich bin. Ah! Das erinnert mich an mein Lied über die alte Massa und Kanada , und ich werde es singen. Das ist mein ursprünglichstes Lied. Es kam mir eines Nachts in den Sinn, als ich tief und fest unter einem Apfelbaum schlief und zum Mond hinaufschaute."

Während Hannah sich für die Hochzeit fertig machte, amüsierte sich Cato mit dem Singen:

Der glücklichste Tag, den ich je erlebt habe.
Ich bin auf dem Weg in meine himmlische Heimat.
Wenn die Frau mir Hannah gibt,
wird dieses Chili durch den Himmel wandern.


REFRAIN: Geh weg, Sam, du kannst mir nicht zu nahe kommen. Ich gehe nach Hause,
um meine Freunde zu treffen.
Hannah kommt mit.

Die Frau sagt, Hannah gehört mir,
also kommt Hannah mit.

REFRAIN , *wiederholt* .

Pater Gabriel, blase in dein Horn,
ich werde Flügel bekommen und davonfliegen.
Nimm Hannah am frühen Morgen mit
und bei Tagesanbruch werde ich in Hebben sein.

REFRAIN: Geh weg, Sam, du kannst mir nicht zu nahe kommen. Ich gehe nach Hause,
um meine Freunde zu treffen.
Hannah kommt mit.
Die Frau sagt, Hannah gehört mir,
also kommt Hannah mit.


Als Mrs. Gaines sich der Küche näherte, hörte sie die wohlklingende Stimme des Dieners und wusste, dass er in höchster Freude war. Als sie hereinkam, sagte sie: „Ah! Cato, du bist bereit, oder? Wo ist Hannah?"

*Cato.* „Ja, Missis, ich habe so lange gewartet. Hannah war hier und hat versucht, mich dazu zu bringen, Ihnen zu sagen, dass ich sie nicht will. Aber ich habe ihr gesagt, dass Sie gesagt haben, ich muss mit ihr auf den Besen springen, und ich werde auf Sie hören."

*Frau G.:* „Das stimmt, Cato. Bedienstete sollten sich immer um ihre Herren und Herrinnen kümmern, ohne Fragen zu stellen."

*Cato.* „Ja, Missis, ich weiß nicht, was Sie und Massa mir sagen, und niemand weiß es."

Während die Herrin nach Hannah suchte, kam Dolly herein und sagte: „Oh, Cato, geh und sag der Frau, dass du Hannah nicht willst. Hörst du nicht, wie sie sie im Keller auspeitscht? Geh und sag der Frau, dass du Hannah nicht willst, und dann wird sie aufhören, sie auszupeitschen."

*Cato.* „Nein, Dolly, ich werde so etwas nicht tun, denn wenn ich der Frau sage, dass ich Hannah nicht will, dann wird die Frau mich auspeitschen; und ich werde nicht für dich, Hannah oder sonst jemanden ausgepeitscht werden. Nein, ich werde mit jeder Frau auf dem Platz über den Besen springen, wenn die Frau es will, bevor ich ausgepeitscht werde."

*Dolly.* „Cato, wenn ich an Hannahs Stelle wäre, würde ich dich in der bodenlosen Grube sehen, bevor ich mit dir zusammenleben würde, du großer, dicker, schielender, hohlköpfiger, x-beiniger Narr. Du bist genauso gemein wie deine teuflische alte Frau."

*Cato.* „Wenn du nicht aufhörst, mich zu beschäftigen, Dolly, dann erzähle ich es der Frau, sobald sie reinkommt, und sie wird dich verprügeln, das weißt du."

Als Mrs. Gaines hereinkam, sagte sie: „Du solltest dich schämen, Hannah, dass du mich so ermüden lässt, damit du deine Pflicht tust. Das ist sehr unartig von dir, Hannah. Nun, Dolly, du und Susan, nehmt den Besen und geht in die Mitte des Zimmers. So, halte ihn ein bisschen tiefer – ein bisschen höher; so, das reicht. Nun vergiss nicht, dass dies ein feierlicher Anlass ist; du wirst in die Ehe springen. Nun, Cato, nimm Hannahs Hand. So, nun, warum konntest du Cato nicht vorher deine Hand nehmen lassen? Nun mach dich bereit, und wenn ich bis drei zähle, springst du. Augen auf den *Besen* ! Alles bereit. Eins, zwei, drei und rüber geht's. So, nun seid ihr Mann und Frau, und wenn ihr nicht glücklich zusammenlebt, ist es eure eigene Schuld; denn ich bin sicher, es steht dem nichts im Wege. Nun, Hannah, komm mit nach Hause, ich gebe dir etwas Whiskey, und du kannst einen Apfelwein machen, und du und Cato könnt euch gut amüsieren. Nun gehe ich zurück ins Wohnzimmer."

*Dolly.* „Ich sag dir was, Susan, wenn ich heirate, werde ich einen Pfarrer haben, der mich traut. Ich werde nicht über den Besen springen. Das reicht für Feldarbeiter, aber Hausangestellte sollten darüber stehen."

*Susan.* „Nun, Chile, von der alten Frau kann man nichts anderes erwarten. Sie kommt aus Carlina, aus dem armen weißen Abschaum. Sie weiß es nicht besser. Man kann nichts anderes erwarten als einen Sprung von einem Frosch. Die Frau sagt, sie ist eine von der Akastocacy; aber sie ist nicht mehr von der Akastocacy als ich. Die Frau sagt, sie wurde mit einem silbernen Löffel im Mund geboren; wenn das so wäre, wünschte ich, er hätte sie erstickt, das wünsche ich mir."

Das Springen über den Besen war vor vierzig Jahren in den ländlichen Gegenden des Südens allgemein üblich. Da es keinerlei Gesetze hinsichtlich der Eheschließung von Sklaven gab, war dieser Brauch für die Neger genauso bindend, als ob sie von einem Geistlichen getraut worden wären. Der Unterschied bestand darin, dass der eine nicht so vornehm war wie der andere. Dennoch muss man zugeben, dass die Schwarzen es immer vorzogen, von einem Geistlichen getraut zu werden.

# KAPITEL V.

DR. GAINES und seine Frau die heiße Jahreszeit im Norden verbracht hatten, wo sie zum Vergnügen reisten und Informationen über die in den Freistaaten praktizierte Landwirtschaft suchten, kehrten sie voller neuer Ideen nach Hause zurück, die sie sofort in die Tat umsetzen wollten, und so wurde sofort eine radikale Veränderung eingeleitet.

Zwei der interessantesten vorgeschlagenen Änderungen waren die Einführung eines Pflugs, der den damals verwendeten schweren, unhandlichen Pflug ersetzen sollte, und einer Waschmaschine anstelle des damals üblichen harten Handreibens. Die erste Änderung rief bei den Männern auf dem Feld viel Kritik hervor, die sie „Yankee Dodger" tauften, und während des ersten halben Tages ihrer Verwendung folgten ihr viele Neger, Männer und Frauen, die sich über ihre Überlegenheit gegenüber dem alten Pflug wunderten und wissen wollten, woher sie kam.

Doch die Aufregung in der Küche, unter den Frauen und wegen der Waschmaschine stellte den Neuheitsreiz des Pfluges völlig in den Schatten.

„Und die Wanne mit den Rädern und der Befestigung soll die Wäsche waschen, während wir uns hinsetzen und sie uns ansehen", sagte Dolly, während zehn oder ein Dutzend Bedienstete um den Neuankömmling herumstanden und über sein unförmiges Aussehen lachten und sich lustig machten.

„Ich verstehe nicht, warum Massa sich nicht eine Frau dort gekauft hat, wo das Ding gemacht wurde, und sie mitgebracht hat, damit sie uns zeigen konnte, wie man damit wäscht", bemerkte Hannah, als ihre Herrin in die Küche kam, um Anweisungen zur Benutzung der „Waschmaschine" zu geben.

„Nun, Dolly", sagte die Herrin, „wir werden in Zukunft neue Regeln für die Arbeit haben. Als ich im Norden war, sah ich, dass die Frauen am Montagmorgen um vier Uhr aufstanden und mit dem Waschen begannen, das um neun Uhr fertig und auf den Leinen war. Denken Sie daran, dass in Zukunft freitags nicht mehr gewaschen und samstags nicht mehr gebügelt wird, wie Sie es früher getan haben. Und anstatt sechs von Ihnen großen, dicken Frauen, die die Wäsche waschen, können zwei von Ihnen mit der ‚Waschmaschine' die Arbeit erledigen." Und sie ging hinaus und überließ die Neger den Überlegungen zur Zukunft.

„Ich wünschte, die Frau wäre zu Hause geblieben, anstatt durch die Welt zu reisen und neue Regeln mit nach Hause zu bringen. Wer glaubt, muss morgens um vier aus dem Bett, weil er den Waschkasten nach Hause bringt", sagte Dolly und warf den anderen Bediensteten einen wissenden Blick zu.

„Der Herr weiß, dass diese Kleine nicht um vier Uhr morgens aus ihrem süßen Bett aufstehen wird, für niemanden; das hört ihr doch, oder?", bemerkte Winnie, lachte laut und tanzte aus dem Zimmer.

Noch vor Ende der Woche war Peter mit seinem neuen Pflug gegen einen Baumstumpf gefahren und hatte ihn so zerstört, dass eine Reparatur nicht mehr möglich war.

Als die Dame am Montagmorgen um halb zehn, ihrer üblichen Zeit, aufstand, sah sie zu ihrer großen Enttäuschung, dass die Wäsche nicht auf den Leinen hing, sondern dass das Innenleben der „Waschmaschine" herausgenommen worden war und dass Dolly, die Oberwäscherin, auf die alte Art mit aller Kraft wusch, indem sie mit den Händen rieb und ihr der Schweiß über das schwarze Gesicht lief.

„Was hast du mit der Waschmaschine gemacht, Dolly?", rief die Herrin und warf erstaunt die Hände in die Luft.

„Sehen Sie, Miss", sagte der Diener, „das Ding funktioniert einfach nicht. Ich habe es auf eine Art versucht, dann auf eine andere, und trotzdem hat es nicht funktioniert. Also, sehen Sie, ich habe den Schraubenzieher genommen und es auseinandergenommen. Das ist der Grund, warum ich bei der Arbeit nicht schneller vorangekommen bin."

Mrs. Gaines kehrte ins Wohnzimmer zurück, setzte sich, weinte herzhaft und erklärte ihre Überzeugung, dass „aus Negern keine Weißen gemacht werden können, ganz gleich, was man mit ihnen macht."

Obwohl der „Patentpflug" und die „Unterlegscheibe" versagt hatten, konnten Dr. und Mrs. Gaines zufrieden sein, dass eine ihrer neuen Ideen in wenigen Tagen erfolgreich umgesetzt werden würde.

Während sie im Norden waren, hatten sie auf einem Bauernhof neuen Käse frisch aus der Presse gegessen, und als sie davon sprachen, erzählte ihr die alte Tante Nancy, die schwarze *Mama* des Ortes, dass sie alles über die Käseherstellung wisse. Diese Information sorgte für allgemeine Zufriedenheit, und sofort wurde eine Käsepresse aus St. Louis bestellt.

Die Ankunft der Käsepresse in der folgenden Woche war das Signal für die neue Sensation. Nancy wurde sofort in das Herrenhaus gerufen, um die Käseherstellung zu beaufsichtigen. Eine stolzere Person als die alte Negerin hätte man kaum finden können. Ihre frühen Tage hatte sie an der Ostküste Marylands verbracht, wo die Schwarzen glauben, dass sie von Natur aus ihrer Rasse in jedem anderen Teil der bewohnbaren Erde überlegen sind. Nancy hatte die Neger aus Kentucky und Missouri immer als „niedrigen Abschaum" bezeichnet, und jetzt, da sie alle übergangen wurden und die einzige

Marylanderin des Ortes zu diesem „großen Anlass" herbeigerufen wurde, war ihr Becher des Glücks bis zum Rand gefüllt.

„Was brauchen Sie außer der Käsepresse noch, um den Käse herzustellen, Nancy?", fragte Mrs. Gaines, als die alte Dienerin mit in die Hüften gestemmten Händen vor ihr stand und auf das halbe Dutzend Sklaven blickte, die herumlungerten und zuhörten, was gesagt wurde.

„Nun, Miss", antwortete Nancy, „ich brauche ein Rinnsal."

„Was ist ein Runnet?", erkundigte sich Mrs. Gaines.

„Sehen Sie, Miss, Sie müssen ein Schaf schlachten lassen und den Schlund herausnehmen, und das nennt man Rinderfilet. Und das gebe ich in die Milch, und die Milch wird gerinnt, sodass Käse entsteht."

„Dann lasse ich sofort ein Schaf töten", sagte die Herrin, und Jim erhielt den Befehl, das Schaf zu töten. Bald darauf wurde der Kadaver des Schafs unter den Negern verteilt und „de runnet" in die Hände der alten Nancy gelegt.

An diesem Abend herrschte in den Negerquartieren und in der Küche viel Spaß und es wurde viel geplaudert, denn man hatte dort herausgefunden, dass zum Gerinnen der Milch für die Käseherstellung Kalbs- und nicht Schafsmilch verwendet wurde.

Das Gelächter richtete sich dann gegen Nancy, die, nachdem sie sich allerlei Bemerkungen über ihre Kenntnisse in der Käseherstellung angehört hatte, in triumphierendem Tonfall, den Worten Taten folgen lassend, sagte:

„Ihr Nigger glaubt, ihr wisst eine Menge, aber ihr wisst nicht so viel, wie ihr denkt. Wenn das Schaf geschlachtet wird, weiß ich, dass ihr Nigger das Fleisch zu essen bekommt. Das weiß ich."

Mit dieser Bemerkung brachte Nancy die ganze Gruppe zum Schweigen. Dann streckte die alte Frau ihre Hand in die Hüfte und rief sarkastisch: „Morgen gibt es für euch alle Kalbsfleisch zum Abendessen. Was habt ihr dann über die alte Nancy zu sagen?" Als sie keine Antwort hörte, sagte sie: „Wo seid ihr jetzt, ihr schlauen Nigger? Wo seid ihr, ich frage euch?"

„Also, wenn Ant Nancy kein Kürbis ist, weiß diese Kleine nichts", bemerkte Ike, als er sich aufrichtete und die Situation betrachtete, als hätte er eine neue Idee. „Ich habe dir immer gesagt, dass Ant Nancy mehr im Kopf hat als das, was man mit einem feinen Kamm herauskriegt", rief Peter.

„Aber wie willst du der Frau erzählen, dass du die Schafe getötet hast?", fragte Jim.

Nancy wandte sich an den Häuptling und antwortete: „Derselbe Kerl, der mir gesagt hat, ich solle Schafe holen, sonst sagt mir ihr Nigger, was ich tun soll. Der Herr führt mich immer durch meine Schwierigkeiten und Prüfungen. Bevor ich meinen Mund öffne, füllt er ihn immer."

Am nächsten Tag erschien Nancy an der Tür des großen Hauses und ließ nach ihrer Herrin rufen. Als die Dame erschien, setzte der Diener einen wissenden Blick auf und sagte: „Fräulein, wenn der Mond kalt ist und das Wasser hoch steht, dann muss ich Kalbsmilch in die Milch geben, statt Schafsmilch. Also, liebe Nacht, ich sehe, dass der Mond kalt ist und das Wasser hoch steht."

„Also, Nancy", sagte die Herrin, „ich werde sofort ein Kalb schlachten lassen, denn ich kann nicht auf einen warmen Mond warten. Geh und sag Jim, er soll sofort ein Kalb schlachten, denn ich darf nicht mehr lange auf Käse verzichten." Als Nancy in ihr Quartier zurückkehrte, hörte der alte Ned, der nicht mehr arbeiten konnte und nie etwas anderes tat als essen, schlafen und reden, die Erklärung der Frau und klatschte in seine runzligen Hände und rief: „Also, Nancy, du bist wie alle Nigger hier, denn du gibst uns jeden Tag frisches Fleisch."

Nachdem die richtige Konsistenz gefunden war und zwei Wochen an dem neuen Käse gearbeitet worden war, wurde auf der „Poplar Farm" ein kleines, weiches, saures, hart aussehendes Ding ausgestellt, das alles andere als nach Käse aussah. Die Schwarzen waren sehr amüsiert, die Weißen waren jedoch enttäuscht, insbesondere Mrs. Gaines, die oft bemerkt hatte, dass ihr „das Wasser im Mund zusammenlief, wenn sie an den neuen Käse dachte".

Es wurde danach nie wieder versucht, die Käseherstellung wieder aufzunehmen, und die Presse wurde unter dem Schuppen neben der Waschmaschine und dem Patentpflug untergebracht. Obwohl wir drei oder vier vertrauenswürdige und treue Diener hatten, muss man zugeben, dass die meisten Neger auf der „Poplar Farm" immer gerne bereit waren, sich vor der Arbeit zu drücken, und dachten, es sei eine religiöse Pflicht, die Weißen zu täuschen.

Witz und Religion waren schon immer die Stärken des Negers als Sklaven. Mit Witz konnte er seinen Herrn zufriedenstellen oder seinen Zorn besänftigen, wenn er unzufrieden war, und Religion ermöglichte es ihm, eine Strafe zu ertragen, wenn sie ihm auferlegt wurde.

Sowohl Dr. als auch Mrs. Gaines ließen sich leicht von ihren Dienern täuschen. Tatsächlich hatte ich oft den Eindruck, dass Mrs. Gaines ein besonderes Vergnügen daran hatte, sich von ihnen täuschen zu lassen; und selbst der Doktor mit seiner langjährigen Erfahrung und Schlauheit ließ sich unter fast jedem Vorwand hinreißen. Wenn er sich beispielsweise abends zurückzog, trug Ike, sein Leibdiener, die Kleider seines Herrn aus dem Zimmer, bürstete sie ab und brachte sie rechtzeitig zurück, damit der Doktor sich zum Frühstück anziehen konnte. Das war nichts Ungewöhnliches; aber der Herr bemerkte oft, dass Ike seiner Meinung nach seine Kleider zu oft bürstete, da sie sich viel schneller abzunutzen schienen als früher. Ike führte die Abnutzung jedoch darauf zurück, dass die Ware nicht mehr so gut in Schuss war. So wechselte der Herr auf Anraten seines Dieners seinen Schneider.

FRAU SARAH PEPPER GAINES.

Etwa zur gleichen Zeit blieb die Uhr des Doktors nachts stehen, und als sie zur Reparatur gebracht wurde, stellte der Uhrmacher fest, dass sie schwer beschädigt war. Er erklärte, dies sei durch einen Sturz verursacht worden. Da der Doktor immer sehr vorsichtig mit seiner Uhr umging, konnte er sich das Stehenbleiben nicht erklären. Ike wurde zu seinem Umgang damit befragt, aber er konnte keine Klarheit in die Sache bringen. Schließlich kam eines Nachts gegen zwölf Uhr eine Nachricht, dass der Doktor einen Patienten besuchen solle, der einen plötzlichen Choleraanfall erlitten hatte. Der treue Ike war nirgends zu finden, und auch von den Kleidern des Doktors waren keine Spuren zu entdecken. Nicht einmal die Uhr, die immer auf dem Kaminsims lag, war irgendwo zu sehen.

Es schien klar, dass Ike mit der Alltagskleidung seines Herrn, der Uhr und allem davongelaufen war. Ja, und eine weitere Suche ergab, dass auch die Stiefel verschwunden waren, von denen ein Absatz zehn Zentimeter höher war als der andere. Aber der Doktor musste los, und Mrs. Gaines und wir alle machten uns an die Arbeit, um den Doktor fertigzumachen.

Während Cato nach den alten Stiefeln suchte und Hannah auf dem Dachboden den alten Hut holte, kam Jim aus der Scheune zurück und teilte seinem Herrn mit, dass der Fuchs, den er hatte satteln lassen, nirgends zu finden sei. Er habe die braune Stute herausgeholt, und da kein Sattel da war, habe Ike den einzigen genommen, und er, Jim, habe der Stute das Büffelfell übergezogen.

Es war eine helle Mondnacht, und den Doktor ohne Sattel in seinem alten Anzug auf dem Pferd zu sehen, war wirklich äußerst lächerlich. Er machte jedoch den Besuch, rettete das Leben des Patienten, kam nach Hause und legte sich gemütlich zu Bett. Am nächsten Morgen kam Ike zur großen Überraschung des Doktors zu seiner gewohnten Zeit herein, mit den Kleidern in der einen Hand und den sauber geputzten Stiefeln in der anderen. Der treue Sklave hatte keinen der anderen Diener gesehen und wusste daher nichts von der Diskusverlagerung des Herrn in der vergangenen Nacht.

„War gestern Abend jemand von den Bediensteten nicht da?", erkundigte sich der Doktor, während Ike die Kleidung sorgfältig auf einen Stuhl legte und die Stiefel abstellte.

„Nein, glaube ich nicht", antwortete Ike.

„Waren Sie letzte Nacht irgendwo unterwegs?", fragte der Meister.

„Nein, Sir", antwortete der Diener.

„Wie? Überhaupt nicht vom Fleck gekommen?", fragte der Doktor scharf. Ike sah verwirrt aus und begann offensichtlich, „Läuse zu riechen".

„Also, Massa, ich war nicht nur weg, um kurz zum Gebetstreffen in Corners zu gehen, das ist alles", sagte Ike.

„Wo ist meine Uhr?", fragte der Doktor.

„Ich sehe, sie liegt da auf dem Kaminsims, wo ich sie letzte Nacht hingelegt habe, Sir", antwortete Ike und griff gleichzeitig nach der Uhr, auf die er sie einen Moment zuvor gelegt hatte, und hielt sie triumphierend hoch. „Hier ist sie, Sir, genau da, wo ich sie letzte Nacht hingelegt habe."

Ike wurde gesagt, er solle gehen, was er gerne tat. „Was soll ich mit diesem Kerl machen?", sagte der Doktor zu seiner Frau, als der Diener das Zimmer verließ.

Ike hatte kaum den Hinterhof erreicht, als er Cato traf, der ihm erzählte, dass sein Herr von seiner Abwesenheit in der vergangenen Nacht wusste. Als Ike alles gehört hatte, rief er aus: „Na, wenn der alte Boss es weiß, dieser Nigger ist so sicher wie du geboren wurdest."

„Ich möchte heute Morgen nicht in deiner Haut stecken, Ike", sagte Cato.

„Nun", antwortete Ike, „ich danke dem Herrn, dass ich die Religion habe, die es mir erlaubt, das durchzuhalten."

Dr. Gaines fand beim Anziehen nichts Ungewöhnliches, bis er sich die Stiefel ansah. Der Doktor war von Geburt an hinkend. Hier sah er eindeutige Anzeichen dafür, dass der hohe Absatz abgenommen und durch eine Schraube ersetzt worden war, die durch die Innenseite gesteckt und die Naht mit Wachs überzogen worden war. Dr. Gaines hatte oft gedacht, wenn er morgens seine Stiefel anzog, dass sie ein wenig locker wirkten, und als er mit seinem Diener darüber sprach, schrieb der Neger es der Wichse zu, die, wie er sagte, „das Leder dehnbar machte".

Als an diesem Morgen das Frühstück vorbei war und die Neger zum Familiengebet zusammenkamen, waren aller Augen auf Ike gerichtet.

Es war schon immer seltsam, dass die Neger anscheinend so viel Freude daran hatten, ihre Mitdiener in einer „schlechten Lage" zu sehen. Aber es ist trotzdem wahr, und Ikes „Pech" schien Jung und Alt seiner eigenen Rasse ein Vergnügen zu sein. Am Ende der Gebete sagte der Doktor: „Nun, Ike, ich möchte, dass du mir die Wahrheit und nichts als die Wahrheit sagst, wo du letzte Nacht warst und warum du meine Kleider weggetragen hast?"

„Nun, Massa", sagte Ike, „ich werde dir die Wahrheit sagen."

„Das ist es, was ich will, Ike", bemerkte der Meister.

„Also", fuhr der Neger fort, „ich trage die Kleider zum Tanzen, weil du weißt, Massa, ich wusste, dass du nicht wolltest, dass dein Leibdiener ärmer gekleidet als die Herrenjungen zum Ball geht. Also, du siehst, ich hatte selbst keine Kleider, also nahm ich deine. Ich musste den Absatz von dem lahmen Beinstiefel abschlagen, damit ich ihn tragen konnte. Und dann nahm ich den alten Sorrel, weil er so schnell und so locker schreitet. Kein anderes Pferd könnte mich rechtzeitig zum Ball in die Stadt bringen, außer dem alten Sorrel. Weißt du, Massa, zehn Meilen sind ein gutes Stück Weg, nachdem du ins Bett gegangen bist. Nun, Massa, ich hoffe, du verzeihst mir diesmal, und ich werde das nie wieder tun."

Während Ike seine Geschichte erzählte, ließ sein Meister ihn nicht aus den Augen und sagte am Ende: „Du hast mir zuerst erzählt, dass du bei der Gebetsversammlung an den Corners warst. Warum hast du das getan?"

„Nun, Massa", antwortete Ike, „ich wusste, dass ich zum Prar-Treffen hätte gehen sollen, und das ist der Grund, warum ich sagte, ich sei da."

„Und du bist ein hübscher Christ, wenn du zum Tanz gehst, statt zu deinem Gebetstreffen. Das ist das fünfte Mal, dass du in Ungnade gefallen bist", sagte der Meister.

„Oh nein", antwortete Ike schnell. „Das ist erst das vierte Mal, dass ich zurückgerutscht bin."

„Aber das ist nicht das erste Mal, dass Sie meine Kleider genommen und getragen haben. Und da ist meine Uhr, Sie konnten die Zeit nicht ablesen, was wollten Sie damit?", sagte der Doktor.

„Ja, Massa", antwortete Ike, „ich werde die Wahrheit sagen; ich trug die Kleider vor dieser Zeit, und ich nahm auch die Uhr, und ich ließ sie fallen, und deshalb blieb die Zeit stehen. Und ich weiß, dass ich die Zeit nicht anhand der Uhr ablesen konnte, aber ich habe sie erraten, und die Nigger starrten mich an, weil sie sahen, dass ich eine Uhr hatte."

Die Ankündigung, dass Col. Lemmy vor der Tür stehe, unterbrach die weiteren Ermittlungen in Ikes Fall. Der Colonel war das genaue Gegenteil von Dr. Gaines. Er glaubte, dass der Neger nichts Gutes habe, außer zu schuften, und war der Meinung, dass alle religiösen Bemühungen, die Lage der Rasse zu verbessern, Zeitverschwendung seien.

Der Oberst lachte herzlich, als der Doktor erzählte, wie Ike seine Kleider getragen hatte. Er erkundigte sich schnell, ob der Diener bestraft worden sei, und als er erfuhr, dass dies nicht der Fall war, sagte er: „Die Peitsche ist mehr wert als alle Religion der Welt. Ihr Junge, Ike, wird mit den anderen Nigger hier zu einem Gebetstreffen gehen und erzählen, wie gut oder wie schlecht sie sich fühlen, je nachdem, wie es gerade passt. Sie werden weinen, stöhnen, in die Hände klatschen, auf die Füße klopfen, sich in Schweiß wälzen, singen,

Ich werde weiter hoch klettern und
das himmlische Land sehen.
Bis ich diese Engel im Himmel treffe und
das himmlische Land sehe.

Ich werde die kleinen Engel sehen,
das himmlische Land sehen;
Warum lässt der Teufel mich nicht in Ruhe?
Sieh dir das himmlische Land an.


„Ja, Doktor, diese Nigger werden bis Mitternacht beten, ihre Versammlung auflösen und nach Hause gehen, indem sie schreiend und singend ‚Ehre halleluja!' singen, und jeder einzelne von ihnen wird ein Huhn, einen Truthahn oder ein Schwein stehlen, und schreie: „Komm herunter, süßer Wagen, und trag mich nach Hause zu mir!", ja, und singe weiter, bis sie schlafen gehen. Du kannst deinen Sklaven Religion geben, und ich werde meinen die Peitsche geben, und ich Ich wette, dass ich aus der gleichen Anzahl Hände den meisten Tabak und Hanf bekomme."

„Ich glaube kaum", sagte der Doktor, nachdem er seinem Nachbarn aufmerksam zugehört hatte, „dass ich Ike ohne Strafe passieren lassen kann. Doch bin ich anderer Meinung als Sie, was die positiven Auswirkungen der Religion auf alle Klassen betrifft, insbesondere auf unsere Neger, denn der Afrikaner ist ein in erster Linie religiöses Wesen; bei ihnen, das gebe ich zu, herrscht beträchtlicher Aberglaube. Sie glauben fest an Glück und Unglück, an Geister, Wahrsagerei und dergleichen; aber wir Weißen sind nicht ganz frei von solchen Vorstellungen."

Bei den letzten ein oder zwei Sätzen funkelten die Augen des Colonels und er begann zu erbleichen, denn es war allgemein bekannt, dass er fest an Geister und Wahrsagerei glaubte.

„Nun, Doktor", sagte Col. Lemmy, „jeder vernünftige Mensch muss die Tatsache zugeben, dass es Geister gibt und dass es nichts Wahreres auf der Welt gibt, als dass man die Zukunft vorhersagen kann. Sehen Sie sich den Rechtsstreit von Mrs. McWilliams mit Major Todd an. Sie ging zu dem alten Frank, dem Wahrsager und Nigger, und fragte ihn, welchen Anwalt sie beauftragen sollte. Der alte Mann sah sie einen Moment an und sagte: ‚Fräulein, Sie haben zwei Anwälte im Sinn – einen großen und einen kleinen. Wenn Sie den großen Mann nehmen, verlieren Sie den Fall; wenn Sie den kleinen Mann nehmen, gewinnen Sie den Fall.' Natürlich dachte sie darüber nach, entweder McGuyer oder Darby zu beauftragen. Der erste ist ein großer Mann; der letztere war, wie Sie wissen, ein kleiner Mann. Also befolgte sie den Rat des alten Negers, nahm die Dienste von John F. Darby in Anspruch und gewann den Prozess."

„Ja", antwortete der Doktor, „ich habe immer gehört, dass die Witwe McWilliams ihren Fall durch die Konsultation des alten Frank gewonnen hat."

„Nun, Doktor", fuhr der Colonel in lebhaftem Ton fort, „als die Rennen in St. Louis vor drei Jahren stattfanden, ging ich zu der alten Betty, der blinden Wahrsagerin, um zu sehen, welches Pferd gewinnen würde; und sie sagte: ‚Massa, setzen Sie Ihr Geld auf die graue Stute.' Nun, sehen Sie, jeder dachte, dass Johnsons schwarzes Pferd gewinnen würde, und es wurde viel Geld auf ihn gesetzt. Ich setzte jedoch hundert Dollar auf die graue Stute, und zur völligen Überraschung aller gewann sie. Als das Rennen vorbei war, wurde ich gefragt, wie ich dazu komme, auf die Stute zu wetten, wo doch jeder sein Geld auf das Pferd setzte. Ich sagte ihnen dann, dass ich nie mein Geld auf ein Pferd setze, bis ich herausfände, welches gewinnen würde.

„Und was Geister betrifft, so möchte ich Ihnen nur sagen, Doktor, dass ich den Geist des Hausierers gesehen habe, der drüben auf der alten Straße ermordet wurde, so sicher wie Sie geboren sind.“

„Meinen Sie?“, fragte der Doktor.

„Denke ich! Ich weiß es, genau wie ich weiß, dass ich dich jetzt sehe. Er hatte seinen Rucksack auf dem Rücken, und es war bei Tag, keine Nachtarbeit. Er sah mich an, und ich beobachtete ihn, bis er außer Sichtweite war. Aber ich war ganz erschrocken; mir standen die Haare zu Berge, das kann ich dir sagen.“

„Hat er mit Ihnen gesprochen?“, fragte der Doktor.

„Oh nein! Er sprach nicht, aber sein Gesichtsausdruck war traurig, und als er außer Sichtweite war, drehte er sich um und sah über die Schulter zu mir.“

Der Aberglaube der Weißen in unserer Gegend war größtenteils das Ergebnis ihrer engen Verbindung mit den Schwarzen. Denn die Bediensteten erzählten den Kindern in den Kinderzimmern die albernsten Geschichten, und als sie älter wurden, lernten sie noch mehr von den Sklaven in den Unterkünften oder draußen auf dem Gelände.

# KAPITEL VI.

LUKRATIVES und interessantes Vergnügen gefragt. In der Taverne, im Postamt und im Laden versammelte sich die ganze Nachbarschaft, um die Nachrichten zu lesen, sich auszutauschen und über Politik zu reden.

Aus Mangel an ausreichendem Publikum wagten die Shows selten, dort Halt zu machen. Alle drei Monate jedoch gab es ein „Gänserichen", das stets eine große Anzahl von Damen und Herren, die *Elite* und das gemeine Volk anzog. Der Veranstalter dieser Unterhaltung besorgte sich einen Gänserich der Art Wildgans. Dieser Vogel hatte einen langen Hals, der über der Brust groß war, sich aber allmählich auf mehr als der Hälfte der Länge verjüngte, bis er klein und schlangenartig wurde und in einem langen, schlanken Kopf und einem spitzen Schnabel endete. Kopf und Hals des Gänsers wurden gut eingefettet; die Beine wurden mit einer starken Schnur zusammengebunden und der Vogel wurde dann an den Beinen an einem schwingenden Ast eines Baumes festgebunden. Die *Gänseriche* mussten zu Pferd sein und fünfzehn oder zwanzig Ruten vom Gänserich entfernt losreiten, wobei sie mit voller Geschwindigkeit ritten, und wenn sie unter dem Vogel vorbeikamen, hatten sie das Recht, ihm den Kopf abzuziehen, wenn sie konnten. Um die Geschwindigkeit der Pferde zu erhöhen, wurde ein Mann wenige Meter vom Gänserich entfernt postiert, der den Befehl hatte, jedem vorbeikommenden Pferd einen Hieb mit der Peitsche zu versetzen.

Manchmal wurde der Kopf des Vogels von zehn oder einem Dutzend Leuten gefangen, bevor es ihnen gelang, ihn abzuziehen, was notwendig war; häufig sprang das Tier plötzlich auf oder der Reiter hatte ein wenig zu viel Wein getrunken und fiel vom Pferd, was das „Schnappschießen" noch interessanter machte.

Der arme Gänserich zeigte häufig weitaus mehr Scharfsinn als seine Peiniger. Nachdem er ein- oder zweimal am Kopf gefangen worden war, zog der Gänserich den Kopf hoch oder wich aus. Manchmal hatte der Räuber ein Stück Sandpapier in der Hand, mit dem er den Greifer fester packen konnte. Diese Methode wurde jedoch allgemein als unfair angesehen und führte einmal zu einem Duell, bei dem beide Parteien schwer verletzt wurden.

Aber die teuerste und schädlichste Freizeitbeschäftigung, der sich die Leute in unserer Gegend hingaben, war das Kartenspiel, eine Art Glücksspiel, der im ganzen Süden zu viel nachgegangen wird. Dieses Vergnügen verursacht viel Traurigkeit, denn es kommt oft vor, dass Herren am Spieltisch große Summen verlieren, sich oft ernsthaft blamieren und manchmal ganze Familien ruinieren.

Mr. Oscar Smith, der in der Nähe von „Poplar Farm" wohnte, unternahm eine Reise nach St. Louis, von dort nach New Orleans und zurück. Auf dem Dampfer wurde er zum Glücksspiel verführt.

„Gehen Sie hin, mein Junge, Verwalter", sagte Mr. Smith, während er seine Karten eine nach der anderen vom Tisch nahm.

Wenige Augenblicke später stand ein hübscher Mulattenjunge, offenbar etwa fünfzehn Jahre alt, mit strahlenden Augen neben seinem Herrn am Tisch.

„Wir sehen uns, und zwar fünfhundert Dollar mehr", sagte Smith, als sein Diener Jerry an den Tisch kam.

„Welchen Preis würden Sie für den Jungen ansetzen?", fragte Johnson und nahm ein Bündel Geldscheine aus der Tasche.

„Auf dem Markt in New Orleans bringt er jederzeit tausend Dollar ein", antwortete Smith.

„Dann wetten Sie den ganzen Jungen, oder?"

"Ja."

„Dann rufe ich Sie auf", sagte Johnson und breitete gleichzeitig seine Karten auf dem Tisch aus.

„Sie haben mich geschlagen", sagte Smith, sobald er die Karten sah.

Jerry, der auf dem Tisch stand und die Banknoten und Silberdollar um seine Füße lagen, wurde nun aufgefordert, vom Tisch herunterzusteigen.

„Du wirst nicht vergessen, dass du zu mir gehörst", sagte Johnson, als der junge Sklave vom Tisch auf einen Stuhl trat.

SPIEL UM EINEN SKLAVEN.


„Nein, Sir", antwortete der Sklavenhalter.

„Geh jetzt zurück in dein Bett und stehe morgen früh rechtzeitig auf, um meine Kleider zu bürsten und meine Stiefel zu putzen, hörst du?"

„Ja, Sir", antwortete Jerry und wischte sich die Tränen aus den Augen.

Als Mr. Smith den Spieltisch verließ, sagte er: „Ich beanspruche das Recht, diesen Jungen zurückzukaufen, Mr. Johnson. Mein Vater hat ihn mir gegeben, als ich volljährig wurde, und ich habe versprochen, mich nicht von ihm zu trennen."

„Ganz bestimmt, Sir. Der Junge gehört Ihnen, wenn Sie mir satte tausend Dollar geben", antwortete Johnson.

Am nächsten Morgen versammelten sich die Passagiere in den Frühstückssalons und bei den Wachen des Schiffes, und man sah die Bediensteten umherlaufen und ihre Herren bedienen oder nach ihnen suchen, als der arme Jerry mit seinen Stiefeln die Kabine seines neuen Herrn betrat.

Der echte Witz des Negers ist für die Weißen oft ein Wunder, und dieser Witz oder Humor, wie man ihn nennen könnte, kommt auf verschiedene Weise zum Vorschein. Nicht selten wird er von dem Schwarzen an den Tag gelegt, wenn er es wirklich sehr ernst meint.

So traf unser Sampey auf dem Weg nach Corners Davidsons Joe und rief ihn mehrere Male an, ohne eine Antwort zu erhalten. Schließlich blieb Joe, der sehr verärgert schien, stehen, sah Sampey überrascht an und rief: „Hast du denn keine Manieren? Wo sind deine Augen? Siehst du nicht, dass es eine Beerdigung ist?"

Erst dann bemerkte Sampey, dass Joe eine Kiste in den Armen hielt, die einem Sarg ähnelte und in der sich ein verstorbenes Negerkind befand. Der Neger zeigte seinen Witz oft zum Nachteil seines Herrn oder seiner Herrin.

Wenn Besucher auf der „Poplar Farm" waren, rief Dr. Gaines häufig Cato herbei, um zur Unterhaltung der Gesellschaft ein Lied zu singen oder einen Witz zu erzählen. Einmal bat er den Diener, einen Toast auszubringen, und reichte dem Neger gleichzeitig ein Glas Wein. Dieser nahm das Glas, hielt es hoch, betrachtete es, begann, sein Elfenbein zu zeigen und sagte:

„Die große Biene fliegt hoch,
die kleine Biene macht Honig,
der schwarze Mann baut Baumwolle an
und der weiße Mann bekommt das Geld."

Derselbe Diener, der an einem Sabbat zu einer Versammlung ging, begegnete unterwegs Major Ben O'Fallon, der zu Pferd ritt und einen Regenschirm aufgespannt hatte, um den Regen abzuhalten. Als der Major den Neger barhäuptig und mit etwas unter seinem Mantel daherstapfen sah, sagte er, weil er annahm, er habe einen Gegenstand gestohlen, den er zu verstecken versuchte: „Was hast du da unter deinem Mantel, Junge?"

„Nichts, Sir, außer meinem Hut", antwortete der Sklave und zog gleichzeitig einen gebrauchten Biber hervor.

„Ist es Ihres?", erkundigte sich der Major.

„Jawohl, Sir", war die schnelle Antwort des Negers.

„Nun", fuhr der Major fort, „wenn es Ihnen gehört, warum ziehen Sie es nicht an und schützen Ihren Kopf vor dem Regen?"

„Oh!", antwortete der Diener mit einem Lächeln scheinbarer Zufriedenheit, „der Kopf gehört Massa und der Hut gehört mir. Lass Massa auf sein Eigentum aufpassen und ich auf meines."

Als Dr. Gaines einen Nachbarn zum Schweinestall mitnahm, um ihm einige erlesene Schweine zu zeigen, aus denen er den Speck für den nächsten Winter herstellen wollte, fragte er Dolly, die die Schweine fütterte: „Was glauben Sie, wie viel Schmalz Sie aus diesem großen Schwein herausholen können, Dolly?"

Die alte Negerin kratzte sich am wolligen Kopf, machte ein nachdenkliches Gesicht und antwortete: „Ich glaube, ich kann einen Eimer voll kriegen, aber der Eimer ist nicht zu groß."

„Ich denke, das können Sie", antwortete der Meister.

Die Damen haben ihre Freizeitbeschäftigungen, die häufigste davon ist das Schnupftabaktauchen. Sie tragen eine Schnupftabakdose oder -flasche und dazu ein sehr kleines Stäbchen oder Rohr, das am Ende gekaut wurde, bis es einen kleinen Mopp bildet. Die kleinen Schnupftabakdosen oder Stäbchen werden in Bündeln für den Gebrauch der Damen verkauft und können einfach in die erforderliche Länge geschnitten oder gebrauchsfertig gekaut gekauft werden. Die Schnupftabakdosen-Dame befeuchtet das Stäbchen mit Speichel, taucht es in die Schnupftabakdose und hebt dann den so gefüllten Mopp zwischen die Lippen. In manchen Gegenden reichen sie Schnupftabakdosen und Schnupftabakdosen höflich herum oder stellen einen reichlichen Vorrat Schnupftabak auf den Tisch, in den die ganze Gesellschaft tauchen kann.

Sogar unter den besseren Weißen versammelten sich die Damen oft in beträchtlicher Zahl, besonders während der Erweckungsversammlungen, stellten eine Waschschüssel in die Mitte des Raumes, alle versammelten sich darum, begannen mit dem Schnupftabaktauchen und alle benutzten die Waschschüssel als gemeinsamen Spucknapf.

Jede wohlerzogene Dame trägt ihre eigene Schnupftabakdose und Schnupftabakdose. Im Allgemeinen ist das Schnupftabakdosieren während des Gottesdienstes, wenn der Geistliche etwas langweilig ist, unverzichtbar.

# KAPITEL VII.

VIERZIG Jahren war der Aberglaube in den Südstaaten bei allen Gesellschaftsschichten weit verbreitet, besonders aber bei den Schwarzen und den ungebildeten oder armen Weißen. Dies zeigte sich deutlicher in ihrem Glauben an Hexerei im Allgemeinen und an den Teufel im Besonderen. Für beide Gesellschaftsschichten war der Teufel ein reales Wesen mit Klumpfüßen, Hörnern, Schwanz und einem Buckel auf dem Rücken.

Der Einfluss des Teufels war weitaus größer als der des Herrn. Wenn einer dieser Anhänger ein Schwein gestohlen hätte und die Furcht des Herrn über ihn gekommen wäre, hätte er den Herrn höchstwahrscheinlich um Vergebung gebeten, aber trotzdem das Schwein behalten. Aber wenn die Furcht des Teufels über ihn gekommen wäre, hätte er höchstwahrscheinlich das Schwein fallen lassen und das Weite gesucht.

Damals gab es in der Stadt St. Louis viele Menschen, die fest an den Voodooismus glaubten. Ich war einmal bei einem ihrer Mitternachtstreffen. Im blassen Mondlicht waren die dunklen Umrisse einer großen Versammlung zu sehen, die sich um ein kleines Feuer versammelt hatte und sich in verschiedenen Sprachen unterhielt. Es waren Neger jeden Alters – Frauen, Kinder und Männer. Schließlich verstummte der Lärm und die versammelte Gruppe nahm eine respektvolle Haltung ein. Sie machten ihrer Königin Platz, und eine kleine, schwarze, alte Negerin betrat die Szene, gefolgt von zwei Gehilfen, von denen einer einen Kessel und der andere eine Kiste trug.

Der Kessel wurde über die verlöschende Glut gestellt, die Königin zog aus den Falten ihres Gewandes einen Zauberstab hervor und die Menge bildete einen Kreis um sie. Ihre erste Tat bestand darin, etwas Substanz ins Feuer zu werfen, die Flammen schossen mit grellem Glanz empor – mal wanden sie sich in Schlangenwindungen, mal schnellten sie in gespaltenen Zungen nach oben und dann verwandelten sie sich allmählich in einen Schleier aus düsteren Dämpfen. In diesem Stadium wurde nach einigem Kauderwelsch und wildem Gestikulieren der Königin die Kiste geöffnet und Frösche, Eidechsen, Schlangen, Hundeleber und Rinderherzen herausgezogen und in den Kessel geworfen. Dann folgte weiteres Kauderwelsch und Gestikulieren, woraufhin die Gemeinde sich an den Händen fasste und den wildesten Tanz begann, den man sich vorstellen konnte, und ihn fortsetzte, bis die Männer und Frauen vor lauter Erschöpfung zu Boden sanken.

In den unwissenden Tagen der Sklaverei herrschte der allgemeine Glaube, dass ein über der Tür hängendes Hufeisen Glück bringen würde. Ich habe erlebt, wie sonst vergleichsweise intelligente Neger sich weigerten, eine

Stecknadel, Nadel oder einen anderen Gegenstand aufzuheben, den ein Neger fallen gelassen hatte, weil, so behaupteten sie, wenn die Person, die den Gegenstand fallen gelassen hatte, eine Bosheit gegen sie hegte, würde sie das Berühren von etwas, das sie fallen gelassen hatte, verfluchen und ernsthaft krank machen.

Fast jede große Plantage mit einer nennenswerten Anzahl von Negern hatte mindestens einen, der behauptete, ein Wahrsager zu sein, und der von seinen Mitsklaven mit mehr als nur normalem Respekt betrachtet wurde. Dinkie, ein Vollblutafrikaner , groß gebaut, mit groben Gesichtszügen und der behauptete, in seinem Heimatland ein Nachkomme eines Königs zu sein, war das Orakel auf der „Poplar Farm". Zu der Zeit, von der ich schreibe, war Dinkie etwa fünfzig Jahre alt, hatte ein Auge verloren und war, gelinde gesagt, ein sehr hässlicher Mann.

Niemand in diesem Viertel galt als so tief in Voodooismus, Goopherismus und Wahrsagerei versunken wie er. Obwohl er viele Jahre zur Familie Gaines gehörte, konnte sich niemand an die Zeit erinnern, als Dinkie zu körperlicher Arbeit herangezogen wurde. Er war nicht krank, aber er arbeitete nie. Niemand störte ihn. Wenn er Lust hatte, die Hühner, Schweine oder das Vieh zu füttern, tat er das. Dinkie jagte, schlief, saß zur Essenszeit am Tisch, streifte durch die Wälder, ging in die Stadt und kam zurück, wann es ihm gefiel, ohne dass jemand Einwände hatte oder eine Frage stellte. Jeder behandelte ihn mit Respekt. Die Weißen in der ganzen Nachbarschaft lüfteten ihre Hüte vor dem alten einäugigen Neger, während die Polizisten oder Streifenpolizisten ihn ohne Gegenwehr passieren ließen. Die Neger hatten überall Todesangst vor „Onkel Dinkie". Die Schwarzen, die ihn jeden Tag sahen, waren in seiner Gegenwart immer darauf bedacht, sich gut zu benehmen. Ich fragte einmal einen Neger, warum sie offenbar Angst vor Dinkie hätten. Er sah mich an, zuckte mit den Schultern, lächelte, schüttelte den Kopf und sagte:

„Ich habe keine Angst vor dem Teufel, aber ich bin noch nicht bereit, zu ihm zu gehen." Dann sah er sich um und nach hinten, als fürchtete er, jemand könnte hören, was er sagte, und fuhr dann fort: „Der Kerl hat die Macht, Ser; er kennt sichtbare und unsichtbare Dinge, und das macht ihn zu seinem eigenen Meister."

Es stimmte buchstäblich, dieser Mann war sein eigener Herr. Er trug eine Schlangenhaut um den Hals, in einer Tasche hatte er einen versteinerten Frosch und in der anderen eine getrocknete Eidechse.

Einmal kam ein Sklavenspekulant vorbei und bot an, Dinkie zu kaufen. Dr. Gaines hielt dies zweifellos für eine gute Gelegenheit, den Elefanten loszuwerden, und nahm das Geld an. Einen Tag später gab der Händler den alten Neger zurück und drohte mit einer Schadensersatzklage.

Dr. Gaines stellte einen neuen Aufseher für die „Poplar Farm" ein. Sein Name war Grove Cook und er war weithin als fähiger Mann für die Bewirtschaftung von Plantagen und für die Erzeugung großer Erntemengen aus einer bestimmten Anzahl von Arbeitskräften bekannt. Cook wurde als „harter Aufseher" bezeichnet. Die Neger fürchteten seine Ankunft und schon Wochen vor seiner Ankunft war der Name des Aufsehers in aller Munde.

Cook kam, er rief die Neger, Männer und Frauen, zusammen, zählte sie, begutachtete sie wie ein Käufer eine Herde Vieh, die er kaufen will. Als er sie gerade entlassen wollte, sah er Dinkie aus seiner Kabine kommen. Das scharfe Auge des Aufsehers war sofort auf ihn gerichtet.

„Wer ist dieser Nigger?", fragte Cook.

„Das ist Dinkie", antwortete Dr. Gaines.

„Was ist sein Platz?", fuhr der Aufseher fort.

„Oh, Dinkie ist ein Gentleman auf freiem Fuß!" war die Antwort.

„Haben Sie Einwände gegen seine Arbeit?"

„Keine, egal."

„Gut, Sir", sagte Cook, „ich werde ihn morgen früh arbeiten lassen."

Dinkie wurde aufgerufen und mitgezählt.

Beim Appell am nächsten Morgen antworteten alle, außer dem Zauberer; er war nicht da.

Der Aufseher erkundigte sich nach Dinkie und erfuhr, dass er noch schlief.

„Ich werde ihn schleunigst aus seinem Bett holen", sagte Cook und machte sich auf den Weg zur Hütte des Negers. Dinkie erschien an seiner Tür, gerade als der Aufseher sich näherte.

„Folgen Sie mir zur Scheune", sagte der ungeduldige Fahrer zu dem Neger. „Ich lege Wert darauf, einen Nigger immer am ersten Tag, an dem ich die Leitung einer Farm übernehme, zu verprügeln, damit die Arbeiter wissen, wer ich bin. Und jetzt, Mr. Dinkie, sagt man mir, Sie hätten sich seit vielen Jahren nicht mehr den Rücken bräunen lassen; und da das der Fall ist, werde ich Ihnen eine Tracht Prügel verpassen, die Sie nie vergessen werden. Folgen Sie mir zur Scheune." Cook machte sich auf den Weg zur Scheune, drehte sich dann aber um und ging in sein Haus, um seine Peitsche zu holen.

In diesem Moment warf Dinkie den anderen Sklaven, die in der Nähe standen, einen wissenden Blick zu und sagte: „Wenn er das Gewicht seines Fingers auf mich legt, werdet ihr sehen, wie das Dach der Scheune abfällt."

Das Wiederauftauchen des Aufsehers mit der großen Negerpeitsche in der einen und einer Keule in der anderen Hand und der bedeutungsvollen Aufforderung „Folgen Sie mir" löste bei jedem anwesenden Neger ein tiefes Gefühl in der Brust aus.

Dr. Gaines, der mit Schwierigkeiten zwischen seinem neuen Fahrer und dem Zauberer rechnete, war früh aufgestanden und stand an seinem Schlafzimmerfenster und sah zu.

Die Nachricht, dass Dinkie ausgepeitscht werden sollte, hatte sich weithin verbreitet und Männer, Frauen und Kinder herbeigerufen. Sogar Onkel Ned, der neunzigjährige alte Neger, war aus seinem Stroh gekrochen und stand an der Tür seiner Hütte. Als sich die Scheunentore hinter dem Aufseher und Dinkie schlossen, herrschte Totenstille in der ganzen Gruppe, die, statt sich an die Arbeit zu machen, wie vom Fahrer befohlen, wie gelähmt dastand, gespannt auf die Scheune starrte und jeden Augenblick erwartete, dass das Dach angehoben würde.

Keiner sprach ein Wort, außer Onkel Ned, der lächelte, den Kopf schüttelte, ein wissendes Gesicht aufsetzte und sagte: „Mein Wort darauf, der Aufseher wird Dinkie nicht verprügeln."

Fünf Minuten, zehn Minuten, fünfzehn Minuten vergingen, und das übliche „Oh, bitte, Massa! Oh, bitte, Massa!", das man bei der Bestrafung eines Sklaven hört, war noch immer nicht aus der Scheune gekommen.

Viele der älteren Neger versammelten sich um Onkel Ned, denn er und Dinkie bewohnten dieselbe Hütte, und der alte, abgehalfterte Sklave wusste mehr über die Angelegenheiten des Zauberers als jeder andere. Ned erzählte, wie Dinkie in der vergangenen Nacht nur wenig geschlafen hatte, die Schlangenhaut um seinen Hals, den versteinerten Frosch und die getrocknete Eidechse in seinen Taschen genau untersucht und sich am ganzen Körper mit Schleim eingerieben hatte; und als er fertig war, kniete er nieder und rief:

„Nun, guter und schöner Teufel, mehr als zwanzig Jahre habe ich dir treu gedient. Bevor ich in deinen Dienst kam, kauften und verkauften die Weißen mich und meine alte Frau und Kinder, peitschten mich aus und ließen mich fast verhungern. Sie haben mich mächtig schlecht behandelt, das weißt du. Dann betete ich zum Herrn, aber das hat nichts genützt, weil die Weißen den Herrn nicht fürchten. Aber sie fürchten dich, und seit ich in deinen Dienst gekommen bin, kann ich tun, was ich will. Kein Weißer wagt es, Hand an mich zu legen; und das alles verdanke ich der Macht, die du mir gibst. Oh, guter und schöner Teufel! Bitte behalte diese Macht. Morgen soll ein neuer Aufseher hierher kommen, und er will mich in seine Hände bekommen. Aber, lieber Teufel, ich bitte dich, mir in dieser Stunde meiner Prüfung beizustehen, und ich werde dich nie im Stich lassen, solange ich lebe. Behalte diese Macht; stärke mich in deiner Sache; mach mich dir treuer und lass mich immer noch in der Lage sein, meine Feinde zu besiegen. Dann werde ich dir allen Ruhm geben und versuchen, einen Platz zu deiner Rechten zu verdienen."

Mit angehaltenem Atem hörten alle Onkel Ned zu. Alle hatten das größte Vertrauen in Dinkies „Macht". Keiner glaubte, dass er bestraft werden würde, während viele erwarteten, das Dach der Scheune jeden Moment einstürzen zu sehen. Endlich war die Spannung gebrochen. Die Scheunentür flog auf; der Aufseher und der Zauberer kamen zusammen heraus, gingen Seite an Seite und trennten sich auf halber Höhe des Weges. Als sie sich trennten, ging Cook aufs Feld und Dinkie in seine Hütte.

Die Sklaven schüttelten alle bedeutungsvoll den Kopf. Die Tatsache, dass der alte Neger keine Strafe erhalten hatte, war ein Beweis für seinen Sieg über den Sklaventreiber. Aber wie er dieses Kunststück vollbracht hatte, war ein Rätsel. Niemand wagte es, Dinkie zu fragen, denn er schwieg immer, außer wenn er etwas mitzuteilen hatte. Jeder hatte Angst, den Aufseher zu fragen.

Es gab jedoch eine schwache Chance, eine Ahnung davon zu bekommen, was in der Scheune vorgefallen war, und zwar durch Onkel Ned. Diese Tatsache machte den alten, pensionierten Sklaven mehrere Tage lang zum Helden und Mittelpunkt der Aufmerksamkeit. Viele baten Ned um Informationen, aber der alte Mann wusste es nicht oder wollte die Bedeutung dessen, was er erfahren hatte, übertreiben.

„Ich sage dir", sagte Dolly, „Dinkie ist eine Macht."

„Er lässt sich von niemandem etwas vormachen", antwortete Hannah.

„Um Himmels Willen, ich würde ihn nicht wütend auf mich machen", rief Jim.

In diesem Moment kam Nancy, die Köchin, herein und hatte jede Menge Neuigkeiten parat. Sie hatte Onkel Ned etwas „Knusperbrot" gegeben, das dem alten Mann so gut geschmeckt hatte, dass er seine Brust geöffnet und ihr alles erzählt hatte, was er von Dinkie bekommen hatte. Diese Information ging schnell von Kabine zu Kabine und brachte die Sklaven eilig in die Küche.

Es war Nacht. Nancy setzte sich, sah sich um und sagte Billy, er solle die Tür schließen. Das steigerte das Interesse, so dass man das Fallen einer Stecknadel hätte hören können. Alle Augen waren auf Nancy gerichtet, und sie war sich der Bedeutung ihrer Position sehr bewusst. Ihre Stimme war normalerweise laut und hatte einen scharfen Klang, der weithin zu hören war, besonders in der Stille der Nacht. Aber jetzt sprach Nancy flüsternd und legte gelegentlich den Finger auf den Mund, um zu signalisieren, dass sie Ruhe haben wollte, selbst wenn man den Atem der Anwesenden deutlich hören konnte.

„Als sie in die Scheune kamen, sagte der Aufseher zu Dinkie: ‚Zieh dich aus. Ich will deine Kleider nicht mit meiner Peitsche zerreißen. Ich werde deine schwarze Haut zerreißen.‘

„Dann, wissen Sie, sagte Dinkie dem Aufseher, er solle in der Ostecke der Scheune nachsehen. Er sah nach und sah die Hölle mit all den Qualen und den Schurken mit seinen Pferdefüßen, der dort herumstolzierte, als ob er gerade auf dem Boden lief. Und Dinkie sagte Cook, wenn er ihn anrührte, würde er den Schurken rufen, um ihn wegzubringen.“

„Und was hat Cook dazu gesagt?“, fragte Jim.

„Lass mich in Ruhe, ich habe dir nicht alles erzählt“, sagte Nancy. „Dann siehst du, wie der Aufseher ganz blass wird und zu Dinkie sagt: ‚Lass mich diesmal gehen, dann werde ich dich nie mehr belästigen.‘“

Damit war Nancys Geschichte zu Ende, wie sie ihr der alte Ned erzählt hatte und wie sie von allen Anwesenden gläubig geglaubt wurde. Was auch immer den Aufseher veranlasst hatte, seine Meinung hinsichtlich der Auspeitschung von Dinkie zu ändern, sicher war er damit vollkommen zufrieden, den alten Neger ohne die angedrohte Strafe davonkommen zu lassen; und obwohl er fünf Jahre lang als Aufseher auf der „Poplar Farm“ blieb, legte er sich nie wieder mit dem Zauberer an.

Es ist nicht verwunderlich, dass unwissende Menschen an Charaktere vom Schlage Dinkies glauben; aber es ist wirklich erstaunlich, dass gebildete Männer und Frauen solche Wahnvorstellungen, wie sie das Orakel von „Poplar Farm“ verbreitete, überhaupt unterstützen.

Die folgende Abbildung kann als gutes Beispiel für die unkomplizierte Art und Weise angesehen werden, mit der Dinkie sein Geschäft betrieb.

Miss Martha Lemmy, die zu Besuch bei Mrs. Gaines war, nutzte tagsüber die Gelegenheit, Dinkie einen Besuch abzustatten. Der Zauberer kannte die Vergangenheit seiner Besucherin und war bereit, sie in seinem speziellen Zauber vollständig zufriedenzustellen. Als die junge Dame die Hütte des alten Mannes betrat, hieß er sie willkommen und erzählte ihr, warum sie gekommen war. Sie setzte sich auf einen Stuhl und er auf einen anderen. Dinkie nahm die rechte Hand der Dame in seine, spuckte hinein, rieb sie, sah sie an, schloss ein Auge, öffnete es wieder und sagte: „Ich sehe einen jungen Herrn, und er ist reich und besitzt jede Menge Land und einen Haufen Nigger; und siehe da! Miss Marfa, er liebt Sie.“

Die Dame holte tief Luft, scheinbar zufrieden, und fragte: „Sind Sie sicher, dass er mich liebt, Onkel Dinkie?“

„Oh! Miss Marfa, ich kenne es wie ein Buch.“

„Haben Sie den Herrn schon einmal gesehen?“, erkundigte sich die Dame.

Der Zauberer begann, die Handfläche der schneeweißen Hand zu reiben, sprach leise mit sich selbst, lächelte, lachte dann laut und sagte: „Aber, Miss Marfa, bei meinem Leben ist es Mr. Scott, und er denkt jetzt an Sie; ja, er hat diese Minute lang an Sie gedacht. Aber wie hat er sich verändert, seit ich ihn die letzte Zeit gesehen habe. Jetzt hat er Koteletten und einen Schnurrbart am Kinn. Aber lassen Sie mich sehen. Hier ist etwas Seltsames. Das Netz sieht ein wenig rauchig aus, und wenn ich an diese Stelle komme, kann ich nicht weiter, bis ich ein wenig Silber bekomme.“

Hier zog die Dame ihre Geldbörse hervor und gab dem alten Mann einen Halbdollar, der sein Auge förmlich zum Funkeln brachte.

Er fuhr fort: „Ah! Jetzt hat sich der Nebel verzogen, und ich sehe, dass Mr. Scott in einer Schaukelposition sitzt, mit beiden Füßen auf dem Tisch, und eine Zigarette raucht.“

„Glauben Sie, dass Mr. Scott mich liebt?“, fragte die Dame.

„O ja“, antwortete Dinkie, „er hängt sein ganzes Herz an Ihnen. Tatsächlich, Miss Marfa, er stirbt fast wegen Ihnen.“

„Er hat mir nie gesagt, dass er mich liebt“, bemerkte die Dame.

„Aber sehen Sie, er ist rückständig, in Liebesdingen hat er sich noch nicht die Zähne ausgebissen. Aber wenn er Sie sieht, wird er etwas mutiger“, antwortete der Neger.

„Glaubst du, dass er mir jemals einen Heiratsantrag machen wird?“

„O ja, Miss Marfa, das wird er bestimmt tun. Wie er da in seiner rockigen Stimmung steht, sieht er sehr feierlich aus – es sieht aus, als wollte er Sie dazu bringen, ihn jetzt zu haben.“

„Glauben Sie, dass Mr. Scott eine andere Dame mag, Onkel Dinkie?“, fragte Miss Lemmy.

„Gut, Miss Marfa, ich werde mir das Netz mal ansehen.“ Und hier schloss der Zauberer sein Auge, öffnete es wieder, schloss es wieder, sprach leise mit sich selbst, öffnete sein Auge, sah der Dame in die Hand und rief: „Ah! Miss Marfa, ich sehe eine Dame auf dem Weg, und sie hat Reichtümer; aber das Netz ist rauchig, und es braucht ein wenig Silber, um es zu klären.“

Mit Tränen in den Augen und fast atemlos zog Miss Lemmy hastig ihre Geldbörse aus der Tasche, gab dem alten Mann ein weiteres Geldstück und sagte: „Bitte fahren Sie fort.“

Dinkie lächelte, schüttelte den Kopf, stand auf, schloss die Tür seiner Kabine, setzte sich und nahm die Hand der Dame erneut in seine.

„Ja, ich sehe", sagte er, „ich sehe, es ist eine Dame; aber Gott segne Sie, Miss Marfa, Mr. Scott sieht Ihnen ähnlich, das ist alles."

Diese Neuigkeit war eine große Erleichterung und Miss Lemmy trocknete vor Freude ihre Augen.

Dinkie nahm dann das alte rostige Hufeisen von der Tür seiner Hütte, hielt es hoch und sagte: „Dieses Hufeisen lügt nicht." Dann holte er aus seiner Tasche einen Beutel aus Klapperschlangenhaut, nahm etwas Schleim heraus, streute es über das Hufeisen und sagte: „Das ist das Zeug, Miss Marfa, das Sie zu Mr. Scotts Bezwinger machen wird. Solange Sie diesen Schleim bei sich behalten, kann er Ihnen nicht entkommen; er wird Sie um einen Kuss bitten, die Beere, wenn er Sie das nächste Mal trifft, und er kann nicht anders, als es zu tun. Keine Frau kann ihn von Ihnen weglocken, solange Sie diesen Schleim bei sich behalten."

Sklaven mit Hunden jagen.—.

Hier zündete Dinkie eine Talgkerze an, sah sie an, lächelte und schüttelte den Kopf. „Sie werden Mr. Scott in etwa einem Jahr heiraten und dreizehn Kinder bekommen – sieben Jungen und sechs Mädchen – und Sie werden einen Haufen Reichtümer haben."

Genau in diesem Moment wurden Dinkies interessante Enthüllungen dadurch unterbrochen, dass Ike und Cato Peter mitbrachten, der, wie es hieß, von dem alten Leitschaf getötet worden war.

Es scheint, dass Peter eine Art hatte, mit dem alten Widder zu spielen, der immer bereit war, jeden zu stoßen, der ihm in die Quere kam. Wenn Peter den Widder kommen sah, ließ er sich auf Hände und Knie nieder und tat so, als würde er sich mit dem Schaf stoßen. Und als dieses mit vollem Schwung auf ihn zukam, wich Peter mit dem Kopf aus, um dem Widder auszuweichen, und dieser sprang über den Jungen, drehte sich wütend um, schüttelte den Kopf und wollte erneut auf Peter stoßen.

Dieses Spiel wiederholte sich manchmal eine Stunde oder länger, zur großen Belustigung von Weißen und Schwarzen. Aber diesmal war Peter völlig gefangen. Als er auf Händen und Knien war, rannte der Widder wie üblich auf den Jungen zu; dieser wich seinem Kopf aus und stieß mit dem Gesicht gegen einen dicken Stummel trockenen Roggens, was ihn dazu veranlasste, seinen Kopf schnell hochzureißen, gerade rechtzeitig, damit das Schaf ihm einen kräftigen Stoß mitten in die Stirn verpassen konnte, der Peter bewusstlos machte. Der Widder, begeistert über seinen Sieg, wollte sich schon wieder auf Peter stürzen, als die Männer sahen, was mit dem armen Jungen geschehen war, ihn hochhoben und zu Dinkies Hütte brachten, um ihn wiederzubeleben oder, wie sie es nannten, „zu sich zu bringen".

Fast eine Stunde lang rieb ich den Jungen, bevor er Anzeichen von Bewusstsein zeigte. Er kam wieder zu sich, aber er ließ sich nie wieder auf einen Kampf mit dem Widder ein.

---

# KAPITEL VIII.

GRAUSAMKEIT gegenüber Negern wurde in unserer Gegend nicht praktiziert. Es gab zwar einige Ausnahmefälle, und manche Leute kümmerten sich nicht immer um ihre Diener, was die Sparsamkeit zu gebieten schien. Dennoch war ein gewisses Maß an Bestrafung tatsächlich notwendig, um dem Herrn Respekt und der Sklavenbevölkerung eine gute Regierung zu sichern. Wenn ein Diener Befehle missachtete, musste er ausgepeitscht werden, um andere davon abzuhalten, dem schlechten Beispiel zu folgen. Wenn ein Diener weglief, musste er gefangen und zurückgebracht werden, um den anderen zu zeigen, dass ihnen bei ähnlichen Versuchen dasselbe Schicksal drohte.

Während es nicht üblich war, Bluthunde zu halten, um Neger aufzuspüren und zu fangen, hielt Mr. Tabor, ein minderwertiger Weißer, in der Nähe von Corners einige davon. Er vermietete sie oder jagte die entlaufenen Tiere und verlangte dafür einen bestimmten Betrag pro Tag oder eine runde Summe für den *Fang*.

Jerome, ein Sklave im Besitz des ehrwürdigen Herrn Wilson, lief weg, als er von seinem Herrn bestraft werden sollte. Tabor und seine Hunde wurden gerufen. Der Sklavenfänger kam und hetzte sofort seine Hunde auf die Spur. Der Pfarrer und einige der Nachbarn gingen mit, um sich den Spaß anzusehen, der ihnen bevorstand.

TABOR'S FANGHUND „GROWLER".

Diese Hunde greifen einen Neger auf Befehl ihres Herrn an und klammern sich an ihn, wie ein Bulldogge an ein Tier klammert. Es gibt viele Spekulationen darüber, ob der Neger lebend oder tot geschnappt wird, wenn diese Hunde ihm auf die Spur kommen. Bei dieser Gelegenheit bestand jedoch keine große Gefahr einer Misshandlung, denn Mr. Wilson war

Geistlicher und hatte eine menschliche Einstellung. Er vereinbarte mit Tabor, den Sklaven nicht zu verletzen, wenn er es vermeiden konnte.

Die Jäger waren erst kurze Zeit im Wald, als sie auf die Spur zweier Sklaven kamen, einer von ihnen war Jerome. Die Neger lenkten ihre Schritte sofort in Richtung Sumpf, in der Hoffnung, dass die Hunde, wenn sie auf die Spur geraten, ihnen nicht durch das Wasser folgen könnten. Immer näher kam das winselnde Rudel; ihre Täuschung begann sich aufzulösen.

Auf einmal blitzte die Wahrheit wie ein greller Lichtschein in den Köpfen der Flüchtlinge auf – dass es Tabor mit seinen Hunden war! Endlich erreichten sie den Fluss und stürzten sich in die Neger, gefolgt vom Fanghund. Jerome wurde schließlich gefangen und war wieder in den Händen seines Herrn, während der andere Mann ein nasses Grab fand. Sie kehrten zurück und der Prediger schickte seinen Sklaven zur sicheren Aufbewahrung ins Stadtgefängnis.

Obwohl die Plantagenbesitzer Tabor ohne Zögern damit beauftragten, ihre Neger zu jagen, empfingen sie ihn nicht eher als Besucher in ihren Häusern, als einen ihrer eigenen Sklaven. Tabor galt jedoch als Angehöriger der besseren Klasse der armen Weißen, von denen einige in dieser Gegend eine religiöse Gemeinschaft hatten. Der Pfarrer der armen Weißen war der Reverend Martin Louder, auf seine Art ein Genie. Die folgende Predigt, die er zu der Zeit hielt, über die ich schreibe, wird den Charakter der Menschen, für die er arbeitete, gut illustrieren.

Seit der Audienz waren nun mehr als zwei lange, ermüdende Stunden vergangen, und die Leute zeigten leichte Anzeichen von Ermüdung. Ein paar Kratzgeräusche und Scharren von Kuhfellstiefeln auf dem Boden, ein oder zwei hörbare Gähner, ein wenig Hin- und Herdrehen auf den engen, unbequemen Sitzen, während in ein oder zwei Fällen die eine oder andere schläfrige Seele lauthals schnarchte. Diese greifbaren Zeichen entgingen unserem alten Freund Louder nicht. Er warf einen Blick (mit Nachdruck: einen Blick) über die Versammlung und dann – sagte er:

„Meine liebe Schwester und mein geliebtes Bruder! Ihr sitzt schon lange auf euren Plätzen. Ihr seid müde, das weiß ich, und ich glaube nicht, dass ihr den alten Vater predigen hören wollt. Wenn ihr den alten Mann nicht hören wollt, gebt ihm einfach das kleinste Zeichen. Husten. Haltet die Hand hoch. Alles, und Louder setzt sich gleich hin. Er wird in einer Minute versiegen."

An diesem kritischen Punkt hielt Louder inne, um zu antworten. Er blickte verstohlen durch das Publikum, auf der Suche nach dem Einzelnen, der es vielleicht satt hatte, „auf seinem Platz zu sitzen", aber er ließ sich nichts anmerken: Kein solcher Unzufriedener war in Sichtweite.

„Weiter, Bruder Louder!", sagte eine klangvolle Stimme in der „Amen-Ecke" des Hauses. So ermutigt fuhr der Sprecher mit seinen Bemerkungen fort:

„Nun, Bruder, wenn Sie das sagen, wird Louder weitermachen; aber er hat nicht vor, eine reguläre Predigt zu halten, denn es ist schon spät, und unsere Sekte, die wir hier haben, hält es nicht für richtig, am Tag des Herrn kalte Speisen zu essen. Mein Bruder, wenn der alte Louder vom rechten Weg abkommt, möchte ich, dass Sie ihn zurückrufen. Er will Ihnen keine Irrtümer beibringen. Er will nichts anderes predigen als das, was in den Buchstaben dieses gesegneten Buches steht."

„Mein lieber Bruder, der Herr hat seinen Diener Moses berufen, damit er sein Volk Israel aus diesem bösen Land herausführe – ah. Dann ging Moses fort vom Angesicht des Herrn und ging von hier fort an die Höfe des alten tyrannischen Königs – ah. Und was sagst du, Moses? Ah, sagt er, Moses sagt, sagt er zu diesem bösen alten Faro: So sagt der Herr, Gott der Heerscharen, sagt er: Lass mein Israel ziehen – ah. Und was sagt der alte, hartherzige König – ah? Ah! Sagt Faro, sagt er, der der Herr, Gott der Heerscharen ist, sagt er, dass ich seiner Stimme gehorchen sollte – ah? Und was sagst du nun, Moses – ah. Ah, Moses sagt, sagt er: So spricht der Herr, Gott Israels, lass mein Volk ziehen, damit sie mich anbeten können, sagt der Herr, in der Wildnis – ah. Aber – ach! Meine geliebten Brüder und meine verstockten, reuelosen Freunde – ach, hat der alte, hartherzige König auf die Worte von Moses gehört und mein Volk ziehen lassen – ach? Niemals."

Diese letzte Bemerkung, die in einem gewöhnlichen, umgangssprachlichen Tonfall gemacht wurde, war so plötzlich und unerwartet, dass die Veränderung, der Übergang vom Singzustand elektrisierend war.

„Und dann, meine geliebten Brüder und Schwestern, was kommt als nächstes – ah? Was sagst du, Moses, zu Faro – diesem widerspenstigen alten König – ah? Ah, Moses sagt zu Faro, sagt er, Moses sagt, sagt er: So spricht der Herr, Gott von Israel: Lass mein Volk ziehen, sagt der Herr, damit ich nicht komme, sagt er, und dich mit einem Fluch schlage – ah! Und was sagt Faro, der alte tyrannische König – ah? Ah, sagt er, sagt der alte Faro, Lass ihre Aufgaben verdoppelt werden, und damit sie nicht murren, sagt er, sollen diese Ziegel ohne Stroh gemacht werden – ah! [Vox naturale.] Sie mussten Gras und Stoppeln auf den Feldern ausreißen, um sie mit ihrem Schlamm zu vermischen. Mitleid mit den armen Viechern, nicht wahr, Bruder Flood Gate?" [Die so befragte Person antwortete: „Jess so" und „ole Louder" ging weiter.]

„Und was dann – ah? Ließ der alte König mein Volk Israel ziehen – ah? Nein, mein lieber Bruder. Er streckte seine harte Hand aus und schlug sie nieder – ah. Da wurde der Herr zornig auf diesen bösen alten König – ah. Und der Herr sagte zu Moses: Moses, strecke nun deinen Stab aus über die Flüsse und

Teiche dieses bösen Landes – ah; und siehe, sagte er, wenn du deinen Stab ausstreckst, sagt der Herr, werden alle Wasser in Blut verwandelt – ah! Dann steckte Moses seinen Stab ein und tat, was der Herr, Gott von Israel, seinem Diener Moses befohlen hatte – ah. Und was dann, sagst du, mein Bruder – ah? Nun, siehe da! Die Flüsse dieses bösen Landes wurden alle in Blut verwandelt – ah; und alle Fische und alle Frösche in diesen Bächen und Gewässern sind tot – h!"

„Ja!", sagte der Sprecher, senkte seine Stimme zu einem natürlichen Ton und blickte aus dem offenen Fenster auf die trockene und staubige Straße, denn wir litten zu der Zeit unter einer anhaltenden Dürre: „Und ich glaube, die Frösche werden jetzt alle sterben, wenn es nicht bald regnet. Was denkst du darüber, Bruder Waters?" [Diese Frage war an einen feinen, stämmig aussehenden alten Mann in der Gemeinde gerichtet. Bruder W. nickte zustimmend und der alte Louder nahm den Faden seiner Rede wieder auf.] „Ach, mein geliebter Bruder, das war eine harte Zeit für den alten Faro und seine böse Meute – ah. Denn das Wasser war den Leuten zuwider und es stank so schlimm, dass keiner von ihnen es trinken konnte; und was kam dann – ah? Hat der alte König der Stimme des Herrn gehorcht und mein Volk Israel ziehen lassen – ah? Ach nein, mein Bruder, noch lange nicht – ah. Denn er lehnte sich gegen den Herrn auf und gehorchte seiner Stimme nicht – ah. Dann schickte der Herr eine Bande Ochsenfrösche in dieses böse Land – ah. Und sie hüpften und liefen im ganzen Land herum, in die Lebensmittel und überall sonst – ah. Meiner Meinung nach, der alte Louder denkt, das war eine trostlose Zeit – ah. Aber das würden alle nicht tun – ah. Der alte Faro war so stur wie eines von Louders Maultieren – ah, und er würde den auserwählten Samen nicht aus dem Land der Knechtschaft herausziehen lassen – ah. Dann sandte der Herr einen mächtigen Hagel und danach seine verschlingenden Heuschrecken – ah! Und sie wurden für fast alles auf der Erde verantwortlich gemacht – ah."

REV. MR. WILSON UND SEIN GEFANGENER SKLAVE.—.

„Lasst eure Herzen nicht beunruhigt sein, denn die Wahrheit ist nur eine Frage der Zeit und muss sich durchsetzen – ah. Bruder Creek, du scheinst nicht viel zu tun, wenn du mal ein Lied anstimmen würdest!"

Diese Bemerkung war an einen großen, hageren alten Mann in der Gemeinde gerichtet, der ein hohles Kinn hatte und eine dicke Mähne grauer Haare hatte.

„Warten Sie einen Augenblick, Bruder Louder, bis ich meine Brille aufsetze!", war die Antwort von Bruder Creek, der daraufhin ein längliches Blechetui aus seiner Tasche zog, das sich mit einem gewaltigen Knallen öffnen und schließen ließ, und aus dem er eine Brille mit Eisenrand zog. Diese wischte er sorgfältig mit seinem Taschentuch ab und wandte sich dann dem Kirchenlied zu, das der Prediger ausgewählt und der Gemeinde vorgelesen hatte. Nach längerer Überlegung und einigem Räuspern, Räuspern, Spucken usw. und anderen Vorreden begann Bruder Creek mit zitternder, brüchiger Stimme die Melodie.

Louder schien sich unwohl zu fühlen. Offenbar befürchtete er einen Fehlschlag des ehrenwerten Bruders. Am Ende der ersten Zeile rief er aus:

„Mir scheint, Bruder Creek, Sie haben nicht die richtige Mitra."

Bruder Creek unterbrach die Arbeit einen Moment und antwortete: „Im Großen und Ganzen bin ich ganz richtig, Bruder Louder, und ich bin zuversichtlich, dass sie gut rauskommt!"

„Gut", sagte Louder, „wir werden es noch einmal versuchen", und der Chorgesang wurde unter der Aufsicht von Bruder Creek mit den folgenden Worten fortgesetzt:

„Als ich ein Trauernder war, genau wie Sie,
gewaschen im Blut des Lammes,
fastete und betete ich, bis ich durchkam,
gewaschen im Blut des Lammes.

REFRAIN: „Komm mit, Sünder, und geh mit uns.
Wenn du es nicht tust, wirst du verflucht."

„Religion ist wie eine blühende Rose,
gewaschen im Blut des Lammes.
Das weiß nur der, der sie fühlt,
gewaschen im Blut des Lammes." – *Cho.*

Der Gesang, in den alle Anwesenden einstimmten, brachte die Begeisterung der Versammlung zum Kochen, und das Geschrei mit den lauten Rufen „Amen", „Gott schütze die Sünder", „Sing es, Bruder, sing es" ließ den Himmel erklingen.

# KAPITEL IX.

OBWOHL diese „eigenartige Einrichtung" sowohl für den Herrn als auch für die Sklaven ein großer Schaden war, war doch viel Wahres an dem oft wiederholten Sprichwort, dass der Sklave „glücklich" war. Es war in der Tat eine niedere Art von Glück, das nur dort herrschte, wo die Herren ihre Diener freundlich behandelten und wo die sprichwörtliche Unbeschwertheit der letzteren vorherrschte. Die Geschichte zeigt, dass von allen Rassen die Afrikaner am besten dafür geeignet waren, „Holzfäller und Wasserträger" zu sein.

Der Neger ist von Natur aus mitfühlend, in seinen Gefühlen gedankenlos und sowohl auf die Ernährung als auch auf die Liebe ausgerichtet. Er ist eher dazu geeignet, zu folgen als zu führen. Seine Bedürfnisse werden leicht befriedigt, er ist übermäßig großzügig, hat einen großen Humor und ist voller Musik. Er galt immer als der beste und entgegenkommendste Diener. Der Sklave konnte sich oft durch seinen Witz einer Strafe entziehen, und selbst wenn er ausgepeitscht wurde, wurde das Herz des Herrn durch die humorvollen Appelle seines Opfers zu Mitleid bewegt. Hausangestellte in den Städten und Dörfern und sogar auf Plantagen galten als privilegierte Klassen. Trotzdem hatten die Feldarbeiter ihre glücklichen Stunden.

Einmal im Jahr fand auf der „Poplar Farm" ein altmodisches Maisschälen statt, das den im Freien lebenden Negern im Umkreis von mehreren Kilometern eine angenehme Unterhaltung bot. Bei diesen Gelegenheiten durften die Bediensteten aller Plantagen auf bloße Einladung der Schwarzen dort anwesend sein, wo der Mais geschält werden sollte.

Wenn das Getreide vom Feld eingebracht wurde, wurde es auf einem Haufen in der Nähe der Getreidespeicher abgelegt. Am Abend, der vereinbart war, und nach Einladungen, versammelten sich Sklaven von fünf oder sechs Meilen entfernten Plantagen, schlossen sich auf der Straße zusammen und marschierten in großen Gruppen entlang und sangen dabei ihre melodischen Plantagenlieder.

Drei oder vier dieser Gangs aus verschiedenen Richtungen kommen zu hören, wie ihre Anführer die Texte vortragen und die ganze Truppe in den Refrain einstimmt, übertraf tatsächlich alles, was „Haverly's Ministrels" je hervorgebracht haben, und viele ihrer Witze und Bonmots wurden von Sam Lucas oder Billy Kersands nie erreicht.

Das Abendessen wurde immer von dem Plantagenbesitzer bereitgestellt, auf dessen Farm die Enthülsen stattfinden sollten. Oftmals spekulierten die Sänger bei der Annäherung an den Ort, was es zum Abendessen geben würde. Das folgende Lied wurde häufig gesungen:

„Alle Putty-Mädels werden brat sein.
Schälen Sie den Mais, bevor Sie essen.
Sie werden es für uns blutig zubereiten.
Schälen Sie den Mais, bevor Sie essen.
Ich weiß, das Abendessen wird groß sein.
Schälen Sie den Mais, bevor Sie essen.
Ich glaube, ich rieche ein feines gebratenes Schwein.
Schälen Sie den Mais, bevor Sie essen.
Ein Abendessen ist bereitgestellt, also sagten sie:
Schälen Sie den Mais, bevor Sie essen.
Ich hoffe, sie haben ein schönes Weizenbrot.
Schälen Sie den Mais, bevor Sie essen.
Ich hoffe, sie haben einen Kaffee.
Schälen Sie den Mais, bevor Sie essen.
 Ich hoffe, sie werden etwas Whisky trinken.
Schälen Sie den Mais, bevor Sie essen.
Ich glaube, ich werde mir die Taschen vollstopfen.
Schälen Sie den Mais, bevor Sie essen.
Füllen Sie den Waschbären und backen Sie ihn
. Schälen Sie den Mais, bevor Sie essen.
Ich habe ein paar Nigger aus der Stadt gesehen.
Schälen Sie den Mais, bevor Sie essen.
Bitte braten Sie den Truthahn schön braun.
Schälen Sie den Mais, bevor Sie essen.
Neben dem Truthahn werde ich zu finden sein.
Schälen Sie den Mais, bevor Sie essen.
Ich rieche das Abendessen, das tue ich
. Schälen Sie den Mais, bevor Sie essen.
Auf dem Tisch wird ein Eintopf stehen.
Schälen Sie den Mais usw.“

Brennende Kiefernzweige, die von einigen der Jungen gehalten wurden, spendeten bei diesem Anlass normalerweise Licht. Zwei Stunden reichen normalerweise aus, um ein großes Schälen zu beenden, bei dem fünfhundert Scheffel Mais in die Krippen geworfen werden, während die Hülse entfernt wird. Die Arbeit wird durch das Singen, das nie aufhört, bis sie zum Abendessen gehen, vergleichsweise erleichtert. Während des Abends wird etwa Folgendes gesungen:

„Das Opossumfleisch schmeckt gut.
Schneiden Sie es ins Herz.
Sie werden es immer gut und süß finden.
Schneiden Sie es ins Herz.

Mein Hund bellte und ich ging nachsehen.
Schneiden Sie es ins Herz.
Und da oben auf dem Baum war ein Opossum.
Schneiden Sie es ins Herz.


REFRAIN: – „Schnitz das Opossum, schnitze die Opossumkinder,
schnitze das Opossum, schnitze es bis ins Herz;
Oh, schnitze das Opossum, schnitze die Opossumkinder,
schnitze das Opossum, schnitze es bis ins Herz.“

„Ich streckte die Hand aus, um ihn hineinzuziehen,
schnitt ihm bis ins Herz.
Das Opossum begann zu grinsen,
schnitt ihm bis ins Herz.
Ich trug ihn nach Hause und kleidete ihn an,
schnitt ihm bis ins Herz.
Ich hängte ihn in dieser Nacht in der Kälte auf,
schnitt ihm bis ins Herz.

CHOR. — „Schnitz das Opossum usw.

„So kocht man ein Opossum:
Schneiden Sie es bis ins Herz hinein.
Schneiden Sie es zuerst par-galle und dann braun.
Schneiden Sie es bis ins Herz hinein.
Legen Sie Süßkartoffeln in die Pfanne.
Schneiden Sie es bis ins Herz hinein.
Das süßeste Essen auf der Welt:
Schneiden Sie es bis ins Herz hinein.

CHOR. — „Schnitz das Opossum usw.“

Wenn bei einer solchen Gelegenheit ein dürftiges Abendessen serviert würde, würden Sie von allen Seiten des Tisches Bemerkungen hören:

„Bring das Rosenschwein von diesem Tisch weg.“

„Welches Rosenschwein? Siehst du hier ein Rosenschwein?“

„Ha, ha, ha! Das ist nicht der Ort, um Rosenschweine zu sehen.“

„Lassen Sie den Truthahn mit der Muschelsoße weg.“

„Reden Sie nicht über den Truthahn. Er war schon weg, bevor wir kamen.“

„Das ist das letzte Mal, dass ich auf dieser Farm Mais enthülsen muss."

„Das ist ein billiger Bauernhof, ein billiger Besitzer und ein billiges Abendessen."

„Er redet es, oder?"

„Das ist das härteste Fleisch, das ich seit vielen Tagen essen muss. Man muss Zähne haben, die scharf wie eine Säge sind, um dieses Fleisch zu essen."

„Ich nehme an, du hast keine Zähne, was willst du dann tun?"

„Wenn du keine Zähne hast, musst du *sie verkauen*!"

„Ha, ha, ha!", hörte man aus der ganzen Gesellschaft.

Beim Verlassen der Maisschälfarm sang jede Männergruppe, angeführt von ihrem Anführer, während des gesamten Heimwegs. Einige wenige jedoch, die ihre Hunde dabei hatten, machten sich auf die Suche nach einem Waschbären, Opossum oder einem anderen Wild, was sie bis fast zum Morgen aufhalten konnte.

Den Weihnachtsfeiertagen verdankten die Sklaven ihre Erholung im Winter in hohem Maße, denn lange Zeit war es ihnen Brauch, die ganze Woche vom ersten Weihnachtsfeiertag bis zum Neujahrsbeginn zu verbringen.

Auf der „Poplar Farm" zogen die Arbeiter am Weihnachtstag ihren Anteil an Kleidung für das Jahr. Die Kleidung für Männer und Frauen wurde von Frauen für allgemeine Näh- und Hausarbeiten hergestellt. Eine Hose und zwei Hemden bildeten den gesamten Vorrat für einen männlichen Feldarbeiter.

Die Kleidung der Frauen wurde aus denselben Waren hergestellt, die auch die Männer erhielten. Viele der Männer arbeiteten nachts für sich selbst und stellten Span- und Maisbesen, Körbe, Schalenmatten und Axtstiele her, die sie in der Weihnachtswoche in der Stadt verkauften. Jeder Sklave erhielt einen Pass, der ungefähr so aussah:

*„ Bitte lassen Sie meinen Jungen Jim bis zum 1. Januar 1834 überall in diesem County durchkommen, und verpflichten Sie sich*

*Hochachtungsvoll ,*
„ JOHN GAINES , MD
*„ Poplar Farm , St. Louis County, Mo. "*

Mit dem oben genannten wertvollen Dokument in der Tasche, einer Ladung Körbe, Besen, Matten und Axtstiele auf dem Rücken und einer Tasche über den Schultern, in deren beiden Enden sich je ein Krug befand – einer für den Whisky, der andere für die Melasse – stapften die Sklaven nachts in die Stadt und sangen:

„Hurra, der gute alte Mann,
er hat mir den Pass gegeben, um in die Stadt zu fahren.
Hurra, die gute alte Frau,
sie hat den Topf ausgeschüttet und mir den Löffel gegeben.
Hurra, ich fahre in die Stadt."

„Wenn morgens die Sonne
über dem gelben Mais aufgeht,
werden Sie feststellen, dass dieser Nigger eine Warnung erhalten hat und
weg ist, wenn der Fahrer hupt.

„Hurra, der gute alte Mann,
er hat mir den Pass gegeben, um in die Stadt zu fahren.
Hurra, der gute alte Frau,
sie hat den Topf gespült und mir den Löffel gegeben.
Hurra, ich fahre in die Stadt."


Sowohl die Methodisten als auch die Baptisten — die Glaubensgemeinschaften, denen die Schwarzen im Allgemeinen angehören — sind während der Feiertage immer mitten in einer Erweckungsversammlung, und die meisten Sklaven aus dem Land eilen zu diesen Versammlungen. Einige verbringen ihre Zeit jedoch mit Tänzen, Lotterien, Hahnenkämpfen, Wettrennen und anderen Vergnügungen, die sich anbieten.

---

# KAPITEL X.

EINE JUNGE und schöne Dame, tief verschleiert und schwarz gekleidet, kam eines Morgens auf der „Poplar Farm" an und wurde sofort in ein Zimmer im Ostflügel geführt, wo sie blieb, nur begleitet von der alten Nancy. Dass die Dame der besseren Klasse angehörte, war an ihrer Kleidung, ihren kultivierten Manieren und der unantastbaren Geheimhaltung ihres Aufenthalts in der Residenz von Dr. Gaines zu erkennen. Schließlich brachte die Dame ein Kind zur Welt, das in die Obhut von Isabella, einer Quadroon-Dienerin, gegeben wurde, die vor kurzem selbst ein Baby verloren hatte.

Die Dame verließ das Anwesen ebenso geheimnisvoll, wie sie gekommen war, und man hörte oder sah nie wieder etwas von ihr, ganz bestimmt nicht von den Negern. Das Kind, das offensichtlich reines angelsächsisches Blut hatte, hieß Lola und wuchs unter den Negerkindern des Ortes zu einem aufgeweckten, hübschen Mädchen auf, an dem ihre Adoptivmutter sehr zu hängen schien. Zu der Zeit, von der ich schreibe, war Lola acht Jahre alt, und ihre Anwesenheit auf der Plantage begann die weißen Mitglieder von Dr. Gaines' Familie zu belästigen, besonders wenn Fremde den Ort besuchten.

Das Erscheinen von Mr. Walker, dem bekannten Sklavenspekulanten, auf der Plantage, der angeblich gerufen worden war, sorgte bei den Sklaven für große Aufregung; und die Überraschung der Schwarzen war groß, als sie sahen, dass der Händler Isabella und Lola bei seiner Abreise mitnahm. Da Mr. Walker das kleine weiße Mädchen um keinen Preis verkaufen konnte, gab er sie Mr. George Savage, der das Kind adoptierte, da er selbst keine Kinder hatte.

Isabella wurde an einen Gentleman verkauft, der sie nach Washington brachte. Der Kummer der Quadroonin, von ihrem Adoptivkind getrennt zu werden, war groß und verärgerte ihren neuen Herrn sehr, der beschloss, sie gleich nach seiner Rückkehr zu verkaufen. Isabella wurde an den Sklavenhändler Jennings verkauft, der die Frau in einen der privaten Sklavenställe oder Gefängnisse steckte, von denen damals eine ganze Reihe die Hauptstadt entehrte.

Jennings beabsichtigte, Isabella auf den Markt in New Orleans zu schicken, sobald er eine ausreichende Anzahl gekauft hatte. In der Abenddämmerung, vor dem Tag, an dem sie weggeschickt werden sollte, als das alte Gefängnis für die Nacht geschlossen wurde, schoss Isabella plötzlich am Wärter vorbei und rannte um ihr Leben. Es war nicht weit vom Gefängnis bis zu der langen Brücke, die vom unteren Teil der Stadt über den Potomac zu den ausgedehnten Wäldern und Gehölzen der berühmten Arlington Heights führt, die damals von dem angesehenen Verwandten und Nachkommen des unsterblichen Washington, Mr. Geo. W. Custis, bewohnt wurden. Dorthin floh die arme Flüchtling. Ihre Flucht war so unerwartet, dass sie bereits mehrere Ruten weit gekommen war, bevor der Wärter die anderen Gefangenen in Sicherheit gebracht und seine Gehilfen zur Unterstützung der Verfolgung zusammentrommelte. Es war zu einer sehr frühen Stunde und in einem Teil der Stadt, wo man nicht leicht Pferde für die Jagd auftreiben konnte; Es waren keine Bluthunde zur Stelle, um die fliegende Frau einzuholen, und ausnahmsweise schien es, als würde es zwischen dem Sklaven und den Sklavenfängern zu einem fairen Vergleich in Sachen Geschwindigkeit und Ausdauer kommen .

Der Wächter und seine Truppe erhoben auf ihrem Weg ein großes Geschrei, als sie ihr dicht auf den Fersen waren; doch die Flucht über die breite Allee war so schnell, dass die erstaunten Bürger, die aus ihren Häusern strömten, um den Grund der Angst zu erfahren, die Natur der Sache gerade rechtzeitig begreifen konnten, um sich der bunt gemischten Menge anzuschließen, die sie verfolgte, oder ein ängstliches Gebet zum Himmel zu erheben, als sie sich weigerten, sich der Verfolgung anzuschließen (wie es viele in dieser Nacht taten), damit die keuchende Flüchtige entkomme und der gnadenlose Seelenhändler einmal seiner Beute beraubt werde. Und nun, mit der Geschwindigkeit eines Pfeils, nachdem sie die Allee passiert hatte und die Distanz zwischen ihr und ihren Verfolgern ständig zunahm, erreichte diese arme, gejagte Frau die „Lange Brücke", wie sie genannt wird, wo eine Unterbrechung unwahrscheinlich schien. Schon begann ihr Herz in der Hoffnung auf Erfolg heftig zu schlagen. Sie brauchte nur eine Dreiviertelmeile über die Brücke zurückzulegen, und schon konnte sie sich in einem riesigen Wald vergraben, gerade zu dem Zeitpunkt, wenn sich der Vorhang der Nacht um sie schloss und sie vor der Verfolgung durch ihre Feinde schützte.

Doch Gott hatte in seiner Vorsehung etwas anderes bestimmt. Er hatte angeordnet, dass sich in dieser Nacht in Sichtweite des Präsidentenhauses und des Kapitols der Union eine entsetzliche Tragödie abspielen sollte, die überall, wo sie bekannt werden sollte, ein Beweis für die unbezwingbare Liebe zur Freiheit sein sollte, die das menschliche Herz erben kann, und dem Sklavenhändler zugleich eine erneute Mahnung für die Grausamkeit und Ungeheuerlichkeit seiner Verbrechen sein sollte.

Gerade als die Verfolger die hohe Schlucht passierten und kurz nach dem Betreten der Brücke drei Männer sahen, die sich langsam von der Virginia-Seite näherten. Sie riefen ihnen sofort zu, die Flüchtige festzunehmen, und erklärten sie für eine entlaufene Sklavin. Getreu ihrem Virginia-Instinkt bildeten sie, als sie näher kam, eine Linie über die schmale Brücke, um sie abzufangen. Als sie sah, dass eine Flucht in dieser Richtung unmöglich war, blieb sie plötzlich stehen und wandte sich ihren Verfolgern zu.

Die gottlose und zotige Bande kam schneller denn je heran, frohlockte bereits über ihre Gefangennahme und drohte mit Strafe für ihre Flucht. Einen Moment lang sah sie sich wild und ängstlich um, ob es auf beiden Seiten keine Hoffnung auf Flucht gab; tief unter ihr rollten die tiefen, schäumenden Wasser des Potomac, und vor und hinter ihr waren die rasch näher kommenden Schritte und lauten Stimmen ihrer Verfolger zu hören.

Als sie sah, wie vergeblich jeder weitere Fluchtversuch sein würde, fasste sie sofort ihren Entschluss. Sie faltete krampfhaft die Hände, erhob ihre tränenüberströmten und flehenden Augen zum Himmel und flehte dort um Gnade und Mitgefühl, das ihr auf Erden zu Unrecht verwehrt worden war. Dann sprang sie mit einem einzigen Satz über das Geländer der Brücke und versank für immer in den wütenden und schäumenden Wassern des Flusses.

In der Zwischenzeit interessierten sich Mr. und Mrs. Savage immer mehr für das Kind Lola, das sie adoptiert hatten und das sich schnell zu einem intelligenten und schönen Mädchen entwickelte, dessen helle, funkelnde haselnussbraune Augen, schneeweiße Zähne und alabasterfarbener Teint sie bei allen beliebt machten. Mit der Zeit erlangte Lola eine hohe Bildung und wurde gebührend in die beste Gesellschaft eingeführt.

Die Cholera von 1832 raffte viele der angesehensten Bürger von St. Louis dahin, darunter auch Mr. George Savage. Mrs. Savage, die damals krank war, kümmerte sich mit noch größerer Fürsorge um Lola als zu Lebzeiten ihres verstorbenen Mannes. Mr. Savage hatte in seinem Testament reichlich für Lola gesorgt. Mr. Martin Phelps hatte ihr vor dem Tod ihres Adoptivvaters den Hof gemacht, und der schwache Gesundheitszustand von Mrs. Savage beschleunigte die Hochzeit.

Die Hochzeit von Mr. Phelps und Miss Savage war aufgrund des kürzlichen Todes von Mr. Savage eher eine private als eine öffentliche Angelegenheit. Mr. Phelps' Wohnsitz befand sich am Stadtrand, in der Nähe des sogenannten „Mound" und war ein wunderschöner Ort. Die Dame hatte ihrem Mann beträchtliches Vermögen vererbt.

Eines Morgens im Dezember, also nur etwa drei Monate nach der Hochzeit der Phelps, stiegen zwei Männer aus einer Kutsche, klingelten an Mr. Phelps' Tür und wurden vom Diener hereingelassen. Mr. Phelps verließ eilig den Frühstückstisch, als der Diener ihn über die Anwesenheit der Fremden informierte.

Als der Gastgeber das Wohnzimmer betrat, erkannte er einen der Männer als Officer Mull, während der andere sich als James Walker vorstellte und sagte:

„Ich bin gekommen, Mr. Phelps, um einen ziemlich unangenehmen Auftrag zu erledigen. Sie haben einen Sklaven in Ihrem Haus, der mir gehört."

„Ich glaube, Sie irren sich, Sir", antwortete Mr. Phelps. „Meine Dienerschaft ist allesamt von Major Ben O'Fallon angeheuert worden."

Walker setzte ein finsteres Lächeln auf und fuhr höflich fort: „Ich sehe, Sir, Sie verstehen mich nicht. Vor zehn Jahren habe ich ein Sklavenkind von Dr. Gaines gekauft und es Mr. George Savage geliehen. Ich habe gehört, dass sie in Ihrem Dienst steht und ich bin gekommen, um sie abzuholen." Und hier zog der Sklavenspekulant aus seiner Seitentasche ein großes Schaffell-Portemonnaie und zog den identischen Kaufvertrag für Lola hervor, den ihm Dr. Gaines zum Zeitpunkt des Verkaufs von Isabella und dem Kind gegeben hatte.

„Du meine Güte!", rief Mr. Phelps, „wenn dieses Papier irgendetwas bedeutet, dann bedeutet es meine Frau."

„Ich kann nichts dafür, was das bedeutet", bemerkte Walker. „Hier ist der Kaufvertrag und hier ist der Beamte, der mir meinen Nigger holt."

„Da muss ein Irrtum vorliegen. Es stimmt, dass meine Frau die Adoptivtochter des verstorbenen Mr. George Savage war, aber in ihren Adern fließt kein Tropfen Negerblut, und ich bezweifle, Sir, dass Sie sie je gesehen haben."

„Gut, Sir", sagte Walker, „bringen Sie sie einfach ins Zimmer, und ich schätze, sie wird mich erkennen."

Da Mr. Phelps davon überzeugt war, dass der Kaufvertrag keinen Bezug auf seine Frau aufwies, klingelte er und forderte den Jungen, der öffnete, auf, seine Herrin hereinzubitten. Einen Moment später betrat die Dame das Zimmer.

„Meine Liebe", sagte Mr. Phelps, „kennen Sie einen dieser Herren?"

Die Dame schaute, zögerte und antwortete: „Ich glaube nicht."

Dann stand Walker auf, trat ans Fenster, wo man ihn besser sehen konnte, und sagte: „Warum, Lola, hast du mich vergessen? Es ist erst zehn Jahre her, dass ich dich von der Poplar Farm mitgebracht und an Mr. Savage ausgeliehen habe. Ha, ha, ha!"

Das rohe Lachen des rohen, ungebildeten Negerhändlers hatte noch nicht aufgehört, als Lola einen herzzerreißenden Schrei ausstieß und ohnmächtig zu Boden fiel.

„Ich dachte, sie würde mich erkennen, wenn ich ihr Gedächtnis auffrische", sagte Walker und setzte sich wieder.

Mr. Phelps sprang zu seiner Frau, hob sie vom Boden hoch und legte sie auf das Sofa.

„Schmeißen Sie ihr ein wenig Adamsbier ins Gesicht, dann kommt sie wieder zu sich. Ich habe sie schon ohnmächtig werden sehen, aber jetzt kommen sie wieder zu sich", sagte der Händler.

SPRUNG DES FLÜCHTIGEN SKLAVEN.

„Ich danke Ihnen, Sir, aber ich werde mich um meine eigenen Angelegenheiten kümmern", sagte Mr. Phelps in einem ziemlich gereizten Ton.

„Ja", antwortete Walker, „aber sie gehört mir, und ich möchte dafür sorgen, dass sie wieder zu sich kommt."

Sobald sie wieder zu sich kam, führte Mr. Phelps seine Frau aus dem Zimmer. Nach Mr. Phelps' Rückkehr ins Wohnzimmer fand eine einstündige Besprechung statt, die mit der Übereinkunft endete, dass eine juristische Prüfung der Unterlagen die ganze Frage am nächsten Tag klären sollte.

Zur vereinbarten Zeit am nächsten Morgen erklärte einer der fähigsten Anwälte der Stadt, Col. Strawther, den Kaufvertrag für echt, da er von Richter McGuyer erstellt und von George Kennelly und Wilson P. Hunt beglaubigt worden war.

Für diesen Anspruch erklärte sich Walker bereit, die Frau für zweitausend Dollar zu verkaufen. Die Zahlung des Geldes wäre eine Kleinigkeit gewesen, wenn damit nicht der Beweis verbunden gewesen wäre, dass Lola eine

Sklavin war, was ein unwiderlegbarer Beweis dafür war, dass in ihren Adern Negerblut floss.

Und doch war dies das Ergebnis, denn Dr. Gaines war seit drei Jahren tot, und wer auch immer Lolas Mutter war, selbst wenn sie noch lebte, würde sie nicht vortreten, um die freie Geburt ihres Kindes zu verteidigen.

Mr. Phelps war ein Mann mit viel Feingefühl und hing liebevoll an seiner Frau. Er musste sich jedoch fragen, ob seine Ehre als Gentleman aus dem Süden und sein gesellschaftliches Ansehen es ihm erlaubten, eine Frau als seine Ehefrau anzuerkennen, in deren Adern das verfluchte Blut der Negersklaven floss.

Der Kampf zwischen Liebe und Pflicht dauerte lange, aber die Schande der öffentlichen Aufmerksamkeit und die Ächtung durch die Gesellschaft entschieden zugunsten der Pflicht, und die junge und schöne Frau wurde von ihrem Ehemann darüber informiert, dass sie sich trennen und sich nie wiedersehen müssten. Lolas Gefühle waren unbeschreiblich, als sie ihn auf Knien anflehte, sie nicht zu verlassen. Das Zimmer war schrecklich dunkel – ihr Verstand verlor für eine Weile seine Denkfähigkeit. Schließlich kehrte das Bewusstsein zurück, aber nur, um in ihr die Einsamkeit ihrer Lage und die Unfreundlichkeit des Gesetzes und der Gesellschaft zu wecken, die einen wegen einer Blutsaugung, die das Opfer nicht hatte, zu ewiger Schande verdammen.

Zehn Tage nach der Prüfung des Kaufvertrags starb die unschuldige Lola an gebrochenem Herzen und wurde auf dem Negerfriedhof begraben, ohne dass ein weißes Gesicht der Leiche zu ihrer letzten Ruhestätte folgen konnte. Das ist das amerikanische Rassenvorurteil.

# KAPITEL XI.

DIE Erfindung der Whitney-Egreniermaschine vor fast 50 Jahren führte zu einem enormen Anstieg des Sklavenpreises in den Baumwollstaaten. Der Wert arbeitsfähiger Männer, die als Feldarbeiter geeignet waren, stieg innerhalb von fünf Jahren von 500 auf 1200 Dollar. Im Jahr 1850 war ein erstklassiger Feldarbeiter 2000 Dollar wert. Der Preis für Frauen stieg im gleichen Maße; sie waren ungefähr 300 Dollar weniger wert als die Männer. Diese Veränderung des Sklavenpreises ließ ein lukratives Geschäft entstehen, sowohl mit der Zucht von Sklaven als auch mit deren Versendung in Staaten, die ihre Dienste benötigten. Virginia, Kentucky, Missouri, Tennessee und North Carolina wurden zu den Sklavenzuchtgebieten; Virginia jedoch wurde immer als der Vorzeigestaat angesehen. Dem Menschenhandel ist diese Institution mehr als jedem anderen seiner Übel ihren Sturz zu verdanken.

Von dem Bild auf der Überschrift des *Liberator* bis hin zur kleinsten gedruckten Abhandlung gegen die Sklaverei war die Trennung von Familien das Hauptanliegen derjenigen, die diese große amerikanische Sünde anprangerten. Das Auseinanderreißen von Ehemännern und Ehefrauen, von Eltern und Kindern und die Banden von aneinandergeketteten Männern und Frauen *auf dem Weg* zum Markt von New Orleans lieferten den Zeitungskorrespondenten Artikel, die nie an Lesern fehlten. Diese Zeitungsartikel wurden nicht selten dadurch verstärkt, dass viele der Sklaven so weiß waren wie diejenigen, die sie zum Verkauf anboten, und die große Ähnlichkeit des Opfers mit dem Händler erinnerte den Käufer oft daran, dass durch die Adern beider dasselbe Blut floss.

Der Umzug von Dr. Gaines von „Poplar Farm" nach St. Louis gab mir Gelegenheit, die schlimmsten Seiten des internen Sklavenhandels kennenzulernen. Viele Jahre lang machte Missouri ein reges Geschäft mit dem Verkauf seiner Söhne und Töchter, von denen die meisten durch die Stadt St. Louis kamen. Lange Zeit war James Walker der Hauptspekulant dieser Art von Eigentum. Sein frühes Leben hatte dieser Mann als Fuhrmann verbracht, zuerst arbeitete er für andere, dann für sich selbst und kaufte schließlich Männer, die mit ihm arbeiteten. Schließlich verkaufte er seine Pferde und Fuhrwerke, brachte seine treuen Männer zum Markt in Louisiana und verkaufte sie. Dies war der Beginn einer Karriere der Grausamkeit, die aller Wahrscheinlichkeit nach in den Annalen des amerikanischen Sklavenhandels ihresgleichen sucht.

In keiner Gemeinschaft hässlicher Menschen konnte man eine abstoßender aussehende Person finden als Walker. Groß, schlank und hager, mit hohen Wangenknochen, einem von Pocken gezeichneten Gesicht, grauen Augen, roten Augenbrauen und sandfarbenen Backenbarts, stand er tatsächlich allein da, ohne Gefährten oder Kameraden. Er war stolz auf das, was er seine Herzensgüte nannte, und sprach immer von seiner Menschlichkeit.

Walker prahlte oft damit, dass er nie Familien trennte, wenn er „den Käufer überreden konnte, alles zu nehmen". Er kündigte in den Zeitungen von New Orleans immer an, dass er mit einer erstklassigen Ladung arbeitsfähiger Sklaven, Männer und Frauen, die für den Felddienst geeignet waren, und einigen zusätzlichen Sklaven, die als Hausangestellte gedacht waren, alle im Alter zwischen fünfzehn und fünfundzwanzig Jahren, dort sein würde. Aber wie die meisten Männer, die ihr Geschäft aus der Spekulation mit Menschen machen, kaufte er oft viele, die schon weit vorgerückt waren, und versuchte, sie für fünf oder sechs Jahre jünger auszugeben, als sie waren. Nur wenige Menschen können durch bloße Beobachtung annähernd das wahre Alter eines Negers ermitteln, es sei denn, sie kennen die Rasse gut. Daher führte der Sklavenhändler seinen Betrug häufig völlig ungestraft aus.

Sobald der Dampfer den Kai verließ und sich auf der breiten Mississippi-Brücke befand, rief der Spekulant seinen Diener Pompey zu sich und wies ihn an, die Sklaven für den Markt vorzubereiten. Wenn einer der Schwarzen älter aussah als angegeben, war es Pompeys Aufgabe, ihn für den Verkaufstag vorzubereiten.

Pomp, wie ihn die Händler normalerweise nannten, war echter Neger und sagte oft, wenn er sich auf sich selbst bezog: „Dieser Nigger ist keine Fälschung, er ist das Original. Dieser Kerl geht Sie nichts an, an ihm ist nichts gefälscht."

Pompey war von kleiner Statur, hatte ein rundes Gesicht und wie die meisten seiner Rasse ein Gebiss, das an Weiße und Schönheit nicht zu übertreffen war; seine Augen waren groß, die Lippen dick und das Haar kurz und kraus. Pomp war schon so lange bei Walker und hatte so viel von dem Kaufen und Verkaufen seiner Mitmenschen mitbekommen, dass ihm die herzzerreißenden Szenen, die sich täglich in seiner Gegenwart abspielten, vollkommen gleichgültig erschienen. So ist die Macht der Gewohnheit:

„Das Laster ist ein Ungeheuer von so furchterregender Gestalt,
dass man es nur sehen muss, um es zu hassen.
Aber wenn man es zu oft sieht und sein Gesicht kennt,
ertragen wir es zuerst, dann bemitleiden wir es und dann umarmen wir es."


Bevor er den Bestimmungsort erreichte, wählte Pompejus den älteren Teil aus und sagte: „Ich bin der Kerl, der Sie für den Markt in Orleans fertig machen soll, damit Sie ihm einen guten Preis bringen. Wie alt sind Sie?", und wandte sich damit an einen Mann, der ein gewisses Alter zeigte.

„Wenn ich die nächste Maisanbauzeit noch erlebe, bin ich vierzig."

„Das mag sein", erwiderte Pompejus, „aber jetzt sind Sie erst dreißig Jahre alt. Das ist, was Marser sagt, was Sie sein werden."

„Ich weiß, dass ich mehr bin als das", antwortete der Mann.

„Da kann ich nichts ändern", erwiderte Pompey. „Aber wenn Sie auf den Markt kommen und jemand Sie fragt, wie alt Sie sind, und Sie ihm sagen, Sie seien vierzig, wird Massa Sie fesseln, und wenn er mit der Auspeitschung fertig ist, werden Sie froh sein, sagen zu können, dass Sie erst dreißig sind."

„Na, dann schätze ich, ich bin erst dreißig", sagte der Sklave.

„Wie ist Ihr Name?", fragte Pompejus einen anderen Mann in der Gruppe.

„Jeems", war die Antwort.

„Oh! Onkel Jim, oder?"

"Ja."

„Dann musst du dir alle grauen Barthaare abrasieren und dir die grauen Haare aus dem Kopf reißen. Die Wahrheit ist, du bist viel zu schnell alt geworden." Das alles sagte Pompejus auf eine Art und Weise, die zeigte, dass er sein Geschäft verstand.

„Wie alt bist du?", fragte Pompejus einen großen, kräftig aussehenden Mann.

„Ich werde am nächsten Heiligabend neunundzwanzig", sagte der Mann.

"Wie heißen Sie?"

„Mein Name ist Tobias", antwortete der Sklave.

„Tobias!", rief Pompejus mit einem höhnischen Grinsen, das verriet, dass er bereit war, seine kurze Autorität zu demonstrieren. „Jetzt spielst du aber auf. Dein Name ist Toby, und warum kannst du die Wahrheit nicht sagen? Vergiss nicht, dass du dreiundzwanzig Jahre alt bist; und bevor du auf den Markt gehst, muss dein Gesicht eingefettet werden; denn ich sehe, du bist einer von diesen aschgrauen Nigger, und ein bisschen Einfetten lässt dein Gesicht schwarz und glatt aussehen und lässt dich jünger aussehen."

Pompejus berichtete seinem Herrn über den Stand der Dinge, worauf dieser sagte: „Sorgen Sie dafür, dass die Nigger nicht vergessen, was Sie ihnen beigebracht haben, denn unser Glück hängt in hohem Maße vom Aussehen unserer Nachkommen ab."

Zu dieser Gruppe von Sklaven gehörte auch eine wunderschöne Quadroon, ein zwanzigjähriges Mädchen, blond wie die meisten weißen Frauen, mit leicht gewelltem Haar, großen schwarzen Augen und einem Gesicht, das auf

Intelligenz hindeutete, die die einer gewöhnlichen Hausangestellten übertraf. Ihr Name war Marion, und die Eifersucht der Herrin, die damals so verbreitet war, war der Grund für ihren Verkauf.

Nicht weit von der Canal Street in der Stadt New Orleans stand in den alten Tagen der Sklaverei ein zweistöckiges, flaches Gebäude, umgeben von einer etwa zwölf Fuß hohen Steinmauer, deren Spitze mit Glassplittern bedeckt war und so konstruiert war, dass niemand sie ohne schwere Verletzungen überqueren konnte. Viele der Räume in diesem Gebäude ähnelten den Zellen eines Gefängnisses, und in einem kleinen Raum in der Nähe des „Büros" waren jede Menge eiserne Halsbänder, Fußfesseln, Handschellen, Daumenschrauben, Kuhhäute, Ketten, Knebel und Joche zu sehen .

Ein von einer hohen Mauer umgebener Hinterhof sah aus wie der Spielplatz einer unserer großen Schulen in Neuengland, in dem Reihen von Bänken und Schaukeln standen. An das Hintergebäude grenzte eine große Küche, in der zum Zeitpunkt, als wir dies schrieben, zwei alte Negerinnen bei der Arbeit waren, die schmorten, kochten und backten und sich gelegentlich den Schweiß von ihren gefurchten, dunklen Stirnen wischten.

Der Sklavenhändler Walker nahm bei seiner Ankunft in New Orleans hier mit seiner Bande menschlichen Viehs Quartier, und am nächsten Morgen um zehn Uhr wurden sie zum Verkauf ausgestellt. Als Erste kam die schöne Marion, deren blasses Gesicht und niedergeschlagener Blick verriet, wie viele traurige Stunden sie seit der Trennung von ihrer Mutter verbracht hatte. Auch eine arme Frau, die von ihrem Mann getrennt worden war, und eine andere Frau, deren Blick und Benehmen tiefe Qual ausdrückten, saß an ihrer Seite. Da war „Onkel Jeems", ohne Bart, mit glattrasiertem Gesicht und ausgerissenen grauen Haaren, bereit, für einen zehn Jahre jüngeren Mann verkauft zu werden. Auch Toby war da, mit rasiertem und gefettetem Gesicht, bereit zur Begutachtung.

Die Untersuchung begann und wurde in einer Weise durchgeführt, die die Gefühle eines jeden schockierte, dem es nicht völlig an menschlicher Güte mangelte.

„Warum wischst du dir die Augen?", fragte ein dicker, rotgesichtiger Mann mit einem weißen Hut auf der Seite seines Kopfes und einer Zigarre im Mund eine Frau, die auf einer der Bänke saß.

„Weil ich meinen Mann zurückgelassen habe."

„Oh, wenn ich dich kaufe, werde ich dir einen besseren Mann zur Verfügung stellen, als du zurückgelassen hast. Ich habe viele junge Böcke auf meiner Farm", antwortete der Mann.

„Ich will und werde nie einen anderen Mann haben", antwortete die Frau.

„Wie heißen Sie?", fragte ein Mann mit Strohhut einen großen Neger, der mit vor der Brust verschränkten Armen an der Wand lehnte.

„Mein Name ist Aaron, Sar."

"Wie alt bist du?"

"Fünfundzwanzig."

„Wo sind Sie aufgewachsen?"

„Im alten Virginny, Sir."

„Wie viele Männer haben dich besessen?"

„Vier."

„Erfreuen Sie sich guter Gesundheit?"

„Ja, Sar."

„Wie lange haben Sie bei Ihrem ersten Besitzer gelebt?"

"20 Jahre."

„Bist du jemals weggelaufen?"

„Nein, Sar."

„Haben Sie Ihren Herrn jemals geschlagen?"

„Nein, Sar."

„Wurden Sie jemals oft ausgepeitscht?"

„Nein, Sar. Ich schätze, ich habe es nicht verdient, Sar."

„Wie lange haben Sie bei Ihrem zweiten Herrn gelebt?"

„Zehn Jahre, Sar."

„Haben Sie guten Appetit?"

„Ja, Sar."

„Kannst du dein Taschengeld essen?"

„Ja, Sir, wenn ich es bekommen kann."

„Wo in Virginia waren Sie beschäftigt?"

„Ich habe auf dem Tabakfeld gearbeitet."

„Auf dem Tabakfeld, was?"

„Ja, Sar."

„Wie alt bist du noch mal?"

„Fünfundzwanzig, Sir, nächste Zeit zum Süßkartoffelsammeln."

„Ich bin Baumwollpflanzer, und wenn ich dich kaufe, musst du auf dem Baumwollfeld arbeiten. Meine Männer pflücken täglich 150 Pfund, die Frauen 140 Pfund. Wer seine Aufgabe nicht erfüllt, bekommt für jedes fehlende Pfund fünf Streifen. Glaubst du, du könntest mit den anderen Arbeitern mithalten?"

„Ich weiß es nicht, Sar, aber ich schätze, ich müsste es tun."

„Wie lange haben Sie bei Ihrem dritten Herrn gelebt?"

„Drei Jahre, Sar", antwortete der Sklave.

„Das macht Sie dreiunddreißig. Ich dachte, Sie hätten mir gesagt, Sie wären erst fünfundzwanzig."

Aaron sah nun zuerst den Plantagenbesitzer und dann den Händler an und schien völlig verwirrt. Er hatte die Lektion vergessen, die Pompejus ihm hinsichtlich seines Alters erteilt hatte, und die umständlichen Fragen des Plantagenbesitzers – zweifellos, um das wahre Alter des Sklaven herauszufinden – hatten den Neger aus der Fassung gebracht.

„Ich muss Ihnen den Rücken zukehren, um zu wissen, wie sehr Sie ausgepeitscht wurden, bevor ich ans Kaufen denke."

Pompejus, der während der Untersuchung dabeigestanden hatte, dachte, dass seine Dienste jetzt benötigt würden, und trat mit einer gewissen Aufdringlichkeit vor und sagte zu Aaron: „Hast du nicht gehört, wie der Herr dir sagt, dass er dich verprügeln will? Komm, spann dein Gespann aus, alter Junge, und steh nicht da."

Aaron wurde untersucht und für „gesund" erklärt; die widersprüchlichen Angaben zu seinem Alter waren jedoch nicht zufriedenstellend.

Auf der folgenden Reise flussabwärts machte Walker mit einer „erstklassigen Gruppe Sklaven" in Vicksburg Halt. Dabei ereignete sich ein Umstand, der zeigt, zu welchen Mitteln die Sklaven in jenen Tagen griffen, um der Auspeitschung zu entgehen, und der zugleich den schnellen Verstand dieser Rasse offenbart.

Während Walker einige seiner Kunden im Hotel bewirtete, befahl er Pompeius, den Wein an seine Gäste zu verteilen. Dabei stieß der Diener ein Glas Wein auf den Schoß eines Herrn. Für dieses Missgeschick beschloss der Händler, seinen Diener bestrafen zu lassen. Er gab Pompeius daher einen versiegelten Brief und befahl ihm, ihn ins Sklavengefängnis zu bringen. Der Diener, der vermutete, dass nicht alles in Ordnung war, beeilte sich, den Brief zu öffnen, bevor die Oblate getrocknet war. Als er an der Anlegestelle des Dampfschiffs vorbeikam, ließ er einen Matrosen den Brief lesen, der sich, wie Pompeius vermutet hatte, als Befehl erwies, ihm „39 Schläge auf den nackten Rücken" zu verabreichen.

Walker hatte dem Mann einen Silberdollar gegeben, mit der Anweisung, ihn zusammen mit der Notiz dem Gefängnisaufseher zu übergeben, denn es war damals üblich, dass Leute, die ihre Diener bestrafen wollten und es nicht selbst tun wollten, sie in den „Sklavenpferch" schickten und die Strafe dort vollziehen ließen; der Preis dafür betrug einen Dollar.

WALKER, DER SKLAVENHÄNDLER.

Wie er der Auspeitschung entgehen und seinem Herrn dennoch den Beweis seiner Bestrafung vorlegen konnte, beschäftigte Pompejus geistreiches Gehirn. Doch der Diener war der Situation gewachsen. Als er vor dem „Sklavenpferch" stand, sah der Neger einen anderen gut gekleideten farbigen Mann die Straße heraufkommen und beschloss, ihn zu fragen, wie sie dort die Auspeitschung durchführten.

„Wie geht es Ihnen, Sir?", fragte Pompey und wandte sich an den farbigen Bruder. „Wohnst du hier?"

„Oh nein", antwortete der Fremde, „ich bin ein freier Mann und gehöre nach Pittsburgh, Pennsylvania."

„Ah! ha, dann wohnst du nicht hier", sagte Pompejus.

„Nein, ich habe mein Boot letzte Woche hier gelassen und versuche jeden Tag, etwas zu tun. Ich habe so gut wie kein Geld mehr und würde im Moment fast alles tun."

Pompejus schoss ein Gedanke durch den Kopf – dies war seine Gelegenheit.

„Gut", sagte der Sklave, „wenn du einen Job suchst, mit dem du schnell Geld verdienen kannst, hoffe ich, dass ich dir helfen kann."

„Wenn Sie wollen", antwortete der freie Mann, „tun Sie mir einen großen Gefallen."

„Also", sagte Pompejus, „merken Sie sich das und gehen Sie in das Gefängnis, Darl. Dort wird man Ihnen einen Koffer geben. Bringen Sie ihn raus. Ich sage Ihnen, wohin Sie ihn bringen sollen. Und hier ist ein Dollar. Damit werden Sie bezahlt, nicht wahr?"

„Ja", antwortete der Mann und bedankte sich herzlich. Lächelnd nahm er den Schein und die glänzende Münze, ging zum „Glockentor" und läutete laut. Das Tor flog auf und er ging hinein.

Der Mann war kaum verschwunden, als Pompey die Straße überquert hatte, am Tor stand und dem Gespräch zwischen dem Gefängniswärter und dem freien Farbigen lauschte.

„Wo ist der Dollar, den Sie mit dieser Notiz bekommen haben?", fragte der „ *Peitschenschläger* ", als er den Brief zu Ende gelesen hatte.

„Hier ist es, Sir; er hat es mir gegeben", sagte der Mann nicht wenig überrascht.

„Gib es her", antwortete der Gefängniswärter mit rauer Stimme. „So, jetzt nimm diesen Nigger, Pete, schnall ihn auf die Bahre und mach ihn fertig fürs Geschäft."

„Was wollen Sie mir antun?", rief der entsetzte Mann, als der Gefängniswärter ihm die Nachricht verkündete.

„Das wirst du verdammt schnell merken!", war die Antwort.

Der Widerstand des Unschuldigen veranlasste den „Peitscher", drei weitere kräftige Schwarze herbeizurufen. Wenige Minuten später war das Opfer mit dem Gesicht nach unten auf der Bahre festgebunden, ihm war die Kleidung ausgezogen, und der starkarmige weiße Neger-Peitscher stand mit erhobener Peitsche über ihm.

Das Schreien und Stöhnen des armen Mannes, als das schwere Folterinstrument auf seinen nackten Rücken fiel, weckte Pompejus. Er zog sich über die Straße zurück, wartete auf das Ergebnis und überlegte, ob er von dem verletzten Mann die Quittung bekommen könnte, die der

Gefängniswärter dem Sklaven immer gibt, damit er sie seinem Herrn als Beweis dafür mitbringt, dass er bestraft wurde.

Als sich das Tor öffnete und der farbige Bruder erschien und sich verzweifelt nach Pompejus umsah, rief dieser: „Hier bin ich, Sir!"

Wahnsinnig vor Schmerzen durch die Wunde an seinem blutenden Rücken und überrascht und erstaunt über die Schnelligkeit, mit der die ganze Sache erledigt war, rannte der Mann über die Straße und beschimpfte seinen Betrüger aufs wütendste, der ebenfalls erstaunt schien über die ihm angetanen Schimpfwörter.

„Was habe ich dir getan?", fragte Pompejus mit einer Ernsthaftigkeit, die tatsächlich amüsant war.

„Was hast du getan!", sagte der Mann, und die Tränen strömten ihm übers Gesicht. „Du hast mir den Rücken in Stücke geschnitten", fuhr das Opfer fort.

„Warum hast du dich auspeitschen lassen?", fragte Pompey mit einem verborgenen Lächeln.

„Sie wussten, dass der Zettel dazu bestimmt war, jemanden auspeitschen zu lassen, und haben ihn mir zugeschoben. Und hier ist ein Stück Papier, das er mir gegeben hat, und ich solle es meinem Herrn geben. Als ob ich einen Herrn hätte."

„Gut", antwortete Pompey, „ich habe einen halben Dollar, und den gebe ich Ihnen, wenn Sie mir das Papier geben."

Als der Mann sah, dass er keinen besseren Preis erzielen konnte, gab er die Quittung heraus und nahm im Tausch die Silbermünze.

„Nun", sagte Pompejus, „es tut mir mächtig leid für Sie, und wenn Sie ins Haus gehen, werde ich für Sie beten. Ich bin sehr mächtig im Gebet, das bin ich." Der freie Mann lehnte Pompejus' Angebot jedoch ab.

„Ich schätze, Sie werden sich benehmen und den Wein nicht noch einmal über die Herren verschütten", sagte Walker, als Pompeius ihm die Notiz des Gefängniswärters überreichte. „Wenn Ihnen das nächste Mal ein solcher Fehler unterläuft, werden Sie nicht so leicht davonkommen", fuhr der Spekulant fort.

Pompejus sprach oft vom Aussehen „meines Freundes", wie er seinen farbigen Bruder nannte, und lachte dabei herzhaft. Er sagte: „Er war ein freier Mann und konnte es sich leisten, zu Bett zu gehen und zu bleiben, bis er wieder gesund war."

Wer die Institution der Sklaverei und ihre Auswirkungen auf die Opfer nicht kennt, spricht oft erstaunt über den Stolz, den die Sklaven im Hinblick auf ihren eigenen Marktwert zeigen. Dies trifft insbesondere auf Auktionen zu, bei denen Dienstboten aus Städten oder Gemeinden verkauft werden.

„Was hat dein Herr für dich bezahlt?" wurde oft von einem Sklaven an den anderen gefragt.

„Achthundert Dollar."

„Achthundert Dollar! Ha, ha! Also, wenn ich nicht für mehr als achthundert Dollar verkaufen würde, würde ich meinen Kopf nie wieder vor anständigen Leuten zeigen."

„Sie haben so viel darüber zu sagen, dass ich billig verkaufe, und jetzt möchte ich wissen, wie viel Ihr Chef für Sie bezahlt hat?"

„Mein Chef hat fünfzehnhundert Dollar bar für mich bezahlt. Und es war ein regnerischer Tag und es standen nicht viele zur Versteigerung, sonst hätte er einen Haufen mehr bezahlen müssen, das kann ich Ihnen sagen. Ich bin keiner dieser geizigen Nigger, ganz bestimmt nicht."

„Hallo, Onkel! Haben sie dich gestern verkauft? Ich sehe dich hier unten auf dem Markt."

„Ja, sie sind die Einzigen von mir."

„Wie viel hast du eingebracht?"

„Achtzehnhundert Dollar."

„Das war verdammt clever für einen Mann wie dich, oder?"

„Also, ich weiß nicht; es ist nicht mehr als ich es bin; denn Sie müssen sich erinnern, ich bin bei den Christys aufgewachsen. Ich bin keiner dieser gewöhnlichen Nigger, die sich für einen kleinen Scheiß verkaufen. Ich glaube, mein neuer Boss hat mich ziemlich billig bekommen."

„Und so haben Sie letzten Samstag neunhundert Dollar bekommen, so habe ich gehört."

„Na, was ist denn damit?"

„Ich kann nur sagen, wenn ich morgen allein wäre und nicht mehr als neunhundert Dollar brächte, würde ich nie wieder einem anständigen Mann in die Augen sehen."

Diese und ähnliche Sprüche hörte man oft in der Gesellschaft farbiger Männer in unseren Südstaatenstädten.

# KAPITEL XII.

GESAMTEN Südstaaten findet man noch immer Überreste der alten Afrikaner, die aus ihrem Heimatland geraubt und unter Missachtung aller Gesetze auf den Märkten von Savannah, Mobile und New Orleans verkauft wurden. In der letztgenannten Stadt und ihrer Umgebung lebten jedoch mehr dieser Menschen als in jedem anderen Stadtteil. New Orleans war ihr Zentrum und ihre Versammlungen waren nicht uninteressant.

Der Congo Square hat seinen Namen, wie allgemein bekannt ist, von den Kongo-Negern, die jeden Sonntag auf seinem Rasen ihren Tanz aufführten. Sie waren ein neugieriges Volk und brachten diesen Überrest ihrer afrikanischen Dschungel mit. In Louisiana gab es sechs verschiedene Negerstämme, die nach dem Teil des Landes benannt waren, aus dem sie stammten, und ihre Vertreter konnte man auf dem Platz sehen, mit gefeilten Zähnen und noch immer tätowierten Wangen. Die Mehrheit unserer Stadtneger stammte von den Kraels ab, einem zahlreichen Stamm, der in Palisaden lebt. Wir hatten hier die Minahs, eine stolze, würdevolle, kriegerische Rasse; die Congos, ein verräterisches, schlaues, unerbittliches Volk; die Mandringas, einen Zweig der Congos; die Gangas, benannt nach dem gleichnamigen Fluss, aus dem sie geholt worden waren; die Hiboas, von den Missionaren „Eulen" genannt, ein mürrischer, widerspenstiger Stamm, und die Foulas, die höchste Form der Afrikaner, mit nur wenigen Vertretern hier.

Das waren die Leute, die man vor vielen Jahren auf dem Platz traf. Diese Sonntage in jenen Jahren waren ein festlicher Anlass, und nicht weniger als zwei- oder dreitausend Menschen versammelten sich dort, um die dunkelhäutigen Tänzer zu sehen. Ein niedriger Zaun umschloss den Platz, und in jeder Straße gab es ein kleines Tor und ein Drehkreuz. Es gab damals keine Bäume, und der Boden war von den Füßen der Menschen kahlgetreten. Gegen drei Uhr begannen sich die Neger zu versammeln, und jede Nation nahm ihren Platz in einem anderen Teil des Platzes ein. Die Minahs tanzten nicht in der Nähe der Congos und die Mandringas nicht in der Nähe der Gangas. Bald darauf begann die Musik, und die Gruppen bereiteten sich auf den Sport vor. Jede Gruppe hatte ihr eigenes Orchester. Die Instrumente waren eine besondere Art Banjo aus einem Louisiana-Kürbis, mehrere Trommeln aus einem ausgegrabenen Gummistumpf mit einem Schafsfellkopf, die mit den Fingern geschlagen wurden, und zwei Kieferknochen eines Pferdes, die beim Schütteln die losen Zähne zum Klappern brachten und so den Takt der Trommeln hielten. Eine Gruppe bestand aus etwa acht Negern, vier Männern und vier Frauen, und im Allgemeinen waren sie nur spärlich bekleidet.

Es dauerte eine Weile, bis das Trommeln die trägen und trägen Tänzer aufweckte, aber wenn der Punkt der Erregung kam, kann nichts die wilden und rasenden Bewegungen, die sie vollführten, getreu wiedergeben. Vorwärts und rückwärts, hierhin und dorthin, jetzt zusammen und jetzt getrennt, jede Bewegung sollte die sinnlichsten Ideen vermitteln. Im Verlauf des Tanzes wurden die Trommeln schneller getrommelt, die Verrenkungen wurden grotesker, bis die Frauen und Männer manchmal in ihrer Raserei ohnmächtig zu Boden fielen. All dies geschah unter den Augen einer dichten Menschenmenge und unter der heißen Sonne, die ihre sengenden Strahlen auf die betörten Schauspieler dieses merkwürdigen Balletts warf. Wenn eine Gruppe ermüdet war, schied sie aus, wurde durch andere ersetzt und schlenderte dann zu den Gruppen eines anderen Stammes in einem anderen Teil des Platzes. Dann begann der Ärger, und es folgte eine regelrechte Schlägerei mit kurzen Stöcken zwischen den Männern, und zerbrochene Köpfe beendeten die Unterhaltung des Tages.

Auf den Bürgersteigen rund um den Platz machten die alten Negerinnen mit ihrem Fichtenbier und ihren Erdnüssen, Kokosnüssen und Popcorn ein florierendes Geschäft, und ab und zu lugten unter Unterröcken Flaschen mit Tafia hervor, einer Art Louisiana-Rum, von denen die *Gendarmen* nichts bemerkten. Als die Sonne unterging, strömte ein Strom von Menschen aus den Drehkreuzen, und die *Gendarmen* , die über den Platz gingen, befahlen die Zerstreuung der Neger, und als um neun Uhr Schüsse fielen, war der Platz fast verlassen. Diese Tänze wurden bis in die Erinnerung der noch lebenden Menschen beibehalten, und in jedem Staat der Union findet man viele, die an sie glauben und sie gerne wiederbeleben würden.

Die frühen Traditionen, die durch die importierten Afrikaner überliefert wurden, haben viel dazu beigetragen, den Glauben am Leben zu erhalten, dass der Teufel ein persönliches Wesen mit Hufen, Hörnern und Kräften ist, die denen Gottes gleichkommen. Diese Vorstellungen geben dem Zauberer, dem Gopher-Arzt und dem Wahrsager Einfluss.

Als ich vor kurzem eine der höher gelegenen Gemeinden besuchte, wohnte ich bei einem Herrn, der wöchentlich den benachbarten Friedhof besuchte und dort stundenlang zwischen den Gräbern saß. Die Frau war darüber sehr traurig.

Ich erkundigte mich bei ihr nach dem Grund für die seltsame Laune ihres Mannes.

„Oh!", sagte sie, „er wird dort draußen von Engeln beeinflusst."

„Ist er jetzt auf den Friedhof gegangen?", fragte ich.

„Ja", war die Antwort.

„Ich glaube, ich kann ihn davon heilen, wenn Sie versprechen, die ganze Sache geheim zu halten."

„Das werde ich", war die Antwort.

„Geben Sie mir ein Laken, binden Sie Ihren Hund los, dann kann ich die Heilung in Gang setzen", sagte ich. Rolla, der große Neufundländer, wurde losgebunden, das Laken wurde fest um seinen Hals gelegt und festgenäht, und der Hund wurde angewiesen, seinen Herrn zu jagen.

Der Hund nahm die Spur und lief sofort zum Friedhof. Aus der Richtung der Gräber erschallten Schreie wie „Hilfe, Hilfe! Gott schütze mich!", die die Nachbarschaft aufschreckten. Die Schreie des Mannes erschreckten den Hund und er kehrte eilig nach Hause zurück. Das halb zerrissene Laken wurde entfernt und Rolla wieder in seinem Haus festgebunden.

Sehr bald wurde Herr Martin von zwei Freunden hereingeführt und vom Bürgersteig aufgelesen. Sein Gesicht war ziemlich verletzt. Seine Geschichte war, dass „der Teufel ihn aus dem Friedhof gejagt und ihn auf dem Bürgersteig zu Fall gebracht hatte, und dass deshalb die Wunde in seinem Gesicht blutete."

Das Obige ist ein guter Index zu den meisten Geistergeschichten.

# KAPITEL XIII.

VIERZIG Jahren waren die Fluchten von Sklaven aus dem Süden zwar zahlreich, aber dennoch schwierig, da für ihre Ergreifung hohe Belohnungen ausgesetzt waren und die Auslieferung aus den Nordstaaten problemlos möglich war. Es gab kaum oder gar keine Schwierigkeiten, einen Sklaven aus Ohio, Indiana, Illinois oder Pennsylvania, den vier Staaten, durch die die Flüchtlinge auf ihrer Flucht nach Kanada mussten, zu fangen und zurückzubringen. Das Quäker-Element in allen oben genannten Staaten zeigte sich darin, dass man den flüchtenden Sklaven mit Nahrung versorgte, ihn tage- oder sogar wochenlang versteckte und ihn schließlich an einen sicheren Ort brachte oder ihn in die Herrschaftsgebiete der Königin brachte.

Der Instinkt schien dem Neger zu sagen, dass ein grauer Mantel und ein breitkrempiger Hut ein gütiges Herz verbargen, und wir haben keine Aufzeichnungen darüber, dass er sich jemals getäuscht hätte. Es ist möglich, dass die wenigen über die Sklavenstaaten verstreuten Freunde und die Tatsache, dass sie nie einen Sklaven besaßen, den Schwarzen einen positiven Eindruck von dieser Sekte vermittelten, bevor das Opfer der Unterdrückung seinen sonnigen Geburtsort verließ.

Ein tapferer und männlicher Sklave beschloss, aus Natchez, Mississippi, zu fliehen. Dieser Sklave, dessen Name Jerome war, war rein afrikanischer Abstammung, vollkommen schwarz, sehr gutaussehend, groß, schlank und aufrecht, wie man nur sein kann. Seine Gesichtszüge waren nicht schlecht, die Lippen schmal, die Nase markant, Hände und Füße klein. Seine strahlenden schwarzen Augen erhellten sein ganzes Gesicht. Sein fast glattes Haar hing in Locken über seine hohe Stirn. George Combe oder Fowler hätten seinen Kopf als Modell ausgewählt. Er war tapfer und verwegen, stark im Körper, feurig im Geist, aber dennoch freundlich und aufrichtig in seinen Gefühlen, ernsthaft in allem, was er unternahm.

Wenn man von einem Staat so weit südlich wie Mississippi aus die Freistaaten oder Kanada erreichen wollte, indem man bei Nacht reiste und tagsüber lag, würde niemand auch nur einen Augenblick an einen Fluchtversuch denken. In der Stadt zu bleiben wäre ein selbstmörderischer Schritt gewesen. Das tiefe Geräusch von austretendem Dampf eines Bootes, das in diesem Augenblick den Fluss hinauffuhr, drang an die Ohren des Sklaven. „Wenn das Boot den Fluss hinauffährt", sagte er, „warum verstecke ich mich dann nicht an Bord und versuche zu fliehen?" Er ging sofort zur Dampferanlegestelle, wo das Boot gerade ankam. „Ziel Louisville", sagte der Kapitän zu einem, der Fragen stellte. Als die Passagiere an Bord strömten, folgte Jerome ihnen, und als er zu einer Stelle ging, wo einige der Arbeiter Warenballen verstauten, ergriff er sie und half ihnen.

„Spring dort in den Laderaum und hilf den Männern", sagte der Maat zu dem Flüchtling, der annahm, dass er sich wie viele andere den Fluss hinaufarbeitete. Einmal im Schiffsrumpf, versteckte sich der Sklave zwischen den Kisten. Erschöpfende Stunden und schließlich Tage verbrachte er ohne Wasser oder Nahrung mit dem versteckten Sklaven. Mehr als einmal beschloss er, seinen Fall bekannt zu geben, aber das Wissen, dass er nach Natchez zurückgeschickt würde, hielt ihn davon ab. Schließlich kroch der arme Mann mit ausgetrockneten und vom Fieber verbrannten Lippen in den Frachtraum und begann umherzuwandern. Die Luken waren geöffnet und der Raum dunkel. Zufällig war eine Hochzeitsgesellschaft an Bord, und eine Kiste mit einem Teil der Hochzeitstorte und mehreren Flaschen Portwein lag in der Nähe von Jerome. Er fand die Kiste, öffnete sie und bediente sich. Acht Tage später machte das Schiff am Kai seines Bestimmungsortes fest. Es war spät in der Nacht; Die Besatzung des Bootes war, mit Ausnahme des Wachmanns, an Land. Die Luken waren geöffnet, und der Flüchtling begab sich leise an Deck und sprang an Land. Der Mann sah den Flüchtling, aber zu spät, um ihn festzunehmen.

Da er sich noch immer in einem Sklavenstaat befand, wusste Jerome nicht, wie er weiter vorgehen sollte. Er hatte ein paar Dollar bei sich, genug, um seine Reise nach Kanada zu bezahlen, wenn er ein Transportmittel finden könnte. Der Flüchtling beschaffte sich in einem der vielen Gasthäuser die Lebensmittel, die er brauchte, und dann folgte er der Richtung des Nordsterns, verließ die Stadt und nahm die Straße, die nach Covington führte. Jerome blieb in der Nähe des Ohio River und fand bald eine Gelegenheit, in den Staat Indiana zu gelangen. Aber Freiheit war in diesem Staat nur ein Name, und der Flüchtling erfuhr von einigen Farbigen, die er traf, dass es nicht sicher war, bei Tageslicht zu reisen. Als er sich eines Nachts auf den Weg machte, mit nichts, was ihn aufmunterte außer der Aussicht auf künftige Freiheit, wurde er von drei Männern überfallen, die einem anderen Flüchtling auflauerten. Sie hatten eine Anzeige über ihn mit der Post erhalten. Vergeblich versuchte Jerome ihnen zu sagen, dass er kein Sklave sei. Es stimmt, sie hatten nicht den Mann gefangen, den sie erwartet hatten; Sie wussten jedoch, dass sie für die Verhaftung des Sklaven einen guten Preis erhalten würden, wenn sie diesen Sklaven dazu bringen könnten, zu erzählen, von welchem Ort er geflohen war.

Jerome wurde von den Sklavenfängern gefoltert und dazu gebracht, den Namen seines Besitzers und den Ort, von dem er geflohen war, preiszugeben. Daraufhin gab er ihnen einen erfundenen Namen in Virginia an, versprach eine hohe Belohnung und zeigte sich bereit, zu seinem „alten Chef" zurückzukehren.

Durch diese Falschdarstellung erhoffte sich der Flüchtling eine weitere Chance zur Flucht.

Angelockt durch die Aussicht auf eine große Summe des Nötigen machten sich die Sklavenfänger mit ihrem Opfer auf den Rückweg. In der zweiten Nacht machten sie in einem Gasthof am Ufer des Ohio Halt und ketteten ihn, da sie keinen geeigneten Ort hatten, um ihre Beute während der Nacht einzusperren, an den Bettpfosten ihres Schlafgemachs.

Die weißen Männer gingen spät zur Ruhe, nachdem sie den Abend mit Trinken verbracht hatten. Mitten in der Nacht, als alles still war, erhob sich der Sklave vom Boden, auf dem er gelegen hatte, sah sich um und sah, dass Morpheus seine Entführer in seiner Gewalt hatte. „Ausnahmsweise", dachte er, „hat die Brandyflasche einen guten Dienst getan." Mit klopfendem Herzen und zitternden Gliedern betrachtete er seine Lage. Die Tür war fest verschlossen, aber das warme Wetter hatte sie gezwungen, das Fenster offen zu lassen. Wenn er nur die Ketten lösen könnte, könnte er durch das Fenster auf die Piazza entkommen. Die Kleidung der Schläfer hing auf Stühlen neben dem Bett. Der Sklave dachte an den Schlüssel für das Vorhängeschloss, durchsuchte die Taschen und fand ihn. Die Ketten waren bald gelöst und der Neger schlich sich verstohlen zum Fenster. Er blieb stehen und sagte sich: „Diese Männer sind Schurken, sie sind Feinde aller, die wie ich versuchen, frei zu sein. Warum ihnen dann nicht eine Lektion erteilen?" Dann zog er seinen besten Anzug an, hängte seine eigenen abgetragenen und zerfetzten Kleidungsstücke auf denselben Stuhl, ging leise durch das Fenster auf die Piazza, ließ sich an einer der Säulen hinunter und machte sich erneut auf den Weg nach Kanada.

Bevor er sich ein Versteck für den Tag ausgesucht hatte, brach das Tageslicht an, und er marschierte mit zügigem Tempo, in der Hoffnung, bald ein Gehölz oder einen Wald zu erreichen. Die Sonne hatte sich gerade gezeigt, als Jerome erstaunt hinter sich in der Ferne zwei Männer zu Pferd sah. Als er einen Weg nach rechts einschlug, sah er vor sich ein Bauernhaus, und er war so nah dran, dass er zwei Männer vor sich bemerkte, die ihn ansahen. Es war zu spät, um umzukehren. Die Entführer waren hinter ihm – fremde Männer vor ihm. Er wusste, dass die hinter ihm liegenden Feinde waren, während er keine Ahnung hatte, welche Prinzipien die Bauern hatten. Letztere sahen auch die weißen Männer kommen und riefen dem Flüchtling zu, dorthin zu kommen.

Die breitkrempigen Hüte, die die Bauern trugen, verrieten den Sklaven, dass sie Quäker waren.

Jerome hatte einige dieser Leute auf einem Dampfer zwischen Natchez und New Orleans den Fluss auf und ab fahren sehen und gehört, dass sie die Sklaverei nicht mochten. Er eilte daher auf die Männer in den grauen Mänteln zu, die bei seiner Annäherung die Scheunentür öffneten und ihm sagten, er solle „hineinlaufen".

Als Jerome die Scheune betrat, schlossen die beiden Bauern die Tür und blieben draußen, um den Sklavenfängern gegenüberzutreten, die nun herbeikamen und Einlass verlangten, da sie das Gefühl hatten, ihre Beute sicher zu haben.

„Du darfst mein Grundstück nicht betreten", sagte einer der Freunde mit ziemlich klingender Stimme.

Die Negerfänger machten ihren Anspruch auf den Sklaven geltend und deuteten an, dass sie sich gewaltsam Zutritt verschaffen würden, wenn man ihnen nicht erlaubte, ihn festzunehmen. Inzwischen hatten sich mehrere andere Quäker um die Scheunentür versammelt. Unglücklicherweise für die Entführer und höchst glücklicherweise für den Flüchtigen hatten die Freunde gerade eine vierteljährliche Versammlung in der Nachbarschaft abgehalten, und einige von ihnen waren noch nicht nach Hause zurückgekehrt.

Nach einigem Reden versprachen die Männer in der Uniform, die Jäger hereinzulassen, vorausgesetzt, sie beschafften einen Offizier und einen Durchsuchungsbefehl von einem Friedensrichter. Einer der Sklavenfänger musste darauf achten, dass der Flüchtling nicht entkam, während der andere einen Offizier verfolgte. In der Zwischenzeit ließ der Besitzer der Scheune einen Hammer und Nägel holen und begann, die Scheunentür zuzunageln.

Nachdem sie den Mann des Gesetzes eine Stunde lang gesucht hatten, kehrten sie mit einem Beamten und einem Haftbefehl zurück. Der Quäker verlangte, das Papier zu sehen, und nachdem er eine Weile darauf geblickt hatte, rief er seinem Sohn zu, er solle ins Haus gehen und seine Brille holen. Es dauerte lange, bis Tante Ruth das Lederetui fand, und als sie es tat, musste die Brille abgewischt werden, bevor sie benutzt werden konnte. Nachdem er sie bequem auf seiner Nase zurechtrückte, las er den Haftbefehl in aller Ruhe durch.

„Kommen Sie, Mr. Dugdale, wir können nicht den ganzen Tag warten", sagte der Beamte.

„Gut, willst du es mir vorlesen?", erwiderte der Quäker.

Der Beamte kam der Aufforderung nach, und der Mann in der Abendgarderobe sagte: „Ja, du kannst jetzt hineingehen. Ich bin geneigt, der Ausführung der Gesetze des Landes keine Hindernisse in den Weg zu legen."

Als die Männer sich der Tür näherten, fanden sie etwa vierzig oder fünfzig Nägel darin, die ihnen den Weg versperrten.

„Leihen Sie mir bitte Ihren Hammer und Ihren Meißel, Mr. Dugdale", sagte der Beamte.

„Bitte lies den Artikel noch einmal durch, ja?", fragte der Quäker.

Der Beamte las den Haftbefehl noch einmal vor.

„Ich sehe dort nichts, das besagt, dass ich dir Werkzeuge zum Öffnen meiner Tür geben muss. Wenn du einen Hammer willst, musst du ihn woanders holen; ich sage dir ganz offen, meinen kannst du nicht haben."

Endlich sind die Werkzeuge zum Öffnen der Tür besorgt und nach einer weiteren halben Stunde sind die Sklavenfänger in der Scheune. Drei Stunden sind eine lange Zeit für einen Sklaven in den Händen der Quäker. Das Heu wird umgewendet und die Scheune wird von allen Seiten durchsucht, aber der Ausreißer ist immer noch nicht gefunden. Onkel Josephs Gesicht strahlt; Ephraim schüttelt wissend den Kopf; der kleine Elijah ist ein absoluter Nichtsnutz und wenn Sie zum Haus blicken, sehen Sie Tante Ruths lächelndes Gesicht, die Ihnen mitteilen will, dass das Frühstück fertig ist.

„Der Nigger ist nicht in dieser Scheune", sagte der Beamte.

„Ich weiß, dass er es nicht ist", bemerkte der Quäker ruhig.

„Warum haben Sie dann Ihre Tür zugenagelt, als ob Sie Angst hätten, wir könnten eindringen?", erkundigte sich einer der Entführer.

„Ich kann mit meiner eigenen Tür machen, was ich will, oder?", sagte der Freund.

Das Geheimnis war gelüftet. Der Flüchtling war durch die Vordertür hinein- und durch die Hintertür hinausgegangen. Das Verlesen des Haftbefehls, das Zunageln der Tür und andere vorbereitende Maßnahmen des Quäkers sollten dem Flüchtling Zeit und Gelegenheit zur Flucht geben.

Es war jetzt spät am Morgen, und die Sklavenfänger waren weit von zu Hause weg, und die Pferde waren von der schnellen Art, wie sie gereist waren, erschöpft. Die Freunde kehrten in höchster Freude zum Frühstück ins Haus zurück; der Offizier und die Entführer durchsuchten die Scheune und das Grundstück gründlich und waren überzeugt, dass Jerome in die Scheune gegangen war, aber nicht herausgekommen war, und ebenso überzeugt, dass er außerhalb ihrer Reichweite war, sagte der Besitzer: „Er ist in die Erde hinabgestiegen und hat eine unterirdische Eisenbahn genommen."

Und so wurde jene berühmte Autobahn getauft, die so viele unterdrückte Söhne und Töchter afrikanischer Abstammung bereisen mussten. Ein Bericht darüber wurde von einem ihrer treuesten Vertreter, Mr. William Still aus Philadelphia, veröffentlicht.

Später wurde Cato, der Diener von Dr. Gaines, an Kapitän Enoch Price aus St. Louis verkauft. Der Kapitän nahm seinen Sklaven mit an Bord des

Dampfers *Chester*, der gerade nach New Orleans aufbrach. Dort erhielt das Schiff eine Ladung für Cincinnati, Ohio. Der Kapitän war sich bewusst, dass der Sklave ihm in einem freien Staat entwischen könnte, und beschloss, den Besitz bis zu seiner Rückkehr in Louisville, Kentucky, zurückzulassen. Mrs. Price, die die Dienste des Dieners unbedingt auf dem Schiff in Anspruch nehmen wollte, befragte ihn jedoch zu dem geplanten Besuch in Cincinnati.

„Ich möchte nicht in einen freien Staat", sagte Cato. „Denn ich kannte einmal einen Diener, der dorthin ging, und sie flehten ihn dauernd an, wegzulaufen. Also gehe ich lieber nicht dorthin, weil ich mit meinem Herrn zufrieden bin und nicht weggehen möchte, da ich auf mich selbst aufpassen müsste."

Dies wurde in einem so ernsten und beiläufigen Ton gesagt, dass es sämtliche Verdächtigungen der Dame hinsichtlich seines Fluchtversuchs ausräumte und sie ihren Mann drängte, ihn nach Ohio zu bringen.

Cato wollte seine Freiheit, aber er wusste genau, dass er, wenn er den Wunsch äußerte, in einen freien Staat zu gehen, dies niemals tun würde. Zur rechten Zeit kam die *Chester* in Cincinnati an, wo sie vier Tage blieb, ihre Ladung löschte und für die Rückreise neu belud. Während dieser Zeit blieb Cato auf seinem Posten und ging treu seinen Pflichten nach; niemand dachte daran, dass er auch nur im Geringsten daran dachte, das Schiff zu verlassen. Am Tag vor der Abreise der *Chester aus* Cincinnati teilte Cato die Frage jedoch Charley mit, einem anderen Sklaven, den er begleiten wollte.

Charley hörte sich den Vorschlag mit Überraschung an, und obwohl er seine Freiheit wollte, erlaubte ihm seine Schüchternheit nicht, den Versuch zu wagen.

„Mein Herr ist ein ziemlich guter Mann und behandelt mich verhältnismäßig gut; und sollte ich gefangen und zurückgebracht werden, würde er mich zweifellos an einen Baumwoll- oder Zuckerpflanzer verkaufen", sagte Charley zu Catos Einladung. „Aber", fuhr er fort, „Captain Price ist ein gemeiner Mann; ich werde es Ihnen nicht übel nehmen, Cato, wenn Sie weglaufen und ihn verlassen. Übrigens bin ich heute Abend auf einer Überraschungsparty verabredet, und ich denke, wir werden eine gute Zeit haben. Ich habe ein neues Paar Pumps zum Tanzen, und Jim, der Koch, wird mir einen Kuchen backen, und ich werde ein paar Sandwiches essen, und ich gehe mit einem hübschen Mädchen."

„Also willst du heute Abend nicht mit mir weggehen?", sagte Cato zu Charley.

„Nein", war die Antwort.

„Es ist wahr", bemerkte Cato, „Ihr Kapitän ist ein besserer Mensch und behandelt Sie viel besser als Captain Price mich, aber dann könnte er anfangen zu spielen und pleitegehen, und dann muss er Sie verkaufen."

„Das weiß ich", antwortete Charley. „Keiner von uns ist sicher, solange wir Sklaven sind."

Es war sieben Uhr abends, Cato war in der Speisekammer, spülte das Abendessensgeschirr und dachte über seine Flucht nach, die bald beginnen sollte. Charley war in die Halle des Stewards gegangen, um sich auf die Überraschung vorzubereiten, und war einige Zeit weg gewesen, was Cato beunruhigte, und er beschloss, in die Kabine zu gehen und nachzusehen, ob alles in Ordnung war. Als Cato die Kabine vom Gesellschaftsraum aus betrat, hörte er, als er hinunterging und am Zimmer des Kapitäns vorbeikam, ein Gespräch, das seine Aufmerksamkeit erregte und ihn veranlasste, an der Tür des Zimmers seines Herrn stehen zu bleiben.

Obwohl das Gespräch in gedämpftem Ton stattfand, dauerte es nicht lange, bis er erfuhr, dass es sich bei den Beteiligten um seinen Herrn und seinen Mitdiener Charley handelte.

„Und er wird also heute Nacht weglaufen, nicht wahr?", sagte der Kapitän.

„Ja, Sir", antwortete Charley. „Er hat versucht, mich dazu zu bewegen, mit ihm zu gehen, und ich hielt es für meine Pflicht, es Ihnen zu sagen."

„Also gut. Ich bringe ihn nach Covington, Kentucky, stecke ihn für eine Nacht ins Gefängnis und wenn ich nach New Orleans zurückkomme, verkaufe ich den undankbaren Nigger. Wo ist er jetzt?", fragte der Captain.

„Cato ist in der Speisekammer, Sir, und wäscht das Teegeschirr", war die Antwort.

Das Verrücken der Stühle im Zimmer und das, was er zuletzt gehört hatte, überzeugten Cato davon, dass das Gespräch zwischen seinem Herrn und dem verräterischen Charley zu Ende war, und er kehrte sofort in die Speisekammer zurück, unentschlossen, was er tun sollte. Er war noch nicht lange dort, als er das wohlbekannte Quietschen der Stiefel des Kapitäns hörte, der die Treppe herunterkam. In diesem Moment kam Dick, der Kochjunge, aus der Küche und warf eine Pfanne voll kaltem Fleisch über Bord. Dieser Vorfall schien Cato die Worte zu geben, und er nutzte die Situation sofort aus.

„Was ist das, was du über Bord wirfst?"

„Das geht dich nichts an", antwortete Dick, schlug die Tür hinter sich zu und ging zurück in die Küche.

„Ihr freien Nigger werdet alles verschwenden, was es auf diesem Boot gibt",
fuhr Cato fort. „Es ist meine Pflicht, auf die Nigger aufzupassen und dafür
zu sorgen, dass sie das Eigentum des Marsers nicht zerstören. Nun, lass mich
überlegen, ich gehe gleich los und erzähle dem Marser von Charley, ich werde
seine Geheimnisse nicht länger für mich behalten." Und hier warf Cato sein
Geschirrtuch beiseite und machte sich auf den Weg zur Kabine.

Captain Price, der sich während Catos Monolog hinter einer großen Kiste
mit Waren versteckt hatte, kehrte eilig in sein Zimmer zurück, wo er bald
von seinem pflichtbewussten Diener begleitet wurde.

Als es an der Tür klopfte, sagte der Kapitän: „Herein."

Cato betrat mit niedergeschlagenem Blick und unterwürfigem Gebaren den
Raum und sagte: „Marser, ich bin gekommen, um Ihnen etwas zu sagen, das
mir sehr am Herzen liegt, etwas, das ich Ihnen vorher sagen sollte."

„Also", sagte der Meister, „was ist los, Cato?"

„Also, Marser, Sie stellen Charley ein, nicht wahr?"

"Ja."

„Also, Ser, wenn Charley wegläuft, müssen Sie für ihn bezahlen, oder?"

„Ich halte das für sehr wahrscheinlich, da ich ihn in einen freien Staat
gebracht und ihm dadurch die Möglichkeit zur Flucht gegeben habe. Warum
denkt er daran, wegzulaufen?"

„Ja, Herr", antwortete Cato, „er will heute Abend aufbrechen und drängt
mich schon den ganzen Tag, mit ihm zu gehen."

„Wollen Sie damit sagen, dass Charley versucht hat, Sie zu überreden, vor
mir wegzulaufen?", fragte der Kapitän ziemlich scharf.

„Ja, Ser, das ist genau das, was er den ganzen Tag macht. Ich habe ihn gefragt,
wohin er geht, und er sagte, er geht nach Kanada, und er hat Sie ziemlich
gemein beschimpft, und das hat mich wütend gemacht."

„Charley war gerade hier und hat mir erzählt, dass du heute Nacht weglaufen
würdest."

„Mit sichtlicher Überraschung und mit großen Augen", rief Cato aus, „na,
na, na, wenn dieser Nigger nicht den Teufel schlägt!" Und hier hob der Neger
seine Hände und sagte, nach oben schauend: „Bei Gott, Herr , ich würde Sie
für diese Welt nicht verlassen. Nun, Ser, lassen Sie mich Ihnen sagen, wie Sie
herausfinden können, wer die Wahrheit sagt. Charley hat alles vorbereitet
und kommt gleich. Er hat zwei Pasteten, etwas Kuchen, ein paar Sandwiches,
Brot und Butter und ein Paar Pumps zum Tanzen, wenn er in Kanada
ankommt. Und wenn Sie ihn in der Angst vor dem Weglaufen erwischen

wollen, warten Sie einfach draußen auf dem Dock und Sie werden ihn erwischen."

Dies wurde in einem so ernsten Ton und mit solchen Unschuldsbeteuerungen gesagt, dass Captain Price beschloss, Catos Rat zu befolgen und nach Charley Ausschau zu halten.

„Gehen Sie und schauen Sie, ob Sie Charley finden können, und kommen Sie dann zurück und sagen Sie mir Bescheid", sagte der Kapitän.

Cato ging auf Zehenspitzen in Richtung des Zimmers des Verwalters. Als er durch das Schlüsselloch blickte, sah er, wie sich der verräterische Mitdiener für die Überraschungsparty fertigmachte, zu deren Teilnahme er am Abend zuvor eingeladen hatte.

Cato kam fast atemlos zurück und sagte flüsternd: „Ich habe ihn gefunden, Ser, er ist gerade bereit zum Aufbruch. Er hat ein Bündel Proviant schon zusammengebunden, Ser; Sie werden ihn sicher erwischen, wenn er weggeht, wenn Sie auf den Kai gehen."

Der Kapitän warf seinen Kamelhaarmantel über die Schultern, ging auf den Kai, nahm hinter einem Holzstapel Stellung und wartete auf die Ankunft des Negers. Doch er blieb nicht lange in Ungewissheit.

Mit einer brennenden Zigarre, in seine beste Kleidung gekleidet und seine Esswaren in ein Handtuch eingewickelt, sah man Charley bald hastig das Boot verlassen.

Der Kapitän trat aus seinem Versteck, packte den Neger am Kragen und führte ihn zurück zum Dampfer. Dabei rief er: „Wo gehst du hin, was hast du in diesem Bündel?"

„Ich muss nur etwas Wäsche rausholen und waschen", antwortete der überraschte und verängstigte Neger.

Als sie das beleuchtete Deck erreichten, sagte der Kapitän: „Öffnen Sie das Bündel."

Charley begann, dem Befehl zu gehorchen und gleichzeitig eine Erklärung abzugeben.

„Halt den Mund, du Schurke", schrie der Kapitän lautstark.

Als der Mann das Paket langsam öffnete und der Inhalt sichtbar wurde, sagte der Kapitän: „Da sind die Kuchen, Torten, Sandwiches, Brot und Butter, die Sie, wie Cato mir erzählte, auf Ihrer Flucht zum Essen eingepackt hatten. Ja, da sind auch die Pumps, in denen Sie tanzen durften, als Sie in Kanada ankamen."

Hier versuchte der verängstigte Charley erneut, es zu erklären: „Ich wollte …“

„Halt den Mund, du Schurke. Du wolltest nach Kanada fliehen.“

„Nein, Marser Price, bei Gott, ich war nur …“

„Halt den Mund, du schwarzer Schlingel. Du hast mir gesagt, du würdest ein paar Kleider zum Waschen bringen, du verlogener Schlingel.“

Während dieser Szene befand sich Cato in der Speisekammer, deren Tür angelehnt war, und blickte mit unverhohlener Zufriedenheit auf seinen Herrn und Charley hinaus.

Der Kapitän hielt den Neger immer noch am Kragen fest und führte ihn auf die andere Seite des Bootes. Dann rief er Mr. Roberts, dem zweiten Maat, zu, er solle das kleine Boot herbeiholen, um ihn und den „Ausreißer“ über den Fluss zu bringen.

Ein paar Augenblicke später wurde der Kapitän mit Charley an seiner Seite nach Covington gerudert, wo der Neger sicher für die Nacht eingesperrt wurde.

„Noch ein bisschen“, sagte der Kapitän zum zweiten Offizier, als er zum Boot zurückkehrte, „noch ein bisschen, und ich hätte fünfzehnhundert Dollar verloren, weil der Junge weggelaufen wäre.“

„In der Tat“, antwortete der Beamte.

„Ja“, fuhr der Kommandant fort, „mein Diener Cato hat es mir gerade rechtzeitig erzählt, um den Schurken auf frischer Tat zu ertappen, als er davonrannte.“

Einer der rudernden Matrosen, der dem Kapitän aufmerksam zugehört hatte, sagte: „Ich habe heute belauscht, wie Cato versuchte, Charley zu überreden, heute Abend mit ihm irgendwohin zu gehen, und dieser meinte, er würde zu einer ‚Überraschungsparty‘ gehen.“

„Das haben Sie verdammt nochmal gemacht“, rief der Kapitän. „Beeilen Sie sich“, fuhr er fort, „denn diese Nigger sind eine ziemliche Nummer.“

Als die Jolle neben dem Dampfer anlegte, sprang Kapitän Price an Deck und machte sich sofort auf die Suche nach Cato, der nirgends zu finden war. Und sogar Charleys Bündel, das er dort liegen gelassen hatte, wo er es gerade geöffnet hatte, war verschwunden. Die ganze Suche nach dem hinterlistigen Mann war vergebens.

Am nächsten Morgen wurde Charley zum Boot zurückgebracht. Als sie den Fluss überquerten, sagte er: „Ich habe dem Chef gesagt, dass Cato weglaufen würde, aber er hat mir nicht geglaubt. Jetzt sieht er, dass Cato weg ist.“

Nachdem der Kapitän alles von Charley erfahren hatte, was er konnte, sorgte dessen Bericht über seine Gefangenschaft im Gefängnis für große Heiterkeit unter der Bootsbesatzung.

„Aber ich sage dir, da waren die größten Ratten in dem Gefängnis, die ich je in meinem Leben gesehen habe. Sie liefen da herum und machten so viel Aufhebens, dass ich Angst hatte, mich hinzusetzen oder hinzulegen. Ich musste die ganze Nacht wach bleiben."

Die *Chester* wurde bis zum Ende des Tages festgehalten. Während dieser Zeit wurden alle Anstrengungen unternommen, um Cato aufzuspüren, allerdings ohne Erfolg.

Als die schwarzen Diener auf dem Boot ihn für seinen Verrat an Cato tadelten, war Charleys einzige Entschuldigung: „Ich glaube, es war die Hölle, die mich dazu gebracht hat."

Cato zog seine wärmsten und besten Kleider an, holte sich einige Vorräte, die er tagsüber zubereitet hatte, und nahm auch Charleys Pasteten, Kuchen, Sandwiches und Pumpernickel mit. Dann verließ er das Boot und konnte entkommen, bevor sein Herr aus Covington zurückkehrte.

Es war im kalten Winter 1834, als der Flüchtling nachts unterwegs war und tagsüber im Wald übernachtete. Nach einer Woche Reise ging ihm das Essen aus, und dann kam die schlimmste Prüfung für ihn: Kälte gepaart mit Hunger.

Oft beschloss Cato, zu einem der Bauernhöfe zu gehen und um Nahrung und Obdach zu bitten, doch die Angst, gefangen und wieder zurückgebracht zu werden, hinderte ihn daran, seinen Neigungen zu folgen. Eines Nachts trieb ein heftiger Regen, der ebenso schnell gefror, wie er gefallen war, den Flüchtling in eine Scheune, wo er unter dem Heu verkroch und süß schlief, während seine Kleidung an ihm trocknete.

Die Stimmen des Bauern und seiner Leute, die das Vieh fütterten und die Arbeiten erledigten, weckten den Mann aus seinem Schlaf. Da es bereits hell war, fürchtete er, verhaftet zu werden. Doch der Tag verging, und der Flüchtling kam bei Einbruch der Nacht heraus und machte sich erneut auf seine beschwerliche Reise. Als Führer nahm er den Nordstern. Nachdem er die ganze Nacht gereist war, legte er erneut eine Pause ein, diesmal jedoch im Wald.

Drei Tage Fasten hatten Cato nun den Hunger aufgezwungen, so dass er sich erneut entschloss, Nahrung zu suchen. Er wartete bis zur Nacht, kam auf die Landstraße und näherte sich bald einem Bauernhaus im alten Stil, das aus Baumstämmen gebaut war. Der süße Duft des Abendessens erregte die Aufmerksamkeit des hungrigen Mannes, als er sich dem Haus näherte.

Ausnahmsweise war kein Hund da, der seine Ankunft ankündigte, und er hatte Gelegenheit, das Innere des Hauses durch die Öffnungen zu betrachten, die ein Blockhaus normalerweise bietet.

*Spalt auf den bereits gedeckten Tisch* starrte und den köstlichen Duft eines kochenden Topfes einatmete, hörte er die Mutter sagen: „Nimm das Huhn ab, Sally Ann, ich schätze, die Knödel sind fertig. Dein Vater wird in einer halben Stunde zu Hause sein; wenn er den Nigger fängt und mitbringt, geben wir ihm kaltes Fleisch und Kartoffeln."

Mit klopfendem Herzen lauschte Cato den letzten Sätzen, die über die Lippen der Frau kamen. Wer könnte der „Nigger" sein, dachte er.

Als der Schwarze nur die Frau und ihre Tochter im Haus vorfand, überlegte er, ob er hineingehen und einen Teil des Kesselinhalts verlangen sollte. Doch das Gerede vom „Niggerfang" klärte die Frage sofort.

Cato griff nach einem Laken, das an der Wäscheleine hing, und deckte sich damit zu. Er ließ es nur so weit offen, dass er sehen konnte, und stürzte hinein. Dabei rief er aus vollem Hals: „Herrscht zum Gericht! Herrscht zum Gericht!"

Beide Frauen sprangen von ihren Sitzen auf und verließen schreiend das Zimmer, wobei sie den Tisch umwarfen. Cato ergriff mit einer Hand den Hühnchentopf und mit der anderen einen Laib Brot, der vom Tisch gefallen war. Er verließ hastig das Haus, machte sich auf den Weg und setzte seine Reise fort.

Der Flüchtling hatte jedoch erst ein kurzes Stück zurückgelegt, als er Pferdegetrappel und Männerstimmen hörte. Aus Angst, ihnen zu begegnen, flüchtete er in den Wald, bis sie vorüber waren.

Als er sich hinter einem großen Baum am Straßenrand versteckte, hörte Cato deutlich:

„Und wie heißt Ihr Herr?"

„Peter Johnson, Ser", war die Antwort.

„Wie viel wird er Ihrer Meinung nach dafür geben, dass er Sie zurückbringt?"

„Keine Ahnung, Ser", antwortete eine Stimme, die Cato anhand der Sprache als die eines Negers erkannte.

Es war offensichtlich, dass ein entflohener Sklave gefangen worden war und gegen die Belohnung zurückgebracht werden sollte. Und es war für Cato ebenso offensichtlich, dass der Sklave vom Besitzer des Topfes mit geschmortem Huhn gefangen worden war, den er gerade in der Hand hielt, und er fühlte einen Schauer der Freude, als er auf die Straße zurückkehrte und seine Reise fortsetzte.

---

# KAPITEL XIV.

IM Jahr 1850 gab es in den Sklavenstaaten 50.000 freie Farbige, von denen die meisten in Louisiana, Maryland, Virginia, Tennessee und South Carolina lebten. In allen Staaten wurden diesen Menschen nur wenige Privilegien zugestanden, die den Sklaven nicht zugestanden wurden; und in vielen Staaten galt ihre Lage als noch schlimmer als die der Leibeigenen. Gesetze, die abscheulichsten, allgemein bekannt als „Black Code", wurden in jedem Staat erlassen und durchgesetzt. Sie sahen die Bestrafung der freien Farbigen vor – Strafen, die im Common Law für Weiße nicht erwähnt wurden; die Fesselung Minderjähriger, eine Form der Sklaverei, und die Benennung von 32 weiteren Straftaten für Schwarze als für Weiße, von denen acht die Todesstrafe für die begangenen Straftaten vorsahen.

Die öffentliche Meinung, die oft stärker ist als das Gesetz, war äußerst streng. In vielen Städten des Südens, darunter Charleston, South Carolina, war es einer farbigen Dame, die frei war und das schöne Haus besaß, in dem sie lebte, nicht gestattet, auf öffentlichen Straßen einen Schleier zu tragen.

Beim Passieren der Durchgangsstraßen waren Schwarze beiderlei Geschlechts gezwungen, den Außenbereich zu nutzen, bei Androhung von Tritten auf die Straße oder der Verurteilung zum Auspeitschen.

Noch 1858 gab es in mehreren Südstaaten Bestrebungen, sie mit einer exorbitanten Steuer zu belegen, die sie stattdessen in die lebenslange Sklaverei verkaufen sollten. Maryland machte den Anfang, indem Mr. Hover aus Frederick County der Legislative einen Gesetzentwurf vorlegte, der die Erhebung einer Steuer von zwei Dollar jährlich auf alle farbigen männlichen Einwohner des Staates zwischen 21 und 55 Jahren und von einem Dollar auf jede Frau zwischen 18 und 45 Jahren vorsah. Die Steuer sollte von den Steuereintreibern des Staates eingezogen und *der Colonization Society zur Verfügung gestellt werden* . Im Falle der Zahlungsverweigerung eines Grundbesitzers oder Haushälters sollten seine oder ihre Güter beschlagnahmt und verkauft werden; handelte es sich nicht um einen Grundbesitzer, sollte der Körper der säumigen Person beschlagnahmt und an den niedrigsten Bieter vermietet werden, der sich bereit erklärte, die Steuer zu zahlen; Und falls es nicht möglich sein sollte, die besagten Straftäter zu vermieten, sollten sie an denjenigen verkauft werden, der bereit wäre, den Steuer- und Kostenbetrag für die kürzeste Dienstzeit zu zahlen!

Tennessee folgte in derselben Tonart. Der beigefügte Protest eines ihrer edelsten Söhne, Richter Catron, erschien damals. Er sagte:

„Mein Einwand gegen das Gesetz besteht darin, *dass es eine Gräueltat begehen, Unterdrückung und Grausamkeit verüben soll* . Das ist die reine Wahrheit, und es ist müßig, um den heißen Brei herumzureden, um die Tatsache zu beschönigen. Sehen wir diesem Vorschlag mutig ins Auge. Dieser unterdrückte und hilflose Teil unserer Bevölkerung soll vertrieben oder lebenslang versklavt und seines Eigentums beraubt werden, da kein Sklave Eigentum besitzen kann. Die Mütter sollen verkauft oder von ihren Kindern, von denen viele noch Säuglinge sind, weggetrieben werden. Die Kinder sollen bis zum Alter von 21 Jahren gebunden werden und dann den Staat verlassen oder verkauft werden, was faktisch bedeutet, dass sie lebenslang zu Sklaven gemacht werden sollen. Nun hat kaum eine von zehn dieser Frauen und Kinder reines Negerblut. Manche sind halb weiß, viele haben halbweiße Mütter und weiße Väter, was eine Gesamtzahl von 87 1-2/100 weißen Blutes ergibt; viele haben eine dritte Kreuzung, in denen das Negerblut fast ausgestorben ist; das ist die traurige Wahrheit. Diese Art von Menschen, die frei geboren wurden und als freie Menschen lebten, sollen als Sklaven in unsere Familien oder in unsere Negerviertel eingeführt werden, um dort einem Aufseher unterstellt zu werden, oder sie sollen an Negerhändler verkauft und in den Süden geschickt werden, um dort von Aufsehern ausgepeitscht zu werden – *und um* in den Negervierteln Rebellion zu predigen – wie sie überall Rebellion *predigen werden*, wohin sie dieses ungerechte Gesetz treibt, sei es hier bei uns in Tennessee oder südlich von uns auf den Baumwoll- und Zuckerplantagen oder bei den Abolitionistenversammlungen in den freien Staaten. Auch werden die Frauen nicht im Geringsten erfolgreich einen Kreuzzug predigen, wenn sie im Norden um Geld betteln, um ihre in diesem Staat in Knechtschaft zurückgelassenen Kinder zu befreien.

„Man sagt uns, dass dieses ‚Free-Negro-Gesetz‘ eine politische, populäre Maßnahme ist. Wo ist es populär? *In welchem Winkel des Staates sind die Grundsätze der Menschlichkeit so beklagenswert mangelhaft, dass eine Mehrheit der gesamten Bevölkerung eine Gewalttat begehen würde, die in keinem christlichen Land begangen wird, von dem die Geschichte irgendeinen Bericht liefert?* In welchem Land auf dieser Seite Afrikas hat die Mehrheit die Minderheit versklavt, die Schwachen an die Starken verkauft und den Erlös aus dem Verkauf verwendet, um die Kinder der Stärkeren zu erziehen, wie es dieses Gesetz vorschlägt? Es ist eine offene Behauptung, dass ‚Macht Recht schafft‘. Es ist die Wiedereröffnung des afrikanischen Sklavenhandels. In diesem Handel fangen die Starken die Schwachen und verkaufen sie; und so wird es auch hier sein, wenn diese Politik umgesetzt wird.“

In einigen Staaten wurde das Gesetz erlassen und die Menschen vertrieben oder verkauft. Diejenigen, die sich ihren Ausweg leisten konnten, gingen fort; diejenigen, die die Mittel nicht aufbringen konnten, waren dazu verdammt, in Knechtschaft zu schmachten, bis sie durch die Rebellion freigelassen wurden.

Etwa zur gleichen Zeit gab es in Georgia, Florida und South Carolina große Anstrengungen, den afrikanischen Sklavenhandel wieder zu eröffnen. Auf dem Demokratischen Staatskonvent, der am 1. Mai 1860 in Charleston, South Carolina, stattfand, hielt Herr Gaulden die folgende Rede:

„ HERR PRÄSIDENT UND LIEBE DEMOKRATEN , wie ich Ihnen vor wenigen Augenblicken sagte, war ich wegen schwerer Unpässlichkeit an mein Zimmer gefesselt, aber als ich von dem Aufruhr und der großen Aufregung erfuhr, die wegen der Fragen vor diesem Gremium herrschten, hielt ich es für meine Pflicht, mich, so schwach ich auch war, zu der Versammlung meiner Delegation hinauszuschleppen, und als ich dort war, war ich überrascht, dass eine große Mehrheit dieser Delegation dafür stimmte, sofort aus diesem Gremium auszutreten. Ich bin anderer Meinung als diese Herren. Ich bedauere, dass ich mit meinen Brüdern aus dem Süden in allen großen Fragen, die unser gemeinsames Land betreffen, nicht einer Meinung bin. Ich bin ein Verfechter der Rechte der Südstaaten; ich bin ein afrikanischer Sklavenhändler. Ich glaube, ich bin einer jener Südstaatler, die glauben, dass Sklaverei moralisch, religiös, sozial und politisch richtig ist. (Beifall.) Ich glaube, dass die Institution der Sklaverei mehr für dieses Land, mehr für die Zivilisation getan hat als alle anderen Interessen zusammen. Ich glaube, wenn es in der Macht dieses Landes läge, die Institution der Sklaverei abzuschaffen, würde dies die Zivilisation um zweihundert Jahre zurückwerfen. Ich sage Ihnen, liebe Demokraten, dass der afrikanische Sklavenhändler ein wahrer Unionist ist. (Jubel und Gelächter.) Ich sage Ihnen, dass der Sklavenhandel in Virginia in jeder Hinsicht unmoralischer und unchristlicher ist als der afrikanische Sklavenhandel, der nach Afrika geht und einen heidnischen und wertlosen Menschen hierher bringt, ihn zu einem nützlichen Menschen macht, ihn christianisiert und ihn und seine Nachkommen durch den Strom der Zeit schickt, um an den Segnungen der Zivilisation teilzuhaben. (Jubel und Gelächter.) Nun, liebe Demokraten, soweit es irgendeine öffentliche Meinungsäußerung des Staates Virginia – des großen Sklavenhandelsstaates Virginia – gegeben hat, sind sie alle gegen den afrikanischen Sklavenhandel.“

DR. REED aus Indiana. – Ich komme aus Indiana und bin dafür.

MR. GAULDEN: Nun, meine Herren, aus hoher Quelle erfahren wir, dass es eine gewisse Klasse von Menschen gibt, die Mücken aussieben und Kamele verschlucken. Virginia, das den Kauf christlicher Männer erlaubt und sie von ihren Frauen und Kindern trennt, von allen Verwandten und Verbindungen, unter denen sie jahrelang gelebt haben, verdreht in heiligem Entsetzen die Augen, wenn ich nach Afrika gehen, einen Wilden kaufen und ihn mit den Segnungen der Zivilisation und des Christentums bekannt machen möchte. (Beifall und Gelächter.)

MR. RYNDERS aus New York: Sie können ein oder zwei Rekruten aus New York gewinnen, die sich Ihnen anschließen.

DER PRÄSIDENT. — Die Redezeit des Herrn ist abgelaufen. (Rufe: „Weiter! Weiter!")

Der Präsident erklärte, wenn dies der einstimmige Wunsch des Konvents sei, könne der Herr fortfahren.

MR. GAULDEN. – Nun, liebe Demokraten, der Sklavenhandel in Virginia ist ein mächtiger und gewichtiger Grund für die Opposition des Landes gegen den afrikanischen Sklavenhandel, und mit dieser Bemerkung möchte ich meine Freunde aus Virginia keineswegs beleidigen. Virginia, die Mutter der Staaten und Staatsmänner, die Mutter der Präsidenten, kann sich, wie ich fürchte, genauso irren wie andere Sterbliche. Ich fürchte, ihr Irrtum in dieser Hinsicht liegt in den Eingebungen des allmächtigen Dollars. Ich hatte das Glück, in diesen edlen alten Staat zu gehen, um ein paar Schwarze zu kaufen, und musste zwischen tausend und zweitausend Dollar pro Kopf bezahlen, während ich nach Afrika gehen und bessere Neger für fünfzig Dollar pro Stück kaufen konnte. (Großes Gelächter.) Nun, es liegt zweifellos im Interesse Virginias, den afrikanischen Sklavenhandel zu beenden, wenn es seine Neger für zweitausend Dollar verkaufen kann. Es weiß, dass der afrikanische Sklavenhandel sein Monopol zerstören würde, und daher ist es dagegen. Wenn einer von euch Demokraten aus dem Norden – denn ich habe mehr Vertrauen in euch als in die Teppichritter-Demokratie des Südens – mit mir nach Hause auf meine Plantage in Georgia geht, die ein kleines Stückchen von hier entfernt liegt, werde ich euch einige Schwarze zeigen, die ich in Maryland gekauft habe, einige, die ich in Virginia gekauft habe, einige in Delaware, einige in Florida, einige in North Carolina, und ich werde euch auch den echten Afrikaner zeigen, den edelsten Römer von allen. (Großes Gelächter.) Nun, liebe Demokraten, meine schwache Gesundheit und meine versagende Stimme gebieten mir, die wenigen Bemerkungen, die ich zu machen habe, zu beenden. (Rufe: „Weiter! Weiter!") Es tut mir nur leid, dass ich nicht in einer besseren Verfassung bin, als ich es bin, um heute vor euch die Worte der Wahrheit, der Ehrlichkeit und des Rechts zu verteidigen und euch die groben Widersprüche des Südens in dieser Hinsicht aufzuzeigen. Ich komme aus dem Ersten Kongressbezirk des Staates Georgia. Ich vertrete die afrikanischen Sklavenhandelsinteressen dieses Bezirks. (Beifall.) Ich bin stolz auf die Position, die ich in dieser Hinsicht einnehme. Ich glaube, dass der afrikanische Sklavenhändler ein wahrer Missionar und ein wahrer Christ ist. (Applaus.)

Diese Stimmung herrschte in weiten Teilen des Südens im Hinblick auf die Versklavung der Schwarzen.

# Fünfzehntes Kapitel.

DER Erfolg der Sklavenhalter bei der Kontrolle der Angelegenheiten der nationalen Regierung über viele Jahre hinweg, die große Mehrheit der Präsidenten, Sprecher des Repräsentantenhauses und Außenminister stellten und die gesamte Politik der Nation zugunsten der Sklavenhaltung gestalteten, und die anerkannte Tatsache, dass niemand ein Amt in der nationalen Regierung erlangen konnte, von dem bekannt war, dass er gegen diese *besondere* Institution war, ließ die Südstaatler sich den Menschen der freien Staaten überlegen fühlen. Dieses Gefühl äußerte sich oft in einem Ausbruch maßloser Sprache, der sich häufig auf der Kanzel, auf dem Rednerpult und im Salon zeigte. Bei all diesen Gelegenheiten schien es das Ziel der Befürworter zu sein, die Institution der Sklaverei über die Freiheit zu stellen.

„Das Prinzip der Sklaverei ist an sich richtig und *hängt nicht von Unterschieden in der Hautfarbe ab* ", sagte der Richmond (Va.) *Enquirer*.

Ein angesehener Staatsmann aus dem Süden rief aus:

„Machen Sie den Arbeiter zum Sklaven *eines* Mannes, statt zum Sklaven der Gesellschaft, und es würde ihm weit besser gehen." „Sklaverei, ob *schwarz oder weiß*, ist richtig und notwendig." „ *Die Natur hat die geistig und körperlich Schwachen zu Sklaven gemacht.* "

Ein anderer sagte:—

„ *Freie* Gesellschaft! Der Name ist uns zuwider. Ist sie nicht ein Konglomerat aus *schmierigen Mechanikern* , *schmutzigen Arbeitern* , *kleinlichen Bauern* und mondsüchtigen Theoretikern? In allen Nordstaaten und besonders in den Neuenglandstaaten gibt es *keine Gesellschaft, die für gut erzogene Gentlemen geeignet wäre* . Die vorherrschende Klasse, der man begegnet, ist die der Mechaniker, die sich bemühen, vornehm zu sein, und der Kleinbauern, die ihre eigene Schufterei verrichten, und die dennoch kaum für den Umgang mit dem Leibdiener [Sklaven] eines Gentlemans geeignet sind. Das ist Ihre freie Gesellschaft."

Die Beleidigungen, die John P. Hale und Charles Sumner im US-Senat und Joshua R. Giddings und Owen Lovejoy im Repräsentantenhaus zuteil wurden, waren von solcher Art, wie sie kein gesetzgebendes Organ der Welt zugelassen hätte, es sei denn, es würde von Sklaventreibern kontrolliert. Ich gebe Folgendes wieder, das als gutes Beispiel für die damaligen *Bulldozer dienen kann.*

Im Repräsentantenhaus sprach der Abgeordnete aus Illinois, O. Lovejoy, gegen die weitere Ausweitung der Sklaverei in den Territorien, als er von Herrn Barksdale aus Mississippi unterbrochen wurde:

„Befehlen Sie diesem schwarzherzigen Schurken und Niggerdieb, Platz zu nehmen.“

Von Mr. Boyce aus South Carolina, an Mr. Lovejoy gerichtet –

„Dann benimm dich.“

Von Herrn Gartrell aus Georgia (auf seinem Sitz) –

„Der Mann ist verrückt.“

Von Mr. Barksdale aus Mississippi, noch einmal –

„Nein, Sir. Sie stehen heute dort, ein schändlicher, meineidiger Schurke.“

Von Mr. Ashmore aus South Carolina –

„Ja, er ist ein meineidiger Schurke, und er begeht jede Stunde einen Meineid, die er auf diesem Boden sitzt.“

Von Mr. Singleton aus Mississippi –

„Und ein Negerdieb noch dazu.“

Von Mr. Barksdale aus Mississippi, noch einmal –

„Ich hoffe, mein Kollege wird mit diesem meineidigen Negerdieb keine Verhandlungen führen.“

Von Mr. Singleton aus Mississippi, noch einmal –

„Nein, Sir. Jeder Gentleman soll Zeit dafür haben, aber nicht so ein gemeiner, verachtenswerter Schurke wie dieser.“

Von Mr. Martin aus Virginia –

„Und wenn Sie zu uns kommen, werden wir mit Ihnen das Gleiche machen wie mit John Brown – Sie werden so hoch aufgehängt wie Haman. Das sage ich als Virginianer.“

Der ehrenwerte Robert Toombs aus Georgia hielt im Januar 1860 im Senat eine leidenschaftliche Rede, in der er sagte:

*„ Lassen Sie niemals zu, dass diese Bundesregierung in die verräterischen Hände der Black Republican Party übergeht.* Sie hat Ihnen und Ihren Institutionen bereits den Krieg erklärt. Sie begeht jeden Tag Kriegshandlungen gegen Sie; sie hat Sie bereits gezwungen, sich zu Ihrer Verteidigung zu bewaffnen. Hören Sie nicht auf ‚leeres Geschwätz‘, auf kein verräterisches Geschwätz über ‚offensichtliche Taten‘; sie wurden bereits begangen. Verteidigen Sie sich; der Feind steht vor Ihrer Tür; warten Sie nicht, bis er am Herd steht – begegnen Sie ihm an der Türschwelle und vertreiben Sie ihn aus dem Tempel der

Freiheit oder reißen Sie seine Säulen nieder und verwickeln Sie ihn in einen gemeinsamen Ruin.“

Solche und ähnliche Gefühle, die im Süden und sogar von Südstaatlern während ihres Aufenthalts in den Freistaaten zum Ausdruck gebracht wurden, trugen wesentlich zur Vergrößerung der Kluft bei und führten zu dem bewaffneten Konflikt, der bald darauf folgte.

# KAPITEL XVI.

DIE Nacht war dunkel, der Regen fiel in Strömen aus den schwarzen, überhängenden Wolken, und der Donner, begleitet von grellen Blitzen, hallte furchterregend wider, als ich eine Negerhütte in South Carolina betrat. Der Raum war voller Schwarzer, eine Gruppe von ihnen stand um einen groben Brettertisch herum, und daran saß ein alter Mann, der eine Uhr in der Hand hielt, auf die alle aufmerksam starrten. Ein kräftiger Negerjunge hielt eine Fackel, die die Hütte erhellte, und neben ihm stand ein Yankee-Soldat in blauer Unionsuniform und las die Freiheitsproklamation des Präsidenten.

Als es fast zwölf Uhr war, herrschte Totenstille, und der Besitzer der Uhr sagte: „Wenn ich zehn zähle, ist es Mitternacht, und das Land ist frei. Eins, zwei, drei, vier, fünf, sechs, sieben, acht, neun —" In diesem Moment ertönte ein lautes Musikstück aus dem an der Wand hängenden Banjo, und bei seinem Klang warf sich die ganze Gesellschaft, als ob sie es vorher abgesprochen hätte, auf die Knie, und der alte Mann rief: „O Gott, die Uhr ging eine Minute zu langsam, aber deine Versprechen und deine Gnade kommen immer zur rechten Zeit; du hast versprochen, dass einer deiner Engel kommen und uns das Zeichen geben würde, und ziemlich viele Zeichen kamen. Wir sind dankbar, oh, wir sind dankbar, oh Herr, schick den Engel noch einmal, um diesen süßen Klang zu geben."

An dieser Stelle war ein weiterer Banjoschlag zu hören, und auf einen scharfen Blitz folgte ein Donnerschlag, wie man ihn nur in den Tropen hört. Die Neger erhoben sich gleichzeitig und begannen zu singen. Nachdem sie nur eine Strophe beendet hatten, fielen sie alle auf die Knie, und Onkel Ben, der alte weißhaarige Mann, begann erneut ein Gebet, und zwar ein Gebet, wie es nur wenige außerhalb dieser verletzten Rasse hätten sprechen können. Der Anführer stand auf und begann zu singen:

„Oh! Brüder, mein Weg, mein Weg ist bewölkt, mein Weg, geht
und schickt
die Engel herunter.
Oh! Brüder, mein Weg, mein Weg ist bewölkt, mein Weg, geht und schickt
die Engel herunter.
Es brennt im Osten und im Westen,
schickt die Engel herunter.
Und Feuer unter den Methodisten,
oh, schickt die Engel herunter.
Der alte Satan ist verrückt, und ich bin froh,
schickt die Engel herunter.
Er vermisste die Seele, die er zu haben glaubte,
oh, schickt die Engel herunter.

Ich sage es euch jetzt, wie ich es zuvor gesagt habe,
schickt die Engel herunter.
Ich muss in das gelobte Land gehen,
oh, schickt die Engel herunter.
Dies ist das Jubeljahr,
schickt die Engel herunter.
Der Herr ist gekommen, um uns zu befreien,
oh, schickt die Engel herunter."

Noch ein kurzes Gebet von Onkel Ben, und sie erhoben sich, fielen sich um den Hals, küssten sich und begannen zu rufen: „Ehre sei Gott, wir sind frei."

Auf einen weiteren süßen Klang des Musikinstruments folgte atemloses Schweigen, und dann sagte Onkel Ben: „Die Engel des Herrn sind noch immer bei uns und sie wachen über uns, denn der alte Sandy hat es uns mehr gesagt, als er es vor einem Monat getan hätte."

Als die ersten musikalischen Töne erklangen, war ich überzeugt, dass es sich lediglich um eine Vibration der Saiten handelte, die durch den stürmischen Wind verursacht wurde, der durch die Öffnung zwischen den Holzstämmen hinter dem Banjo strömte. Aus Angst, die Schwarzen würden die Musik einer geheimnisvollen Vorsehung zuschreiben, erklärte ich ihnen offen die Ursache.

„Oh nein, Herr", sagte Onkel Ben schnell, und seine Augen leuchteten, als er sprach, „das kommt von den Engeln. Wir haben es die ganze Zeit gehört. Wir wissen, dass die Engel die Saiten des Banjos angeschlagen haben."

Die Nachricht von der Musik, die von diesem Instrument ohne die Berührung durch Menschenhand erzeugt wurde, verbreitete sich schnell in der gesamten Nachbarschaft, und innerhalb kurzer Zeit war die Hütte voll mit Besuchern, die ihre Aufmerksamkeit sofort auf das Banjo an der Wand richteten.

Bald wurden allerlei Geschichten erzählt, die beweisen sollten, dass Besuche von Engeln häufig vorkamen, insbesondere bei jenen, die das Glück hatten, „Zeugnis abzulegen".

„Der Geist des Herrn kam letzte Nacht im Schlaf zu mir und sagte mir, dass ich frei sein würde, und dass der Herr einen seiner Engel herabschicken würde, um mich zu warnen. Und als das Banjo ertönte, wusste ich, dass mein Vater sein Wort hielt", sagte Onkel Ben.

Eine ältere Frau unter den Besuchern holte tief Luft und erklärte, sie sei in der Nacht zuvor dreimal aus dem Bett gehoben worden. „Ich wusste", fuhr sie fort, „dass das Engelspferd um uns herumschwirrte."

„Mir ist heute eine Gabel runtergefallen", sagte ein anderer, „und sie blieb im Boden stecken, direkt vor meinem Gesicht, und das ist alles nur Glück für mich."

„Das Maultier hat mich heute Morgen dreimal getreten, und das hat er noch nie in seinem Leben getan", sagte ein anderer, „und ich wusste, dass mir dadurch Glück zuteil werden würde."

„Als ich letzten Samstag von der Filiale kam, lief mir zweimal ein Kaninchen über den Weg, und ich hatte das Gefühl, dass etwas Mächtiges passieren würde", bemerkte Onkel Bens Frau.

„Ich hatte ein Schild, das mir deutlich zeigte, dass Sie alle frei sein würden", sagte der Yankee-Soldat, der seit dem Lesen der Proklamation geschwiegen hatte. Alle Augen richteten sich sofort auf den weißen Mann aus dem Norden, und ein halbes Dutzend Stimmen riefen gleichzeitig: „Oh, Mr. Solger, was war das? Was war das? Was war das?"

„Nun", sagte der Mann in Blau, „ich habe etwas auf einem großen weißen Blatt gesehen –"

„War es ein Gespenst?", rief Onkel Ben, bevor der Soldat den Satz zu Ende bringen konnte. Onkel Bens Frage nach einem Gespenst ließ viele aufspringen, und viele zitterten, als sie einander und dem Soldaten ins Gesicht sahen, der die Bedeutung seiner Position zu spüren schien.

Ned, der Junge mit der Fackel, begann eine Geistergeschichte zu erzählen, wurde aber sofort von Onkel Ben unterbrochen, der sagte: „Halt die Klappe, siehst du nicht, dass der Herr uns nicht erzählt hat, was er auf dem ‚weißen Laken' sieht?"

„Nun", begann der Soldat erneut, „ich sah auf einem großen Blatt Papier eine gedruckte Proklamation von Präsident Lincoln, wie die, die ich gerade gelesen habe, und das überzeugte mich davon, dass Sie heute alle frei sein würden."

Alle waren darüber enttäuscht, denn alle hatten sich von der ersten Bemerkung über das „weiße Blatt" Papier an auf eine Geistergeschichte eingestellt. Onkel Ben lächelte, sah ein wenig weise aus und sagte: „Ich vermute, das ist ein Yankee-Trick, den Sie uns da aufgetischt haben, Mr. Solger."

Das Lachen des Mannes in Blau wurde erst dadurch verstummt, dass Onkel Ben die folgende Hymne anstimmte, in die die ganze Gesellschaft einstimmte:

„Ein Sturm braut sich im Süden zusammen,
ein Sturm braut sich jetzt zusammen.

Oh! Hör zu und halt den Mund,
und ich werde dir sagen, wie:
Und ich werde dir sagen, wie, alter Junge,
der Feuersturm losbrechen
und die schwarzen Leute vor Freude singen lassen wird,
wie sie noch nie zuvor gesungen haben.

„Also mach den Mund so dicht, dass du taub bist,
und ihr alle, Nigger, haltet die Luft fest,
und macht den Weißen die Hölle heiß!“

„Die schwarzen Leute im Norden sind auf dem Vormarsch,
und sie kommen runter
– und ich weiß, sie kommen runter,
um die weißen Leute zu bräunen!
Sie werden den alten Massa auf die Weide werfen
und die Nigger freilassen,
und wenn dieser Tag kommt,
werden wir alle dabei sein!

„Also halt die Klappe, so fest wie taub,
und ihr alle, Nigger, haltet die Luft an.
Und ich werde euch sagen, wie.

„Dann wird die ganze Woche so fröhlich sein
wie die Weihnachtszeit;
 Wir werden die ganze Nacht und den ganzen Tag tanzen
und das Banjo klingen lassen,
und das Banjo klingen lassen, denke ich,
und uns die Zeit vertreiben,
dabei gibt es genug zu essen und genug zu trinken
und nichts zu bezahlen!

„Also haltet den Mund so fest, dass ihr taub seid,
und ihr alle, Niggas, haltet die Luft an
und lasst das Banjo erklingen.“

In dieser Gruppe befand sich jedoch ein etwa vierzigjähriger Mann, der wie viele andere Sklaven schon in jungen Jahren von seinen Verwandten getrennt worden war und nun im Kielwasser der Unionsarmee folgte, in der Hoffnung, einige seiner Lieben wiederzutreffen.

Das war Mark Myers. Im Alter von zwanzig Jahren floh er aus Winchester, Virginia, und obwohl er von Bluthunden verfolgt wurde, gelang ihm die

Flucht. Die Verfolger kehrten zurück und berichteten, dass Mark getötet worden war. Diese Geschichte wurde von allen geglaubt.

Nun hatte der Krieg den Weg frei gemacht, Mark war aus Michigan als Diener für einen der Offiziere gekommen; Mark folgte der Armee nach Harpers Ferry und ging dann nach Winchester. Zwanzig Jahre hatten große Veränderungen mit sich gebracht, und obwohl er dort geboren und aufgewachsen war, fand er nur wenige, die ihm etwas über die alten Einwohner erzählen konnten.

„Gehen Sie zu einer alten Hütte am Rande der Stadt, und dort werden Sie den alten Onkel Bob Smart finden. Er kennt jeden, Mann und Junge, der seit vierzig Jahren hier lebt", sagte eine alte Frau, die er fragte. Eilig ging Mark zur „alten Hütte" und dort fand er „Onkel Bob".

„Sie sagen, Ihr Name ist Mark Myers, und der Name Ihrer Mutter ist Nancy", antwortete der alte Mann auf die Fragen von Mark.

„Ja", war die Antwort.

„Also, mein Junge", fuhr Onkel Bob fort, „die Myers Nigger wurden alle zu Beginn des Krieges an die Händler verkauft, einige von den alten konnten sie nicht verkaufen, und ich glaube, deine Mama ist eine von denen, die die Händler nicht haben wollten. Also, mein Junge, gehst du rüber zum Redman-Anwesen, und mir ist klar geworden, dass der Mann, nach dem du suchst, vorbei ist."

Mark bedankte sich bei Onkel Bob und machte sich auf den Weg zu der Farm, die ihm der alte Mann gezeigt hatte. Als er dort ankam, wurde ihm gesagt, dass „Tante Nancy über Yarnder an der Wess Road wohnte". Er ging zu der niedrigen Blockhütte, betrat sie und fand die Frau.

„Ist das Tante Nancy Myers?"

„Ja, Sar, das bin ich."

„Hatten Sie einen Sohn namens Mark?"

„Ja, das habe ich, und er war ein guter Junge, der arme Kerl." Und hier wischte sich die alte Frau mit der Ecke ihrer Schürze die Tränen ab.

„Ich bin gekommen, um Ihnen gute Neuigkeiten über ihn zu überbringen."

„Gute Neuigkeiten über wen?", fragte die Frau eifrig.

„Gute Neuigkeiten über Ihren Sohn Mark."

„Oh! Nein, Sie können mir keine guten Nachrichten über meinen Sohn bringen, es sei denn, Sie bringen sie aus dem Haus, denn ich glaube, er ist arm, denn er hat genug gelitten, als die Hunde ihn getötet haben, um nach Hause zu gehen."

Mark hatte seine Mutter bereits erkannt, und da er es nicht länger verbergen konnte, ergriff er ihre Hand und sagte:

„Mutter, kennst du mich nicht? Ich bin dein vermisster Sohn Mark."

Erstaunt über die plötzliche Nachricht zitterte die Frau wie Espenlaub, die Tränen flossen in Strömen und sie sagte:

„Mein Sohn Mark hatte eine tiefe Schnittwunde an der Unterseite seines linken Fußes, die er mit ins Grab nehmen wird. Wenn du mein Sohn bist, zeig mir die Wunde."

Fast gedankenschnell zog Mark seinen Stiefel aus, warf sich auf den Boden und hielt den Fuß hoch. Die alte Frau putzte ihre Brille, setzte sie auf und sah die tiefe Wunde. Dann wurde sie ohnmächtig und fiel neben ihrem Sohn zu Boden.

Nachbarn strömten aus den umliegenden Hütten herbei, und bald war die Hütte mit einer eifrigen Menge gefüllt, die in atemloser Stille stand, um jedes Wort zu verstehen, das gesprochen werden sollte. Als die alte Frau wieder zu sich kam und ihre Augen öffnete, sagte sie zitternd:

„Mein Sohn, du bist es."

„Ja, Mutter", antwortete der Sohn, „ich bin es. Als ich weglief, hat der alte Herr die Hunde auf meine Spur gehetzt, aber ich bin in den Bach gesprungen und ein Stück weit gewatet, und dadurch haben die Hunde die Spur verloren und ich bin ihnen entkommen."

„Nun", sagte die alte Frau, „in meinen Gebeten bat ich Gott, mir zu erlauben, Sie im Himmel zu treffen, und er versprach es mir. Aber er ist besser als sein Versprechen."

„Nun, Mutter, ich habe ein Zuhause für dich im Norden und ich bin gekommen, um dich dorthin zu bringen."

Die wenigen wertvollen Güter aus der Sklavenhütte waren bald eingepackt, und bevor die Dunkelheit das Land bedeckte, machten sich Mutter und Sohn auf den Weg nach Norden.

# KAPITEL XVII.

WÄHREND der Rebellion und bei ihrem Ende gab es eine Frage, die alle anderen zu überschatten schien: die Gleichberechtigung der Schwarzen. Während die Armeen auf dem Schlachtfeld waren, war dies das große Schreckgespenst vieler, die sich leidenschaftlich für die Sache der Regierung einsetzten und alle ihre Maßnahmen mit dieser einzigen Ausnahme billigten. Sie wünschten aufrichtig, dass die Rebellen ihres Eigentums beraubt würden. Sie wollten, dass alle Mittel eingesetzt würden, um unseren Erfolg auf dem Schlachtfeld zu sichern, einschließlich der Emanzipation. Aber sie erbleichten bei den Worten Gleichberechtigung der Schwarzen; gerade als ob die Befreiung einer Rasse und die Sicherung ihrer persönlichen, politischen, sozialen und religiösen Rechte es uns zur Pflicht machen würde, diese Menschen in unsere Häuser aufzunehmen und ihnen mehr Plätze in unserem sozialen Kreis zu geben, als wir anderen völlig Fremden zugestehen würden. Kein Befürworter der Gleichberechtigung der Schwarzen hat jemals für die Rasse verlangt, dass sie zu Haustieren gemacht werden sollten. Sie in ihren natürlichen, gesetzlichen und erworbenen Rechten zu schützen, ist alles, was sie verlangen.

Soziale Gleichheit ist ein Zustand, den die Gesellschaft schaffen muss. In jedem Südstaat gibt es farbige Familien, deren Bildung und soziale Stellung weit über der eines großen Teils der weißen Nachbarn liegt. Sie zu zwingen, mit diesen Weißen zu verkehren, wäre ein schweres Unrecht. Also, Schluss mit diesem Gerede, das auf Hass gegenüber einem verletzten Volk beruht. Geben Sie der farbigen Rasse im Süden gleichen Schutz vor dem Gesetz, und dann sagen wir ihnen:

„Um den sozialen Preis zu gewinnen, paddeln Sie jetzt
Ihr eigenes Kanu."

Aber dieser Aufschrei über die Gleichberechtigung der Schwarzen geht im Allgemeinen von einer schäbigen Aristokratie oder einer ungebildeten Klasse aus, die mehr Angst vor den Fähigkeiten und dem Fleiß der Schwarzen hat als davor, dass ihre Hautfarbe auf sie abfärbt – von Menschen, deren Anspruch auf Gleichberechtigung so schwach ist, dass sie eingezäunt und von allen möglichen Wächtern beschützt werden müssen; während der wahre Edelmann nicht fürchtet, dass sein Ruf durch irgendeine Verbindung, die er eingeht, kompromittiert wird. So ist es mit vielen dieser Menschen, die die Konkurrenz der Schwarzen fürchten. Sie sind sich ihrer eigenen Unterlegenheit gegenüber der Masse der Menschheit bewusst und erkennen die Tatsache an, dass sie nur dank zufälliger Vorteile existieren und gedeihen können. Sie blicken eifersüchtig auf neue Rivalen und Konkurrenten und wenden alle fairen und unfairen Mittel an, um sie vom Markt fernzuhalten.

Die gleiche Art von Widerstand wurde gegen die Einführung weiblicher Arbeitskräfte in den verschiedenen Industriezweigen geübt. Folglich wurden Frauen immer diskriminiert. Sie wurden auf eine kleine Anzahl von Beschäftigungen beschränkt, ihre Löhne niedrig gehalten und viele, die durchaus geeignet gewesen wären, die Aufgaben von Büroangestellten oder Buchhaltern zu erfüllen oder in irgendeinem Industriezweig ein gutes Gehalt zu verdienen, wurden durch ihre Notlage entweder in den Selbstmord oder in die Prostitution getrieben.

Aber die Nation kannte die Südstaatler, war sich des tiefen Hasses gegenüber den Weißen im Norden und des noch tieferen Hasses gegenüber ihren ehemaligen Sklaven bewusst, die dabei halfen, die Institution der Sklaverei auszulöschen. Es war die Pflicht der Nation, dieses Versprechen streng zu halten, nachdem sie den farbigen Menschen einst mit den Bürgerrechten ausgestattet und ihm in der Verfassung den vollen Schutz dieser Rechte versprochen hatte. Die Frage ist zwar mit Werten von höchstem heiligsten Charakter verbunden, ist aber nicht ohne Schwierigkeiten und Verlegenheiten. Unter der Politik der Demokraten in den letzten aufständischen Staaten war der farbige Bürger einer Terrorherrschaft unterworfen, die ihn vom Genuss seiner Rechte abhielt und ihn, sofern er ihren Befehlen nicht gehorcht, in der Politik ebenso unbedeutend macht wie damals, als er noch Sklave war. Unter diesen heutigen Umständen hätte er zwar, wenn seine Rechte angemessen geschützt wären, die politische Vorherrschaft in Mississippi, Georgia, South Carolina, Louisiana, Alabama und Florida, aber er hat weder in der Landes- noch in der Nationalregierung wenig oder gar keine Stimme.

Durch Angst, Einschüchterung, Mord und alle Schrecken, die die Barbarei erfinden kann, ist heute jedes Recht der Neger in den Südstaaten beendet. Die völlige Unterwerfung unter die Weißen ist für die Farbigen die einzige Möglichkeit, in Frieden zu leben.

KU-KLUX-EMBLEME.

Vor einiger Zeit wurde viel über einen „Rassenkrieg" gesprochen, aber der Krieg wurde ganz auf der Seite der Weißen geführt. Der Freigelassene ist der rohen Gewalt erlegen, und daher ist der Rassenkrieg ausgesetzt ; aber lassen Sie ihn versuchen, seine Bürgerrechte geltend zu machen, wie es der weiße Mann im Norden tut, gemäß den Geboten seines eigenen Gewissens und Pflichtgefühls, und die blutigen Hände des Ku-Klux-Klans und der White Leaguer werden wieder in all ihrer Schrecklichkeit erscheinen – der „vergangene Traum" würde wieder zur traurigen Realität werden.

# KAPITEL XVIII.

UNMITTELBAR nach dem Ende der Rebellion verließen die Freigelassenen im ganzen Süden ihre Häuser auf dem Land und ließen sich in den Städten nieder, da sie zweifellos die Gewissheit haben wollten, tatsächlich frei und ihre eigenen Herren zu sein und gehen zu können, wohin sie wollten. Dies warf sie natürlich aus dem Geschäft, und man sah viele von ihnen müßig auf den Stufen des Gerichtsgebäudes, des Rathauses oder anderer Gebäude des Landkreises herumlungern oder lustlos durch die Straßen wandern. Dass sie dazu in der Lage waren, schien ihnen ein eindeutiger Beweis dafür zu sein, dass sie wirklich frei waren. Es dauerte jedoch nicht lange, bis sie erkannten, dass sie ohne Arbeit nicht leben konnten und dass die einzige Arbeit, die sie verstanden, die auf dem Land auf den Plantagen war. Folglich kehrten sie auf die Bauernhöfe und in vielen Fällen zu ihren früheren Herren zurück. Doch die alte Vorliebe für den Besuch der Städte und Dörfer blieb bestehen, und sie gewöhnten sich daran, ihre Arbeit am Samstag zu verlassen und an den Ort zu gehen, der ihnen am nächsten lag. Dies führte dazu, dass der Samstag in den meisten Südstaaten „Niggertag" genannt wurde.

Bei diesen Gelegenheiten verkaufen sie ihre Baumwolle oder andere Produkte und betreiben Handel, wobei sie im Allgemeinen zwei Krüge dabei haben, einen für die Melasse, den anderen für den Whisky, da sie für den Besuch unverzichtbar sind. Die Ladenbesitzer machen sich am Samstagmorgen bereit und stellen ihre leuchtendsten und farbenfrohesten Waren in die Fenster oder auf die Vorderseite ihrer Ladentheken. Judenläden stellen ihre Straßenhändler vor die Türen, und die Kneipen, Billardsalons und anderen Vergnügungsstätten, die für ihre besondere Unterbringung entweder von Männern ihrer eigenen Rasse oder von Weißen betrieben werden, werden alle für einen zusätzlichen Anlauf vorbereitet.

Als ich den Staat Alabama eine Zeitlang besuchte, hatte ich gute Gelegenheit, die farbigen Menschen in diesem Viertel unter verschiedenen Umständen zu sehen. Es war im Herbst und ich war in Huntsville. Die wichtigsten Geschäftshäuser der Stadt liegen auf einem Platz, der das Gerichtsgebäude umgibt, und in den frühen Morgenstunden ist dieser Platz voller farbiger Menschen aller Klassen und Hautfarben. Samstags sind oft volle zweitausend von ihnen gleichzeitig auf den Straßen. Mittags war der Andrang am größten, und bis dahin trafen ständig neue Wagenladungen von Männern, Frauen und Kindern ein. Sie kamen nicht nur in Wagen, sondern auch auf Pferden, Maultieren und zu Fuß. Ihre Kleidung und ihr allgemeines Erscheinungsbild waren sehr unterschiedlich. Einige trugen ein merkwürdig aussehendes Gewand aus Stücken alter Armeedecken, einige trugen verblichene Militärmäntel, die reichlich mit Flicken aus anderem Material versehen waren. Die Frauen waren, anders als ihre Ehemänner und andere männliche

Verwandte, in jede erdenkliche Art und Weise fein gekleidet. Alle waren mit bunten Bändern geschmückt. Sie trugen jede Menge Pinchbeck-Schmuck. Einige der jungen Mädchen zeigten ein wenig Geschmack bei der Gestaltung ihrer Kleidung; und einige von ihnen trugen teure Kleidung. Dies waren jedoch „Stadtnigger" und fanden bei den Landmädchen nur wenig Anklang . Als die Bauern ankamen, spannten sie ihre heruntergekommenen Wagen und knochigen Maultiere in der Nähe des Gerichtsgebäudes an und machten sich dann daran, die Baumwolle und andere Produkte zu verkaufen, die sie in die Stadt gebracht hatten.

Während die Männer ihre Sachen verkaufen, ziehen die Frauen von Geschäft zu Geschäft und schauen sich die vielen bunten Kleidungsstücke an, die schlaue Ladenbesitzer ausgebreitet haben, um ihre Fantasie anzuregen. Sobald die Ernte eingebracht ist und ein schwarzer Farmer Geld in der Tasche hat, besteht seine erste Handlung darin, den Händler zu bezahlen, von dem er seine Vorräte im Laufe des Jahres bezogen hat. Sie sind manchmal leichtsinnig und unwissend, aber man muss ihnen zugutehalten, dass sie als Klasse ihre Schulden immer bezahlen, sobald sie dazu in der Lage sind. Das Land wäre nicht so mittellos, wenn eine größere Zahl weißer Männer ihrem Beispiel in dieser Hinsicht folgen würde. Wenn sie alle ihre Rechnungen beglichen und zukünftige Rechnungen arrangiert haben, suchen sie ihre Frauen auf, die normalerweise auf der Suche nach ihnen sind. Dann gehen sie in ein Speiselokal, bestellen ein teures Essen und beenden es immer mit Pasteten, Puddings oder Konfitüren und oft mit allen dreien. Wenn sie ihren Appetit gestillt haben, gehen sie zuerst in die Kurzwarenläden. Hier wie in anderen Geschäften werden sie von unterwürfigen weißen Männern empfangen, die sie sofort in ein Hinter- oder Nebenzimmer führen, in dem die meisten Vorräte lagern. Zunächst konnte ich das Geheimnis dieser Zeremonie nicht ergründen. Nach eingehender Untersuchung fand ich jedoch heraus, dass seit dem Krieg gewissenlose Ladenbesitzer, darunter auch Nordstaatler, den Brauch eingeführt haben, den Landnegern, die zum Einkaufen kommen, so viel Whisky zu geben, wie sie trinken möchten. Dies geschieht in den von mir erwähnten Hinterzimmern, und wenn die unglücklichen schwarzen Männer und Frauen durch das widerliche Zeug, das ihnen serviert wird, die Hälfte ihres Verstandes verlieren, werden sie dazu verleitet, alle möglichen nutzlosen und teuren Waren zu kaufen.

In ihren nüchternsten Momenten haben durchschnittliche farbige Frauen eine Leidenschaft für bunte Kleider, die fast an Wahnsinn grenzt, und bei solchen Gelegenheiten, wie ich sie erwähnt habe, hören sie nie auf zu kaufen, bis ihr Geld aufgebraucht ist. Ihre Ehemänner haben wenig oder gar keine Kontrolle über sie und müssen, ob sie wollen oder nicht, zusehen, wie der Großteil ihres hart verdienten Geldes für eine unbrauchbare Jacke, eine dünne Haube oder einen bunten Schal verschwendet wird. Ich sah eine schwarze Frau über dreißig Dollar für Hutmacherwaren ausgeben. Als sie ihr Bündel von dem unterwürfigen Verkäufer entgegennahm, sagte sie lachend:

„Ich schwöre beim Herrn, dass ich meinen alten Herrn ganz sicher übers Ohr gehauen habe."

„Macht nichts", sagte der Angestellte, „er kann für mehr arbeiten."

„Sicher", antwortete die Frau und stolzierte aus dem Laden.

Die Männer sind in ihrer Extravaganz kaum größer als die Frauen. Ich sah auf dem Platz einen Mann, der um ein Maultier gefeilscht hatte, das er dringend brauchte und das er kaufen wollte, sobald er seine Baumwolle verkauft hatte. Er willigte ein, 57 Dollar für das Tier zu zahlen, und suchte in seiner Tasche nach dem Geld, konnte aber nur 16 Dollar finden. Als er sich vergewisserte, dass er nichts mehr hatte, sagte er:

„Na, na, das ist nicht der sündhafteste Nigger, den ich je gesehen habe. Ich habe heute zwei Ballen Baumwolle verkauft und 122 Dollar bekommen, und jetzt habe ich nur noch das." Dabei lachte er laut und sagte:

„Altes Maultier, ich will dich unbedingt, aber dieses Mal muss ich dich sausen lassen."

Während die Großhändler ihre Waren verkauften und ihre Wagen leerten, verkauften die Obst- und Gemüsehändler in verschiedenen Teilen der Stadt ihr Obst und Gemüse. Ein Mann mit einem großen Korb auf dem Kopf kam durch eine der Hauptstraßen und rief:

„Hallo, Schatz, im Keller habe ich frische Eier, ganz vom Huhn, lege sie heute Morgen ins Kasino; hier sind sie, große Hühnereier, billig. Jetzt ist deine Zeit. Die Eier sind frisch und gut, und man kann sie mit viel Aufwand zubereiten. Jetzt ist deine Zeit für Eier mit frischen Eiern darin; heute Morgen sind sie alle zubereitet." Hier stellte er seinen Korb ab, als wolle er seinen Kopf ausruhen. Als er einen farbigen Diener an einem der Fenster sah, rief er:

„Hier, Schwester, hier sind die frischen Eier; hier sind sie, große Eier einer großen Henne, so gut sie konnte, um sie zu legen. Jetzt ist deine Zeit; sei nicht dumm und verpasse diese Chance."

Genau in diesem Moment kam ein Mann mit einem Wagen voller Sachen vorbei und seine Stimme übertönte die des Mannes mit den Worten „de fresh aggs" völlig.

„Hier", rief er, „hier sind eure schönen Winterkürbisse, Kartoffeln – irische Kartoffeln, süße Kartoffeln, Carliner Kartoffeln. Big House, herrje, Big House, schau aus dem Fenster; hier sind eure schönen Kohlköpfe,

Kartoffeln, süße Kartoffeln, Kürbisse. Jetzt ist die Zeit, sie billig zu bekommen. Morgen ist Weihnachten, und ihr werdet sie brauchen, Land."

Der Mann mit dem Korb voller Eier auf dem Kopf, der durch die überwältigende Stimme des „Kartoffel"-Mannes zum Schweigen gebracht worden war, rief dem anderen zu: „Jetzt solltest du wohl besser in eine andere Straße gehen. Ich habe den ganzen Tag Eier geschleppt und stehe niemandem im Weg."

„Ich möchte wissen, ist das Ihre Straße?", fragte der „Kartoffel"-Mann.

„Nein, aber ich danke dem Herrn, ich habe ein paar Manieren. Aber dann konnte ich nicht mehr von dir sehen, denn ich kannte dich schon vor dem Krieg. Du warst einer dieser billigen Nigger, du Trottel, hast bis nach dem Krieg kein Stück Weißbrot gegessen und wusstest nicht, dass es Brot war."

„Also, wenn Sie so viel Aufhebens um die Straße machen, dann haue ich ab; es ist einfach nur eine ausrangierte Straße", sagte der „Kartoffelmann" und fuhr davon, während er „Kartoffeln, süße Kartoffeln, irische Kartoffeln und Kürbisse" rief.

Als ich in eine Straße kam, in der die farbige Bevölkerung stark vertreten war, traf ich einen anderen Haupthändler. Dieser Mann hatte eine Wanne auf dem Kopf und sang mit musikalischer Stimme :

„Hier sind eure Kutteln, frisch und süß.
Wer passt in die Union?
 Die Kutteln eines jungen Schweins sind kaum zu übertreffen.
Wer wird die Union würzen?
Methodistische Kutteln, die gerade gegart wurden.
Wer wird die Union würzen?
Ganz frische Kutteln, die nicht verschüttet wurden.
Wer wird die Union würzen?
Baptistische Kutteln pfundweise.
Wer wird die Union würzen?
So schöne Kutteln wie noch nie gefunden wurden.
Wer wird die Union würzen?

„Hier sind deine Kutteln, vom guten fetten Schwein; so süße Kutteln, wie du sie noch nie gesehen hast. Diese Kutteln werden dir den Mund wässrig machen, wenn du sie ansiehst. Komm und sieh sie dir an."

In diesem Moment nahm der Mann die Wanne von seinem Kopf und stellte sie ab, um einer Frau zu antworten, die sein Recht in Frage gestellt hatte, sie „Baptistenkutteln" zu nennen.

„Du willst damit sagen, dass das Baptisten-Küken sind?"

„Ja, Mama, ich meine, das sind echte Baptistenkueche und sonst nichts.“

„Stammen sie von einem Baptistenschwein?“, fragte die Frau.

„Ja, Mama, die Kutteln kommen von einem Baptistenschwein.“

„Wie kommst du darauf?“

„Nun, sehen Sie, das Schwein wurde von Mr. Roberson aufgezogen, einem hartgesottenen Baptisten. Der Mais, mit dem das Schwein gemästet wurde, wurde ebenfalls von Baptisten aufgezogen. Geemes Boone hat es geschlachtet und zerlegt, und Sie wissen alle, dass er der größte Baptist ist, der je gelebt hat.“

„Also“, sagte die Frau, als wäre sie vollkommen zufrieden, „geben Sie mir zwei Pfund.“

Als der Mann mit seinen Erklärungen fertig war und ihr Los abgewogen hatte, war er vollständig von Frauen und Männern umringt, von denen fast alle ihre Schüsseln dabei hatten, um sich den erlesenen Bissen zu holen.

„Jetzt“, sagte ein ziemlich kräftig aussehender Mann. „Jetzt möchte ich ein paar der Meth-Dinge, von denen Sie reden.“

„Hier ist es, Ser.“

„Was“, fragte der Käufer, „Sie nehmen sie alle aus derselben Wanne?“

„Ja“, antwortete der Verkäufer schnell.

„Kann man sie erkennen, wenn man sie ansieht?“, erkundigte sich der dickliche Mann.

„Jawohl, Ser.“

„Wie sagst du es ihnen?“

„Nun, Ser, die Baptistenkucken waren mehr im Wasser, wissen Sie, und sie sind ein bisschen weißer.“

„Aber woher weiß ich, dass das Meth-Diss ist?“

„Nun, Herr, das Schwein wurde von Onkel Jake Bemis aufgezogen, einem der lautesten Methodisten in Zion. Nun, sehen Sie, Herr, der Schweinestall war ganz in der Nähe des Hauses, und das Schwein war so kenntnisreich, dass Onkel Jake, wenn er zum Beten ging, aufhörte, wenn das Schwein quiekte. Nun, Herr, man konnte dem Schwein kaum ein Grunzen entlocken, bis Onkel Jake sein Gebet gesprochen hatte. Nun, Herr, wenn das ihn nicht zu einem Methodistenschwein macht, was dann?“

„Wiegen Sie mir vier Pfund ab, Ser.“

„Hier sind Ihre frischen Kutteln, Baptistenkutteln, Methodistenkutteln, alle gut und süß."

Und nach einer Stunde kam der Hausierer mit seinem leeren Bottich auf dem Kopf aus der Straße und sang:

„Methodistisches Gebäck, baptistisches Gebäck,
wer wird sich der Union anschließen?"

Als ich hörte, dass die farbigen Baumwollbauern an diesem Abend ein Treffen ein paar Meilen von der Stadt entfernt abhalten sollten und dazu eingeladen wurden, ergriff ich die Gelegenheit. Etwa dreißig Personen waren versammelt, und als ich den Raum betrat, hörte ich sie skandieren:

Singt euer Lob! Segne de Lam!
Verdiene jede Menge Geld!
Cotton wächst – das ist es wirklich!
Leute, ist das nicht komisch?

REFRAIN: Steh auf, werde strahlend, gib Gott die Ehre.
[ Ehre *wiederholen* .]

Meinen Sie nicht, es wird bald regnen?
Vielleicht hat es ein bisschen geregnet,
vielleicht ist es ein Hurrikan, der
in die Kiste bläst! – *Refrain.*

Das Würfelspiel ist im ägyptischen Land gescheitert –
das steht in den Zeitungen;
vielleicht ein kleiner Taschenspielertrick
der Spekulanten. – *Refrain.*

Vertraue nicht auf ernste Ansichten;
rauche weiter deinen Joint,
lass die Sau in deinen eigenen Schuhen rumheulen –
lass den Schurken weiter ersticken! – *Refrain.*


Hol mir den Kartoffelsaft! Hör auf mit
dem frechen Grinsen!
Mach den Stöpsel ganz locker –
Pass auf! – Refrain.

Viel Glück für Ägypten!
Hoffentlich ist es nicht vorbei!
Ich hasse es, meinen Kumpel
über dem Bett sitzen zu sehen! – Refrain.

Die Kirche füllte sich, die Versammlung verlief gut und es wurden Maßnahmen zum Schutz der Baumwollbauern ergriffen, was zeigt, dass diese gerade erst frei gewordenen und ungebildeten Menschen ihre eigenen Interessen im Auge hatten.

Bei einem kurzen Besuch in Tennessee machte ich Halt in Columbia, der Hauptstadt von Maury County. In Redgerford Creek, fünf Meilen von Columbia entfernt, lebt Joe Budge, ein Mann mit hundert Kindern. Da ich noch nie jemanden mit einer solchen Familie getroffen hatte, beschloss ich, den Herrn aufzusuchen und meine eigene Neugier zu befriedigen.

Dieser angesehene Mensch ist einundsiebzig Jahre alt, von großer Statur, von reinem Blut und verbrachte sein Leben bis Kriegsende als Sklave.

„Wie viele Kinder haben Sie, Mr. Budge?", fragte ich.

„Einhundert, Ser", war die schnelle Antwort.

„Leben sie alle?"

„Nein, Ser."

„Wie viele Frauen hatten Sie?"

„Dreizehn, Ser."

„Hatten Sie irgendwann mehr als eine lebende Frau?"

„O ja, Ser, fast alle von ihnen lebten noch, als der Krieg ausbrach."

„Wie war das, war es Ihnen gesetzlich erlaubt, mehr als eine Frau gleichzeitig zu haben?"

„Nun, sehen Sie, Chef, ich unterstand nicht dem Gesetz, ich unterstand dem Herrn."

„Wurden alle Ihre Frauen von einem Pfarrer getraut?"

„Nein, Ser, nur fünf vom Prediger."

„Wie hast du die anderen geheiratet?"

„Über dem Besen und unter der Decke."

„Wie wurde das durchgeführt?"

„Also, seht ihr, Ser, sie versammeln sich alle in den Quartieren, und ein Mann ergreift ein Ende des Besens, und ein Mann nimmt ein Loch in das andere Ende, und sie verschließen den Besen, und der Mann und der Mann, der heiraten will, springen herüber, und dann schlüpfen sie unter eine Decke, sie machen das Licht aus, und alle gehen aus und lassen sie verschwinden.“

„Wie nah waren Ihre Frauen beieinander?“

„Marser hatte Plantagen und lebte davon, die wurden nicht verkauft.“

„Hat Ihr Herr einige Ihrer Frauen verkauft?“

„O ja, Sir, als sie zu alt wurden, um Kinder zu bekommen. Wissen Sie, Männer züchteten Sklaven für den Markt, und mein Viehbestand war sehr gut, weil ich sehr stark war und eine Menge Arbeit verrichten konnte.“

„Wurden Ihre Kinder verkauft?“

„Ja, Herr, ich habe gesehen, wie drei von ihnen eines Tages für jeweils zweitausend Dollar verkauft wurden. Sie sehen, es sind erwachsene Männer.“

„Haben Sie Ihre Frauen ausgewählt?“

„Ich weiß nicht, was du mit diesem Wort meinst.“

„Haben Sie sich die Frauen ausgesucht, die Sie wollten?“

„O! Nein, Herr, dazu hatte ich nichts zu sagen. Marser holt sie sich und sucht sich starke, herzhafte junge Frauen aus. Das ist der Grund, warum die Plantagenbesitzer meine Kinder haben wollten, weil sie so gesund waren.“

„Hatten Sie nie das Gefühl, dass es falsch wäre, so leichtfertig zu heiraten?“

„Nein, Ser, weil ich den Zeugen ja bei mir hatte.“

"Was meinst du damit?"

„Nun, Herr, ich hatte eine Religion, und die gab mir das Gefühl, dass alles richtig war.“

„Wer war der Zeuge, von dem Sie gesprochen haben?“

„Der Sinneswandel, Herr, ist das Zeugnis, das ich in meiner Brust trage; und wenn ein Mann das hat, fürchtet er nichts, nicht einmal den Tod selbst.“

„Dann wissen Sie, dass Sie den Zeugen haben?“

„Ja, Ser, ich trage es hier.“ Und an diesem Punkt legte Mr. Budge seine Hand auf sein Herz und blickte zum Himmel auf.

„Ich nehme an, Ihr Herr hat kein religiöses Bekenntnis abgelegt?“

„O ja, Herr, darauf können Sie wetten, dass er religiös war. Er war der führende Mann in der Kirche, und man sagte ihm nach, er sei sehr mächtig im Gebet.“

„Lebt eine Ihrer Frauen jetzt in Ihrer Nähe, außer der, mit der Sie zusammenleben?“

„Ja, Ser, es gibt fünf in diesem County, aber sie sind jetzt alle mit eiternden Männern verheiratet.“

„Haben Sie viele Enkelkinder?“

„Ja, Ser, wenn meine Löhne alle zusammen sind, sind es ungefähr vierhundert, so weit ich komme.“

„Kennen Sie andere Männer, die so viele Kinder haben wie Sie?“

„Nein, Ser, in diesem Teil des Staates nennt man mich den Boss Daddy.“

Nachdem ich meine Neugier befriedigt hatte, wünschte ich Mr. Budge „Guten Tag“.

# Neunzehntes Kapitel.

VERBRACHTE , begann ich, den Charakter der Menschen und ihrer Institutionen zu studieren. Ich erfuhr bald, dass bei den Weißen ein intensiver Hass gegen die farbige Bevölkerung herrschte. Wenn man auf die Vergangenheit blickt, war dies leicht zu erklären. Die älteren Weißen, im Luxus aufgewachsen, dazu erzogen, sich der ihnen unterstellten Rasse überlegen zu fühlen, eigensinnig, arrogant, entschlossen, geschickt im Gebrauch von Seitenwaffen, wohlhabend – sie besaßen die gesamte politische Kontrolle des Staates – und fühlten sich auch den Bürgern der freien Staaten überlegen. Diese Menschen waren aufgefordert, sich einer unwissenden, abergläubigen und verarmten Rasse zu unterwerfen – einer Rasse ohne Heimat oder die Mittel, eine zu erlangen. Als diese Weißen die Staatsämter mit Männern aus dieser unterwürfigen Gruppe besetzt sahen, fühlten sie sich in den Augen der Welt zutiefst erniedrigt. Ihre Macht war dahin, aber ihr Stolz war noch immer vorhanden. Sie unterwarfen sich schweigend, aber „warteten ab" und sagten: „Macht nichts; wir werden euch die Hölle noch heiß machen."

Die Schwarzen waren sich ihrer Bedeutung bewusst, erkannten ihre eigene Macht in der nationalen Politik und wurden von unterwürfigen und kriechenden Weißen aus dem Norden interviewt – Männern, von denen viele den Negern moralisch weit unterlegen waren. Falsche, zweitklassige Weiße aus dem Süden, die allerdings nur wenige waren, hingen wie Blutegel an den Schwarzen. Unter ihnen befand sich ein beachtlicher Anteil freier Männer – frei vor der Rebellion; diese waren vergleichsweise gut ausgebildet; von ihnen und der besseren Klasse der Freigelassenen erwartete das Land eine solide Arbeit. In den verschiedenen Parlamenten der Bundesstaaten musste die große Schlacht geschlagen werden, und auf sie konzentrierte sich das Interesse des Südens. Alle Parlamente bestanden hauptsächlich aus farbigen Männern. Die wenigen Weißen, die dort waren, waren den Schwarzen nicht nur keine Hilfe, sondern es wäre für den Charakter der letzteren und für das Land insgesamt besser gewesen, wenn die meisten von ihnen in einem Staatsgefängnis gesessen hätten.

Farbige Männer betraten die gesetzgebenden Versammlungen etwa so, wie Kinder zum ersten Mal in eine Sonntagsschule gehen. Sie saßen da und warteten, um „die Show" zu sehen. Viele waren von Wahlkreisen gewählt worden, von denen nicht mehr als zehn von hundert die Stimmzettel lesen konnten, die sie abgegeben hatten; und eine große Zahl dieser Abgeordneten konnte ihren eigenen Namen nicht schreiben.

Das war nicht ihre Schuld. Ihr Mangel an Bildung war dem System der Sklaverei zuzuschreiben, durch das sie gegangen waren, und das Fehlen der gebildeten, intelligenten Weißen des Südens war nicht die Schuld der Farbigen. Dies war eine schwierige Situation für die kürzlich wahlberechtigten Schwarzen, aber sie erhoben sich edelmütig über die Umstände. Die Reden einiger dieser Männer zeugten von einer Tiefe des Denkens, Beredsamkeit und zivilisierter Staatskunst, die ihre früheren Herren weit in den Hintergrund drängten. Doch neben all dem Guten, das getan wurde, wurden Gesetze eingebracht und verabschiedet, die unwürdigen Objekten staatliche Hilfe gewährten, alte, abgenutzte Unternehmen wiederbelebt, Gesetze für ungeheuerliche neue Betrügereien von Weißen entworfen und von Schwarzen vorgelegt; Stimmen beider Farben wurden gekauft, Gesetze verabschiedet, Geld bewilligt und diese unwissenden Männer als „Staatsmänner" beglückwünscht.

Während diese „Komödie der Irrungen" im Süden aufgeführt und im Norden mit lautem Beifall bedacht wurde, wären genau diese Nordstaatler, die sich die Kehle wund geschrien hatten, bei der Vorstellung, dass ein Schwarzer zum Mitglied ihrer eigenen gesetzgebenden Körperschaft gewählt wurde, in Ohnmacht gefallen.

Nach und nach kam die Reaktion. Die entrechteten Weißen des Südens fügten sich, beschwerten sich aber. Die Männer und Frauen des Nordens, die letzteren immer die einflussreichsten, sympathisierten mit dem Hund darunter. Als sich das Blatt wendete, kehrten die weißen Abenteurer mit Haufen von Greenbacks aus dem Süden zurück und sagten, sie hätten mit Baumwolle spekuliert; aber ihre Nachbarn wussten, dass sie gestohlen worden war, denn sie waren Mitglieder der gesetzgebenden Körperschaften des Südens gewesen.

Während die Glücksritter aus dem Norden mit ihrem unrechtmäßig erworbenen Reichtum in ihre Zwinger huschten, fuhren die farbigen Politiker aus dem Süden auf schnellen Pferden herum und ließen ihre Frauen in eleganten Kutschen fahren. Und Männer, die noch vor fünf Jahren unter der Peitsche auf den Baumwollfeldern gearbeitet hatten, konnten nun Schecks über Tausende einlösen.

Diese Extravaganz der Schwarzen, gefolgt von den hohen Steuern, erinnerte die alten Südstaatler an ihre Niederlage im Unabhängigkeitskrieg und weckte Rachegedanken. Die Sympathie des Nordens gegenüber dem Süden ermutigte sie, was zur Entstehung der Ku-Klux-Organisationen und der Terrorherrschaft führte, unter der der Süden seither zu leiden hat.

Die Wiedererlangung der Macht durch die Rebellen und die Auslieferung der Farbigen an sie, nachdem diese im Krieg und an den Wahlurnen ausgenutzt und so eine Feindschaft zwischen den Rassen geschaffen worden war, stellt die schamloseste Undankbarkeit dar, die die Geschichte kennt.

Schließlich sind die zehn Jahre der Gesetzgebung für die Schwarzen im Süden eine Herausforderung für die gründlichste Untersuchung der Menschheit. Die Geschichte verzeichnet keinen vergleichbaren Fall. Fünf Millionen ungebildete, erniedrigte Menschen wurden ohne jegliche Vorbereitung an einem einzigen Tag freigelassen, ohne einen Tropfen Blut zu vergießen, eine Scheune niederzubrennen oder eine einzige Frau zu beleidigen. Sie stellten die von ihren Herren zerstörten Landesregierungen wieder her, wurden Gesetzgeber, bekleideten Staatsämter und übertrafen trotz all ihrer Fehler die Weißen, die ihnen vorausgegangen waren. Zukünftige Generationen werden über die ruhige Nachsicht, den gesunden Menschenverstand und den christlichen Eifer der amerikanischen Schwarzen des 19. Jahrhunderts staunen.

Es wurde nichts unversucht gelassen, um ihre Energie zu lähmen, ihren Geist zu verdunkeln, ihr moralisches Empfinden zu erniedrigen und alle Spuren ihrer Beziehung zum Rest der Menschheit auszulöschen. Und doch haben sie die gewaltige Last der Unterdrückung, unter der sie seit Tausenden von Jahren stöhnen, wunderbar ertragen.

Nachdem ich mir die Vergangenheit beider Rassen angesehen hatte, konnte ich leicht den Grund für die große Abneigung der Weißen gegenüber den Schwarzen hier in Tennessee erkennen. Dieses Gefühl wurde am deutlichsten durch einen Vorfall veranschaulicht, der sich eines Tages ereignete, als ich vor dem Knoxville House in Knoxville stand. Ein gutaussehender, gut gekleideter farbiger Mann näherte sich einem weißen Mann in geschäftsmäßigem Ton und begann mit ihm zu sprechen, doch bevor er die Frage beendet hatte, hob der Weiße seinen Spazierstock und schlug dem schwarzen Mann mit großer Kraft den Hut vom Kopf und sagte fluchend: „Wissen Sie nicht, dass Sie mit einem weißen Mann nicht sprechen sollten, wenn Sie Ihren Hut aufhaben? Wo sind Ihre Manieren?" Der Neger nahm seinen Hut, hielt ihn in der Hand und nahm das Gespräch wieder auf.

Ich erkundigte mich bei dem farbigen Herrn, mit dem ich sprach, wer die Parteien seien; er antwortete: „Der weiße Mann ist ein Immobilienhändler und der farbige Mann ist der ehrenwerte Herr ——, ehemaliges Mitglied der Generalversammlung."

Dieses Rassengefühl kommt noch stärker zum Ausdruck im hinterhältigen Angriff von John Warren aus Huntingdon. Die Frau dieses Raufbolds wurde auf einer der Straßen der Stadt versehentlich von Miss Florence Hayes angefahren, die sich ausführlich entschuldigte und die jede wohlerzogene Dame akzeptiert hätte. Mrs. Warren wollte sich jedoch mit nichts Geringerem als der Bestrafung der jungen Dame zufrieden geben. Daher begab sich der gewalttätige, grobe, rohe, ungehobelte Ex-Sklavenhalter zu Miss Hayes' Wohnung, verschaffte sich Zutritt, packte die junge Dame ohne ein Wort der Zeremonie an den Haaren und begann, sie mit der Faust zu schlagen und mit seinen schweren Stiefeln zu treten.

Erst als sein Opfer bewusstlos und ausgestreckt zu seinen Füßen lag, hörte dieser Unmensch mit seinen Schlägen auf. Miss Hayes unterrichtete in Huntingdon, als dieser Frevel begangen wurde, und der barbarische Angriff war so schlimm, dass sie gezwungen war, in ihr Haus in Nashville zurückzukehren, wo sie mehrere Wochen lang in ihrem Zimmer gefangen war. Doch weder das Gesetz noch die öffentliche Meinung konnten dieses Monster erreichen.

Wenige Tage nach dem Angriff erschien im Huntingdon *Vindicator folgender Absatz*:

„Die Ereignisse der letzten zwei Wochen in der Stadt Huntingdon sollten den farbigen Bürgern eindeutig beweisen, dass zwischen ihnen und den Weißen eine gewisse Grenze besteht, die sie nicht ungestraft überschreiten können. Der Vorfall, der uns veranlasst hat, diesen Artikel zu schreiben, ist die Tracht Prügel, die ein weißer Herr letzte Woche einer farbigen Frau verpasst hat. Ohne den Wunsch, in dieser Gemeinde einen Geist der Gesetzlosigkeit zu fördern , sondern getrieben von dem Wunsch, den Neger an seinem richtigen Platz zu sehen, raten wir weißen Männern überall, *für ihre Rechte einzustehen* und auf keinen Fall auch nur einen Zentimeter den Übergriffen einer minderwertigen Rasse nachzugeben."

„Für ihre Rechte eintreten" bedeutet bei diesem Herausgeber, dass der weiße, rüpelhafte Feigling jede farbige Dame niederschlägt, die ihm oder seiner Frau nicht den ganzen Bürgersteig überlässt.

Ich hatte das Glück, Miss Florence T. Hayes, die oben erwähnte junge Dame, mehrmals zu treffen, und ich bin in meinem ganzen Leben noch nie einer zurückhaltenderen, damenhafteren Person begegnet. Sie ist Studentin am Tennessee Central College, wo sie einen makellosen Ruf genießt, und alle, die sie kennen, sind der Meinung, dass sie über weitaus größere intellektuelle Fähigkeiten verfügt als die durchschnittlichen weißen jungen Frauen in Tennessee.

Wir verbrachten eine Nacht auf dem Land und waren gerade vom Abendessen aufgestanden, als mein Gastgeber sagte:

„Hören Sie, Mingo erzählt, wie er seine Tochter wieder bekehrt hat. Hören Sie, Sie werden eine spannende und wahre Geschichte hören." Herr Mingo wohnte im Nebenzimmer.

„Ja, Mrs. Jones, meine Darter ist nach Hause gekommen, um mich zu sehen, und ich hatte eine gewaltige Prüfung mit ihr, das kann ich Ihnen sagen."

„Was war los, Mr. Mingo?", erkundigte sich der Besucher.

„Nun, wissen Sie, Fanny lebt in Philadelphia und hat sich in ihrem Verhalten sehr verändert. Wenn sie ins Haus kommt, läuft sie zu ihrer Mama und sagt: ‚O! Mare, es freut mich außerordentlich, Sie begrüßen zu dürfen.‘ Dann läuft sie auf mich zu und sagt: ‚O! Par‘ und küsst mich. Nun, das war alles schön und gut, aber zu sehen, wie zwei Meter ihres Kleides hinter ihr auf dem Boden schleiften, war zu viel – und es war auch noch Seide. Es tat mir im Herzen weh. Ich sagte: ‚Fanny, du bist sehr eigensinnig, wenn du die ganze Seide auf diese Weise über den Boden schleifst.‘ ‚O!‘, sagte sie, ‚das ist Mode, Par.‘ Dann, wissen Sie, war ich unruhig wegen ihr. Ich hatte Angst, sie würde hinfallen, denn sie trug Stiefel mit den höchsten Absätzen, die ich je in meinem Leben gesehen habe, und sie ging, als ob sie auf Zehenspitzen ginge. Dann war sie über und über mit Bändern und Rüschen bedeckt.

„Als wir uns zum Essen hinsetzten, aß Fanny mit ihrer Gabel, und als sie sah, wie ihre Schwester ihr das Messer in den Mund steckte, sagte sie: ‚Steck dein Messer nicht in den Mund, das ist vulgär.‘ Am nächsten Morgen holte sie ein paar Samen aus ihrer Tasche, tat sie in eine Blechtasse und goss kochendes Wasser darüber. Ich sagte: ‚Fanny, bist du krank und willst du Medizin nehmen?‘

„‚O nein, Mann, es sind Quittensamen, um daraus etwas Gummibärchen zu machen.‘

„‚Was ist das für ein Ferkel?‘, fragte ich.

„‚Aber, par, ich mache griechische Wellen auf meiner Stirn. Manche nennen sie „Muschel“. Wir Damen in der Stadt machen sie. Sehen Sie, par, wir kämmen unser Haar in kleinen Wellen nach unten und das Gummi sorgt dafür, dass sie eng an der Stirn haften. Alle weißen Damen in der Stadt tragen sie; es ist total in Mode.‘

„Nun, sehen Sie, Mrs. Jones, ich könnte das alles ertragen, aber als wir zum Gebet gingen, bat ich Fanny, das Gebet zu leiten; und als das Mädchen auf die Knie ging, ein Buch mit Goldschnitt aus der Tasche zog und ein Gebet vorlas, fragte ich mich, ob mein Schatz wohl bis dahin gekommen ist. Als das Gebet vorbei war, fragte ich: ‚Fanny, was für eine Religion haben Sie denn?‘ Sie sagte: ‚Aber, ich bin ein Piscopion.‘ ‚Was ist das?‘, fragte ich. ‚Das ist der englische Gottesdienst. Sind Sie dann kein Methodist mehr?‘ ‚O nein‘, sagte sie, ‚ein Piscopion zu sein ist gerade in Mode.‘“

„Halt, Mr. Mingo“, sagte Mrs. Jones. „Was für eine Religion ist das? Ist es die Taufe?“

„Nein, nein“, antwortete der alte Mann, „wenn es Baptist wäre, dann könnte ich das ertragen, denn die Religion der Baptisten reicht aus, wenn es nicht besser geht. Trotz all ihrer Fehler glaube ich, dass die Baptisten nur durch eine kleine Gedränge ins Land kommen können. Denn sehen Sie, Mrs. Jones, ich bin Methodist und glaube an die alte Religion, und ich möchte, dass meine Kinder mich zu Hause treffen. Also ging ich einfach auf die Knie und bat den Herrn, mir mein Recht auf Fanny zu zeigen, denn ich wollte sie für die alte Religion zurückgewinnen. Nun, der Herr machte mir alles klar, und ich befolgte die Botschaft des Herrn und stand sofort auf, ging in den Wald, schnitt ein paar Ruten ab und legte sie in die Scheune. Also sagte ich zu Fanny: ‚Komm, mein Flitzer, raus in die Scheune; Ich möchte dir ein Geschenk geben, das du mit nach Philamadelfy nehmen kannst.'

„‚Ja, Mann', sagte sie, weil sie gerade dabei war, sich das ‚Kautschuk-Kleber' ins Haar zu schmieren. Also ging ich zur Scheune, und sehr bald kam Fanny heraus. Ich schloss die Tür und verriegelte sie, nahm meine Ruten herunter und fragte sie: ‚Was für eine Religion hast du denn?'

„‚Piscopion, par.' Dann fing ich an und gab dem Mädchen eine Peitsche und sie schrie: ‚O! par. O! par, bitte hör auf, par.' Dann fragte ich sie: ‚Was für eine Religion hast du?' ‚Pis-co-copion', sagte sie. Also gab ich ihr ein paar Worte und fragte sie noch einmal: ‚Was für eine Religion hast du?' Sie sagte: ‚O! par, o! par.' Ich sagte: ‚Nenn mich nicht ‚Par.' Nenn mich richtig.' Dann sagte sie: ‚O! Papa, o! Papa, ich bin ein Methodist. Ich habe eine alte Religion; bitte hör auf und ich werde nie mehr ein Piscopion sein.'

„Sehen Sie, Mrs. Jones, ich habe das Mädchen wieder zur alten Religion bekehrt, die die beste aller Religionen ist. Ja, der Herr hat mein Gebet damals mit Hilfe der Ruten erhört."

Ob Mingos Bekehrung seiner Tochter sie davon abhielt, sich nach ihrer Rückkehr nach Philadelphia den Episkopalkirchen anzuschließen oder nicht, habe ich nicht erfahren.

# KAPITEL XX.

DER moralische und soziale Verfall der farbigen Bevölkerung der Südstaaten ist auf zwei Hauptursachen zurückzuführen: ihre Lebensweise und ihre Religion. Wenn ich diese Ursachen behandle, und insbesondere die letztere, bin ich überzeugt, dass ich mich der Kritik einer großen, wenn nicht intelligenten Klasse der Menschen aussetzen werde, über die ich schreibe. Das völlige Fehlen einer Kenntnis der Gesetze der Physiologie unter den farbigen Einwohnern des Südens ist sprichwörtlich. Ihre kleinen, unbelüfteten Häuser in armen Straßen und dunklen Gassen in Städten und Dörfern und die schlecht gebauten Blockhütten auf dem Land sind oft nicht für Pferde geeignet. Ein Raum von fünfzehn Quadratfuß mit zwei und manchmal drei Betten und drei oder vier in einem Bett ist in Tennessee üblich.

Es gibt keinerlei Bademöglichkeiten und oft auch kein Spülbecken im Haus, das ist die Regel. Sie sind die eingefleischtesten Esser der Welt und doch haben diese Leute keine Ahnung vom Kochen, außer Schwein, Maisgrütze, Maisbrot und Kaffee. Ja, es gibt noch ein weiteres Gericht, nämlich Kohl, die Sonnenblume der Neger im Süden.

Normalerweise sieht man gegen fünf Uhr abends eine Frau vom Markt kommen, mit einem Korb unter ihrem Schal und darin einem Stück Schweinefleisch, Speck oder einem halben Schweinekopf, ein oder zwei großen Kohlköpfen und einigen Süßkartoffeln. Diese werden sofort zum Kochen gebracht, und der Geruch aus dem Kochtopf kann in einiger Entfernung ausgeblasen werden.

Der Gastgeber ist überaus großzügig und lädt alle Besucher zum Abendessen ein. Gegen neun Uhr setzen sie sich an den Tisch, verbringen eine volle Stunde mit dem ersten Gang, dann den Apfelknödeln und danach Kaffee und Kuchen. Außer Kohl und Süßkartoffeln essen diese Leute nur sehr wenige Gemüsesorten. Daher sind sie nicht selten krank, weil sie die Gesundheitsgesetze nicht kennen. Das Zusammenkommen großer Menschenmengen in den Städten und Dörfern hat sich als verhängnisvoll erwiesen.

Fast alle derzeit zugänglichen Statistiken zu diesem Thema stammen aus den größeren Städten des Südens, und diese scheinen keinen Zweifel daran zu lassen, dass in diesen Bevölkerungszentren die Sterblichkeitsrate der Farbigen die der Weißen bei weitem übersteigt. In Washington beispielsweise, wo die Neger länger und mehr Privilegien genossen als in den meisten Städten des Südens, betrug die Sterberate im Jahr 1876 für die Weißen 26.537 pro Tausend, für die Farbigen 49.294, und im Jahr davor war sie für die Schwarzen etwas schlechter. In Baltimore, einer sehr gesunden

Stadt, betrug die Gesamtsterblichkeitsrate für 1875 21,67 pro Tausend, davon entfielen 19,80 auf die Weißen und 34,42 auf die Farbigen. In einer noch gesünderen Kleinstadt, Chattanooga, Tennessee, geben die Statistiken der letzten fünf Jahre eine Sterberate von 19,9 für die Weißen an; der Farbigen 37. Die besten Ergebnisse für Letztere werden merkwürdigerweise in Selma, Alabama, erzielt. Sie liegen bei 14,28 pro Tausend bei Weißen und 18,88 bei Farbigen. In Mobile, im selben Bundesstaat, war die Sterblichkeitsrate der Farbigen fast doppelt so hoch wie die der Weißen. New Orleans verzeichnete 1875 eine Sterberate von 25,45 bei den Weißen und 39,69 bei den Farbigen.

Der erste notwendige Schritt besteht darin, Vorträge über die Gesundheitsgesetze bei Männern und Frauen ihrer eigenen Rasse zu halten.

Nachdem die Frage mit Speck und Kohl geklärt ist, ist dem farbigen Mann im Süden seine Religion das Zweitliebste. Ich nenne sie eine „Sache", weil sie immer davon sprechen, Religion zu erlangen, als ob sie dafür auf den Markt gehen würden.

„Gehen Sie lieber hin und finden Sie sich einen religiösen Glauben, das ist es, was Sie besser tun, denn eines Tages wird der Teufel hinter Ihnen her sein, und wo werden Sie dann sein?", sagte eine ältere Schwester, die letzten Winter auf dem Weg zum „Revival" in St. Paul's in Nashville war. Der Mann, an den sie diese Ratschläge richtete, blieb stehen, lüftete seinen Hut und antwortete:

„Anty, ich bin heute Abend noch nicht ganz fertig, aber ich werde es schaffen, bevor die Sitzungen enden, denn wenn der Tag des Aufstehens kommt, will ich den Zeugen haben, und das will ich."

„Ja, das ist besser so. Wenn du es nicht tust, wird da unten ein gewaltiger Aufruhr im Schwefel sein, das werden sie, denn du bist schlimm genug. Ich weiß, du bist ein Arschloch", erwiderte die alte Dame.

Die Kirche war bereits gut gefüllt und der Pfarrer hatte seinen Text vorgelesen. Als der Redner sich in sein Thema vertiefte, begannen die Schwestern ihre Köpfe zu schwingen und hin und her zu taumeln und begannen schließlich zu schreien. Bald waren fünf oder sechs dabei, was das Haus in Aufruhr versetzte. Die Sitze in der Nähe der Schreienden wurden bald geräumt, um ihnen mehr Platz zu geben, denn die Frauen wollten nicht, dass ihnen die wütenden Schwestern ihre Hüte einschlugen. Als eine Frau von ihrem Sitz aufsprang und ihre langen Arme mit einem lauten Schrei in die Höhe warf, ging die Dame auf dem Nachbarsitz schnell weg und blieb nicht stehen, bis sie in sicherer Entfernung war.

„Ah, ha!", rief eine Frau in der Nähe, „ich habe Angst vor deiner neuen Haube! Du bist nicht sehr religiös, schätze ich. Specks, du musst da rauskommen, wenn du deine Seele retten willst."

„Sie denkt jetzt mehr an diesen Hut als an einen Platz im Himmel", sagte ein anderer.

„Macht nichts", sagte ein Dritter, „wenn sie die Zeugenaussage bekommt, wird sie den Hut aufsetzen und sich die Luft abschreien."

Das Geschrei wurde nun allgemein; ein Dutzend oder mehr beteiligten sich mit größter Begeisterung daran. Diese Demonstrationen steigerten oder schwächten sich je nach den Bewegungen der Führer, die sich auf und um die Kanzel befanden; denn der Pfarrer hatte seine Rede beendet, und zuerst begann eine, dann eine andere zu beten. Die Versammlung dauerte bis in die späten Stunden, währenddessen vier oder fünf Schwestern erschöpft auf den Boden fielen und dort blieben oder von ihren Freunden weggebracht wurden.

St. Paul ist ein schönes Bauwerk, dessen Turm in die Wolken getaucht ist und das auf einer Anhöhe in der South Cherry Street steht. Es ist ein Gebäude, auf das die Bürger durchaus stolz sein können.

Am Abend ging ich zur First Baptist Church in der Spruce Street. Dieses Haus ist in Größe und Ausstattung genauso groß wie St. Paul. Eine große Versammlung war anwesend, und der Pastor stellte einen jungen Mann aus Cincinnati als den vorläufigen Prediger vor. Er war offensichtlich der Meinung, dass es das Höchste sei, eine Gemeinde zum Jubeln zu bringen, und er war der Gelegenheit gewachsen. Da es ihm trotz einiger Anstrengung nicht gelang, einen lauten Jubelschrei hervorzubringen, nahm er einen Brief aus der Tasche, öffnete ihn, hielt ihn hoch und begann: „Wenn du in die andere Welt kommst, wirst du nach deiner Mutter suchen, und der Engel wird aus diesem Papier vorlesen. Ja, der Engel wird aus diesem Papier vorlesen."

Ganze zehn Minuten lang ging der Prediger auf der Kanzel umher und wiederholte laut und unverständlich: „Und der Engel wird aus diesem Brief vorlesen." Das sorgte für wilde Aufregung, und nicht weniger als zehn oder fünfzehn Leute riefen in verschiedenen Teilen des Hauses, während vier oder fünf von Platz zu Platz gingen und den Leuten in den Kirchenbänken die Hände schüttelten. „Lasst den Engel sofort herunterkommen und den Brief lesen", rief eine Schwester aus vollem Hals. Das war das Signal für laute Ausrufe aus verschiedenen Teilen des Hauses. „Ja, ja, ich möchte den Brief hören." „Komm, Jesus, komm, oder schick einen Engel, der den Brief vorliest." „Herr, sende uns die Kraft." Und andere Bemerkungen erfüllten das Haus. Der Pastor lobte die Anstrengung als „große Kraft", die das

Publikum herzlich unterstützte. Am Ende des Gottesdienstes schüttelte der seltsame Pfarrer von einer großen Anzahl führender Männer und Frauen der Kirche herzlich die Hand. Und dies war eine der kultiviertesten Gemeinden in Nashville.

Es wird schwierig sein, aus den Köpfen der Schwarzen im Süden die vorherrschende Meinung zu löschen, dass äußere Zeichen wie Rufen, das laute „Amen" und der lauteste Lärm beim Beten keine notwendige Ergänzung zur Frömmigkeit seien.

Eine gut ausgebildete und kultivierte junge Dame aus Ost-Tennessee erzählte mir, sie sei der Kirche vor etwa einem Jahr beigetreten und erst als sie einen Schreianfall hatte, glaubten die meisten ihrer Schwestern, sie habe „das Zeugnis".

„Und hast du wirklich geschrien?", fragte ich.

„Ja. Ich tat es, um ihnen das Wort zu verbieten, denn bei fast jedem Treffen sagte einer oder mehrere: ‚Schwester Smith, ich hoffe, dass ich noch erleben werde, wie Sie zeigen, dass Sie das Zeugnis haben, denn wo die Gnade Gottes ist, da wird gejubelt , und je eher Sie an diesen Punkt gelangen, desto besser wird es für Sie in der kommenden Welt sein.'"

Religion zu finden und einer Wohltätigkeitsorganisation beizutreten, die ihnen „Krankenbeiträge" zahlt, wenn sie krank sind, und sie begräbt, wenn sie sterben, scheint der Anfang, das Ziel und das Ende der Wünsche der farbigen Menschen des Südens zu sein. In Petersburg erfuhr ich, dass es in dieser Stadt 32 verschiedene Geheimgesellschaften gibt, und ich traf Personen, die gleichzeitig Mitglied in vier davon waren. Während solche Vereinigungen für die Sorglosen von großem Nutzen sind, sind sie im Großen und Ganzen sehr schädlich. Sie nehmen allen den Anreiz, ein sicheres Zuhause zu haben und für die Zukunft vorzusorgen.

Ein Mann bemerkte mir gegenüber: „Ich gehöre zu den vier Gruppen: den ‚Samaritern', den ‚Gallischen Fischern', den ‚Söhnen des Moses' und den ‚Weisen des Ostens'. Alle zahlen mir zwei Dollar pro Woche, wenn ich krank bin, und 25 Dollar für mein Begräbnis, wenn ich sterbe. Ist das nicht gut?"

Ich antwortete, dass es meiner Meinung nach weitaus besser wäre, wenn er sein Geld in ein Eigenheim investieren und sich weiterbilden würde.

„Nun", sagte er, „ich bin zufrieden, denn wenn ich das Geld in ein Haus stecke, könnte, wenn ich krank werde, irgendein anderer Mann herumhängen und meinen Tod wollen, und vielleicht will der alte Oman auch, dass ich gehe, und kümmert sich nicht um mich, sondern lässt mich sterben und die Stadt mich begraben. Aber jetzt, sehen Sie, kümmert sich die Stadt um mich und begräbt mich. Also, jetzt bin ich für diese Welt in Ordnung, und ich habe den Zeugen, und das macht mich fit fürs Leben."

Dies alles wurde in einem ernsten Ton gesagt und zeigte, dass der Bruder auch geschäftlich auf dem Laufenden war.

Die Entschlossenheit der letzten Jahre, die Weißen beim Bau kostspieliger Gebäude für den Gottesdienst nachzuahmen, schadet unserem Volk sehr. In Petersburg, Virginia, riss eine Baptistengemeinschaft ein stattliches Gebäude ab, das ausreichend groß war, um Platz für ein moderneres und teureres zu machen, einfach weil eine Schwesterkirche sie beim Bau eines Gotteshauses überholt hatte. Es entspricht mehr Frömmigkeit und göttlicher Aufrichtigkeit zu sagen, dass wir nicht glauben, dass es irgendeinen seelenrettenden und gottesfürchtigen Aspekt in solch kostspieligen und nutzlosen Verzierungen von Häusern gibt, in denen man sich treffen und demütig in Einfachheit und Aufrichtigkeit den wahren und lebendigen Gott gemäß seinem offenbarten Willen anbeten kann. Arme, arbeitende Menschen, die kein eigenes Zuhause und (in vielen Fällen) keine feste, bezahlte Beschäftigung haben, können es sich kaum leisten, viel Geld für nutzlose und protzige Dinge zu bezahlen, die sie weder belehren noch erbauen. Auch die Art und Weise, wie das Geld aufgebracht wird, ist, gelinde gesagt, nicht die beste. Denn das meiste Geld, sowohl für den Bau der Kirchen als auch für die Bezahlung der Pfarrer, stammt aus dem harten Verdienst der Männer auf den Feldern, im Dienst oder von unseren Frauen am Waschzuber. Als sich unsere Leute in weniger kostspieligen und ornamentierten Häusern trafen und beteten, war ihre Frömmigkeit und Aufrichtigkeit genauso gut wie heute, wenn nicht sogar besser. Mit mehr Glanz im Inneren und weniger Ornamenten außen wären wir spiritueller und weniger weltlich gesinnt.

Erweckungsversammlungen und die späten Zeiten, zu denen sie schließen, sind schädlich für Gesundheit und Moral. Viele Kirchen beginnen im Oktober und dauern bis zu den Feiertagen; sie beginnen wieder Mitte Januar und schließen im April. Sie halten die Versammlungen oft bis elf Uhr, manchmal bis zwölf Uhr, und in manchen ländlichen Gegenden haben sie noch länger gedauert. Ich erfuhr von einer jungen Frau, die ihre Stelle – eine sehr gute – verlor, weil die Familie nicht jeden Abend bis zwölf Uhr aufbleiben konnte, um sie hereinzulassen, und sie ihre Versammlung nicht verlassen wollte, um früher zurückzukehren. Eine weitere Quelle moralischer Erniedrigung liegt in der Tatsache, dass eine sehr große Zahl von Männern, die sich „Missionare" nennen, das ganze Land durchreisen und sich am längsten dort aufhalten, wo sie am besten behandelt werden. Der „Missionar" ist normalerweise mit einer Empfehlung eines zuständigen Pfarrers ausgestattet oder hat eine gefälschte, es macht keinen Unterschied, was. Er kann vielleicht genug lesen, um ein Kirchenlied zu singen, aber das ist auch schon alles.

In seiner Zeitung, die er bei sich trägt, wird er als ein Mann bezeichnet, der „begabt in der Erweckung" sei, und er macht sich sofort daran, eine Erweckungsversammlung zu organisieren. Dieser Landstreicher, denn anders kann man ihn nicht nennen, hat normalerweise ein Gesangbuch und eine alte, verblichene, abgenutzte Reisetasche dabei, in der sich wenig oder gar nichts befindet. Er bleibt an einem Ort, solange die Leute ihn behalten wollen, was normalerweise von seiner Fähigkeit abhängt, die Stimmung aufrechtzuerhalten. Ich traf im ganzen Süden einen Schwarm dieser faulen Kerle, die größte Anzahl jedoch in West Virginia.

Das einzige Heilmittel gegen dieses große Übel liegt in einem gebildeten Pfarreramt, das jedoch nur in begrenztem Umfang zur Verfügung steht. Es ist jedoch sehr schwierig, die ungebildeten, abergläubischen Massen dazu zu bewegen, einen intelligenten christlichen Geistlichen aufzunehmen und zu unterstützen.

Das große Interesse der farbigen Bevölkerung im Süden an Bildung führt oft zu humorvollen Szenen, die dieser Rasse eigen sind. Als ich die Gastfreundschaft einer Familie in West Virginia genoss, amüsierte ich mich nicht wenig über die Vorbereitungen für den Empfang ihres ältesten Sohnes, der sechs Monate am Wilberforce College verbracht hatte. Ein Abendessen mit einem Truthahn, einer Gans, zwei Hühnern, reichlich Beilagen und Apfelknödeln zum Nachtisch stand genau zu der Zeit auf dem Tisch, als der Sohn vom Zug erwartet wurde.

Durch einen Unfall kam es zu einer solchen Verzögerung, dass wir schon am Tisch saßen und das Abendessen zur Hälfte durch war, als plötzlich die Tür aufflog und vor uns die Hoffnung der Familie stand. Die Mutter sprang auf, hob die Hände und rief: „Na, na, jetzt ist Peter nicht mehr da. Der Herr hat den Jungen gebissen, und er sieht aus wie ein College-Student. Sieh ihn dir an, sieht er nicht gebildet aus? Komm gleich her und küss deine Mama."

Während dieser freundlichen Begrüßung stand Peter neben der Tür, durch die er hereingekommen war; in seiner College-Montur, mit einer kleinen Kappe auf dem Kopf, einer Tasche an seiner Seite, einem Regenschirm in der linken und einer Zigarre in der rechten Hand, mit einem Lächeln im Gesicht, sah er aus wie die Verkörperung eines Harvard-Studenten. Der Familienvater, immer noch mit Messer und Gabel in der Hand, saß mit strahlendem Gesicht da, während die beiden Jugendlichen die Gelegenheit nutzten und sich an den Esswaren bedienten.

Auf die Aufforderung „Komm und küss deine Mama" trat Peter vor und war zu allen nett, außer zum jüngsten Jungen, der sagte: „Ich kann dich jetzt nicht küssen, Pete. Warte, bis ich die Knödel gegessen habe, dann küsse ich dich."

Nach dem Abendessen erzählte uns Peter einige humorvolle Geschichten aus dem College-Leben, zur großen Freude seiner Mutter, die gelegentlich ausrief: „Meine Güte, was für eine harte Zeit er am College hatte. Und wie die Jungs ihn quälen. Nun, die Leute müssen eine Menge durchmachen, um Bücher zu lernen, nicht wahr?"

Abends war das Haus voll, weil der junge Mann vom College da war.

# KAPITEL XXI.

IN alten Zeiten, bevor im Zuge der Rebellion ein Schlag ausgeführt wurde, waren die Weißen des Südens die Denker und die Schwarzen die Arbeiter; der Herr plante und der Sklave führte aus. Dies machte beide für die neue Ordnung, die sich schnell anbahnte, ungeeignet und ließ jeden ohne den anderen hilflos zurück.

Aber der Neger war von beiden am schlimmsten dran, denn er hatte nichts als seine Hände, während der Weiße eine Ausbildung hatte und durch die Ländereien, die er besaß, abgesichert war. Wer kann sich über die Unbekümmertheit und Trägheit des Negers wundern, wenn er nie eine systematische Ausbildung genossen hat – nie gezwungen war, sich den Sorgen des Lebens zu stellen?

Dies war das Unglück des Schwarzen, als er seine Freiheit erlangte, und es schien allen, dass es seine oberste Pflicht war, zu lernen, zu sparen und seine eigenen Angelegenheiten zu regeln.

Die Hoffnung eines jeden schien sich daher auf die Freedman's Saving Bank zu konzentrieren. „Dies ist unsere Bank“, sagten sie; und zu dieser Institution brachten die Intelligenten und die Unwissenden, der frisch vom Schlachtfeld zurückgekehrte Soldat, der Bauer, der Tagelöhner und die arme Wäscherin gleichermaßen ihre Einkünfte und deponierten sie bei der Freedman's Bank. Dieser sichere Ort für ihre spärlichen Vorräte schien die Hoffnung der Menschheit für die Zukunft zu sein. Es war ein Ansporn für ein Volk, dem es nie zuvor gestattet worden war, eine Geldinstitution zu betreten, außer auf den Fersen seines Herrn, den Beutel mit Silber zu bringen oder wegzunehmen, den sein Besitzer zu stolz oder zu faul war, um ihn zu „schleppen“.

Der Wunsch der Schwarzen zu sparen war so groß, dass die Einlagen bei der Freedman's Saving Bank von 300.000 Dollar im Jahr 1866 auf 31 Millionen Dollar im Jahr 1872 und auf 55 Millionen Dollar im Jahr 1874 anstiegen. Dieses Sparen von Einkommen verbreitete sich im ganzen Süden, und die Familie, die kein Sparbuch hatte, galt als arm. Diese Einlagen waren die ersten Raten für den Kauf von Häusern oder die Vorbereitungen für die Gründung eines Handels- oder Maschinenbauunternehmens. Die erste Ankündigung der Schließung der Freedman's Saving Bank hatte daher eine lähmende Wirkung auf die Schwarzen überall.

Viele gaben ihre Arbeit auf; der Großteil verkaufte seine Bankbücher für einen Spottpreis, und in der gesamten Gemeinde machte sich allgemeines Misstrauen breit. Viele, die kleine Bauernhöfe oder billige Wohnungen in Städten und Dörfern gekauft und einen Teil des Kaufpreises bezahlt hatten, wurden nun entmutigt, gaben ihre Ansprüche auf, gaben das Land auf und lebten umher, als hätten sie jede Hoffnung verloren. Es waren ihre ersten und letzten Geschäfte mit einer Bank.

Diese armen Leute erfuhren von den Weißen des Südens keinerlei Mitgefühl. Tatsächlich hatten diese Grund zur Freude, denn die Neger erlangten ihre Freiheit durch die Republikanische Partei, und die Freedmen's Bank war ein Liebling dieser Partei.

Der Neger ist ein fleißiges Wesen, Faulheit ist nicht sein Hauptfehler, und diejenigen, die ihre Arbeit aufgegeben hatten, kehrten zu ihr zurück. Aber der Zauber des Sparens war verflogen.

„Für mich gibt es keine Banken mehr. Ich werde mein Geld ausgeben, wenn ich es bekomme, und dann werde ich wissen, wohin es geflossen ist", sagte ein intelligenter und gut informierter farbiger Mann zu mir.

Dieser Mangel an Vertrauen in die Sparkassen des Landes hat dazu geführt, dass das Geld, sobald es vorhanden war, allgemein ausgegeben wurde; und Eisenbahnausflüge, Dampfschifffahrten, das Mieten von Pferden und Kutschen am Sabbat und sogar an Wochentagen haben den Farbigen im ganzen Süden große Summen eingebracht. Wahrhaftig war der Zusammenbruch der Freedman's Saving Bank eine nationale Katastrophe, deren Auswirkungen noch viele Jahre zu spüren sein werden.

Nicht zufrieden damit, den getäuschten Menschen den Großteil ihrer hart erarbeiteten Einkünfte zu stehlen, wurden bald nach der Pleite Kommissare mit „angemessenen" Gehältern ernannt, die sich um die Interessen der Sparer kümmern sollten, und diese Blutsauger fressen nun den Rest auf.

Ob nun zu Recht oder zu Unrecht, die Freigelassenen wurden zu der Annahme verleitet, die US-Regierung sei ihnen gegenüber für die Rückzahlung ihres Geldes samt Zinsen verantwortlich. Die allgemeine Gerechtigkeit scheint in dieser Angelegenheit Maßnahmen zu erfordern.

# KAPITEL XXII.

WER sich an die Stellung Virginias in vergangenen Tagen erinnert, wird heute von dem Land enttäuscht sein. Die Menschen, Weiße wie Schwarze, sind arm und stolz und leben alle von ihrem Ruf, als das „Old Dominion" als erster Staat der Union galt.

Ich habe Richmond mit großem Interesse betrachtet. Die Auswirkungen der jüngsten Rebellion sind noch überall sichtbar, besonders bei denen, die vor dreißig Jahren die Führungsrolle in der Gesellschaft innehatten. Ich ging über den Markt und bemerkte mehrere Männer in langen, schwarzen Stoffmänteln, unter denen ein Korb stand. Man konnte sehen, dass sie darin ihre Einkäufe für den Tag deponierten.

Ich bemerkte einen alten schwarzen Mann, der sich sehr anmutig vor einem dieser Menschen verbeugte, und fragte, wer er sei. „Ah, Massa", sagte der Neger, „das ist Major ----, er war vor dem Krieg sehr reich, aber der Krieg hat ihn ganz heruntergeholt, und jetzt kann er keine Diener haben, und er ist zu stolz, seinen Korb zu zeigen, also deckt er ihn mit seinem Mantel zu." Und dann lächelte der schwarze Mann, schüttelte bedeutungsvoll den Kopf und ging weiter. Wenn man hier auf dem Marktplatz steht, sieht man viele Szenen, die an die Tage der Sklaverei erinnern, wie man sie an den Folgen sieht. Hier ist ein Mädchen mit einer satten braunen Haut; nach ihr kommt eines, auf dessen Wangen man gerade noch eine Röte erkennen kann; und ich sah ein oder zwei junge Frauen, deren cremefarbener Teint zu Recht den Neid vieler New Yorker Schönheiten erregt hätte. Der Zustand der Frauen der letzteren Klasse ist höchst beklagenswert. Sie sind unbeschreiblich schön, viele von ihnen gebildet und kultiviert, und in ihren Adern fließt das beste weiße Blut des Südens. Es ist vielleicht nur natürlich, dass sie sich weigern, sich mit groben und unwissenden schwarzen Männern zu paaren. Gesellschaftlich werden sie von den Weißen nicht anerkannt; oft haben sie nicht genug Geld, um die absolut notwendigen Dinge des Lebens zu kaufen; in ehrenhafter Hinsicht können sie sich nie genügend Mittel beschaffen, um ihren luxuriösen Geschmack zu befriedigen; ihre Mütter haben sie das Sündigen gelehrt; ihre Väter haben sie nie gekannt; verdorbene weiße Männer sind immer bereit, ihre Armut auszunutzen, und nachdem sie ein kurzes Leben in Schande und Unehre gelebt haben, sinken sie früh in ein unheiliges Grab. Zu Lebzeiten wurden sie von Weißen und Schwarzen gleichermaßen verachtet; tot trauert niemand um sie.

Ich ging hin, um den ziemlich berühmten schwarzen Prediger, Reverend John Jasper, zu hören. Der Anlass war von beträchtlicher Bedeutung, da er auf Anfrage eine Predigt gehalten hatte, um zu beweisen, dass sich die

„Sonne tatsächlich bewegt", und nun sollte er sie auf Bitten von 45 Mitgliedern der Legislative halten, die als Zuhörer anwesend waren.

Diejenigen, die eine Wiederholung der Predigt wollten, waren allesamt Weiße. Einige von ihnen taten es, weil sie sich davon Spaß machten, während ein recht ansehnlicher Teil der Leute, die nach Meinung der Alten waren, der Meinung war, der Prediger habe Recht.

Als ich die Kirche erreichte, sah ich zwölf Kutschen und zwei Omnibusse sowie eine Reihe kleinerer Fahrzeuge, die die Straße säumten, eine halbe Stunde vor der Öffnung der Türen. Die Weißen, die mit diesen Gefährten gekommen waren, wurden jedoch durch die Seitentüren eingelassen, während die Straßen voller Schwarzer und einer ärmeren Klasse von Weißen waren.

Durch eine besondere Gunst wurde mir gestattet, einzutreten, bevor die Menschenmenge hereinstürmte. Den Mitgliedern der Legislative wurden die besten Plätze zugewiesen, tatsächlich war die gesamte Mitte des Hauses von Weißen besetzt, die, wie man mir mitteilte, zu den FF Vs gehörten. Die Kirche hat tausend Sitzplätze, aber man kann mit Sicherheit sagen, dass zu dieser Zeit zwölfhundert Personen anwesend waren.

Rev. John Jasper ist dunkelschwarz, groß und schlank, hat lange Arme und etwas runde Schultern und ist 65 Jahre alt. Er predigt seit 45 Jahren in Richmond und gilt als sehr guter Mann. Er spricht fließend, ist gut in der Heiligen Schrift bewandert und besitzt viel Witz. Die Mitglieder von Jaspers Kirche sind hauptsächlich Freigelassene, von denen viele vom Land kommen und im Allgemeinen als „Cornfield Nigger" bezeichnet werden.

Ich stellte fest, dass die gebildetere Klasse der farbigen Leute Jasper nicht gern mochte. Sie hielten ihn für rückständig und nannten ihn „alten Knacker". Jasper blickte stolz auf sein Publikum, und das war auch gut so, denn er hatte einige der ersten Männer und Frauen der Hauptstadt Virginias vor sich. Aber diese Leute waren nicht gekommen, um sich belehren zu lassen, sie waren wirklich gekommen, um sich zu amüsieren, und wurden nicht enttäuscht.

Jasper hatte sich auf den Anlass vorbereitet und rettete sich in seinem Eröffnungsgottesdienst, indem er „Bruder Scogin" aufforderte, ein Gebet zu sprechen. Dieser ehrwürdige Bruder spürte offensichtlich die Last der Verantwortung, die auf ihm lag, und erfüllte seine Pflicht, zumindest zur vollen Zufriedenheit derer, die dort waren, um sich zu amüsieren. Nachdem er ein sehr vernünftiges Gebet gesprochen hatte, schloss Scogin wie folgt: „O Herr, wir sind ein mächtig misshandeltes Volk, wir hatten eine harte Zeit in der Sklaverei, wir wurden alle in Stücke gerissen, wir haben O-Beine, X-Beine, O-Schenkel, schielen und viele von uns haben einen Buckel. Nun,

Herr, wir müssen wieder gesund werden, und wir möchten, dass du kommst und es tust. Schick keinen Engel, denn das ist eine zu große Aufgabe für einen Engel. Du hast uns erschaffen, o Herr, und du kennst unsere Bedürfnisse, und du kannst uns wieder in Ordnung bringen wie kein anderer. Komm selbst herunter und komm schnell." Bei diesem Satz stöhnte Jasper laut auf, und Scogin verstummte. Nach dem Gottesdienst erfuhr ich, dass Jasper jedes Mal, wenn eines seiner Mitglieder beim Beten, Singen oder Sprechen zu langatmig wird, dieses bedeutungsvolle Stöhnen ausstößt, das alle gut verstehen. Es bedeutet „genug".

Die Kirche war inzwischen völlig überfüllt, und es hieß, zweitausend Menschen hätten vergeblich versucht, hineinzukommen. Jaspers Text lautete „Gott ist ein Gott des Krieges". Der Prediger war zwar in seinen Schlussfolgerungen falsch, aber er zitierte treffend, frisch im Gedächtnis und prägte seinen Zuhörern seine Ansichten eloquent ein.

Er sagte: „Wenn sich die Sonne nicht bewegt, warum befahl Josua ihr dann, stillzustehen? Hatte Josua Unrecht? Wenn ja, dann liege ich lieber mit Josua falsch, als mit den modernen Philosophen richtig. Wenn sich die Erde bewegt, würden die Schornsteine einstürzen und auf die Dächer der Häuser stürzen, die Berge und Hügel würden sich verändern und abflachen, die Flüsse würden austrocknen. Sie und ich würden auf dem Kopf stehen. Sehen Sie sich den Berg dort draußen an; er stand dort vor fünfzig Jahren, als ich ein Junge war. Würde er dort stehen, wenn sich die Erde drehen würde, wie man uns erzählt?"

„Nein, gesegneter Gott", rief eine Schwester. Dann kam das Lachen und Jasper stand einen Moment mit verschränkten Armen da. Er fuhr fort: „Die Sonne geht im Osten auf und im Westen unter. Glauben Sie, irgendjemand kann mir weismachen, dass die Erde an einem einzigen Tag um die Erde laufen kann, sodass die Sonne im Westen untergehen kann?"

„Nein, Sir, diese Doktrin kommt bei Jasper nicht an."

An diesem Punkt hielt der Prediger inne, um Luft zu holen, und ich hörte einen älteren Weißen in einer Nebenbank in etwas feierlichem Ton sagen: „Jasper hat recht, die Sonne bewegt sich."

Der Prediger nahm sein Kopftuch, wischte sich den Schweiß ab, der ihm über die dunklen Wangen floss, öffnete eine Notiz, die gerade auf dem Schreibtisch lag, las sie und fuhr fort: „Mir wird hier eine Frage gestellt, die ich gerne beantworte, denn viele meiner Leute und auch andere können nicht verstehen, wie die Kinder Israels das Rote Meer sicher überqueren konnten, während der Pharao und seine Heerscharen ertranken. Ich habe Ihnen immer wieder gesagt, dass bei Gott alles möglich ist. Aber das scheint Sie nicht zufriedenzustellen.

„Wer an den Dingen zweifelt, die man in der Heiligen Schrift liest, ist wie der Ungläubige – er wird nicht glauben, wenn er nicht den Grund erkennt. Nun, lassen Sie mich Ihnen sagen: Der Ungläubige sagt, als die Kinder Israels das Rote Meer überquerten, war es Winter und das Meer war zugefroren. Das ist ein Irrtum oder eine absichtliche Falschdarstellung." Hier gab der Prediger anschauliche Schilderungen der Leiden und der Flucht der Kinder Israels, deren Fall er mit dem der farbigen Bevölkerung des Südens verglich. Der Prediger schloss mit einem beredten Appell an seine Gemeinde, sich nicht von „diesen neumodischen Vorstellungen" in die Irre führen zu lassen.

Gerade jetzt bricht unter den Menschen große Aufregung aus, weil die farbigen Einwohner offenbar Interesse an der katholischen Religion zeigen. Die Kathedrale in Richmond ist jeden Sonntagabend für die Schwarzen geöffnet, wenn der Bischof selbst zu ihnen predigt, und es ist nicht verwunderlich, dass die beredte und überzeugende Stimme von Bischof Kean, der zu den Negern sagt: „Meine lieben, geliebten Brüder", diese verachteten Menschen fesselt. Ich nahm an einer Versammlung in der großen African Baptist Church teil, wo der Reverend Moses D. Hoge, DD, zu den Farbigen gegen den Katholizismus predigen sollte. Obwohl Dr. Hoge für seine Beredsamkeit bekannt und schrecklich ernsthaft war, konnte er in seinen Appellen an die Schwarzen nicht höher hinausgehen, als zu ihnen „Männer und Frauen" zu sagen.

Der Kontrast war für alle spürbar. Nachdem ich Dr. Hoge zugehört hatte, fragte ich einen intelligenten farbigen Mann, wie ihm seine Predigt gefallen habe. Seine Antwort war: „Wenn Dr. Hoge es ernst meint, warum eröffnet er dann nicht seine eigene Kirche, lädt uns ein und predigt dort zu uns? Bevor er auf uns Eindruck machen kann, muss er in die katholische Kirche gehen und den Geist der brüderlichen Liebe kennenlernen."

Eines Sonntags sagte Bischof Kean zu der zwölfhundertköpfigen farbigen Gemeinde, die gekommen war, um ihn zu hören: „Es gibt Unterschiede in der Geschäftswelt und in der gesellschaftlichen Welt, aber es gibt keine Unterschiede im Geistlichen. Eine Seele ist eine Seele vor Gott, sei es die eines Schwarzen oder eines Weißen. Gott nimmt keine Rücksicht auf die Person, und die christliche Kirche kann es sich nicht leisten, das zu tun. Die Leute, die euch vor dem Krieg nicht lesen lernen ließen, sind jetzt diejenigen, die mich beschuldigen, euch für politische Zwecke missbrauchen zu wollen."

„Wenn ich Ihnen nun, meine lieben Brüder, sagen möchte, wie Sie wählen sollen, brauchen Sie nicht mehr zu kommen, um mir eine Predigt zuzuhören."

Die Schwarzen wurden in der Vergangenheit so schlecht behandelt, dass freundliche Worte und gesellschaftliche Anerkennung viel dazu beitragen werden, sie in Zukunft zu gewinnen, denn der Erfolg wird nicht so sehr von

ihren Taten als vielmehr von ihrem Verhalten abhängen; nicht so sehr von
ihrem Glauben als vielmehr von dem stärkeren direkten Einfluss ihrer Praxis.
In dieser Hinsicht haben die Katholiken des Südens die Nase vorn, denn das
Vorurteil der Protestanten scheint den Negern in fairer Weise überallhin zu
lassen, außer in den Himmel, wenn sie denselben Weg gehen müssen.

---

# KAPITEL XXIII.

NORFOLK ist der Ort, an dem man die „alten, nie müde werdenden"
farbigen Menschen der alten Zeiten in ihrer Reinheit finden kann. Hier lebt
bei warmem Wetter fast jeder im Freien. Dies ist nicht nur auf die Schwarzen
beschränkt. Auf den Bürgersteigen, vor den besten Hotels, unter den
Markisen an Ladentüren, auf den Türschwellen privater Häuser und auf den
Bordsteinen in den Straßen sieht man Menschen aller Klassen. Aber
besonders die Schwarzen machen im Sommer einen großen Bogen um die
Innenräume der Häuser.

Ich ging zum Markt, denn ich gehe immer gern samstags auf den Markt, denn
dort sieht man „Leben unter den Armen", wie man es nirgendwo sonst sieht.
Farbige Männer und Frauen haben eine beachtliche Anzahl von Ständen auf
dem Norfolk-Markt, deren Leitung ihnen große Ehre macht.

Aber die Straßenhändler sind die Männer der Musik. „Hier ist Ihr schönes
Gemüse – grüner Mais, Butterbohnen, Kartoffeln, irische Kartoffeln, frisch,
frisch geerntet; kommen Sie und holen Sie es sich, solange es frisch ist. Jetzt
ist Ihre Zeit; Kürbis, Calafony-Kürbis, am besten in der Welt; kommen Sie
und holen Sie es sich jetzt; morgen ist Sonntag, und ich gehe in die Kirche.
Große fette mexikanische Erbsen, sehr fetter Kürbis, protestantischer
Kürbis, gutes katholisches Gemüse aller Art."

Jetzt ist es Zeit für Brechbohnen,
Okra, Tomaten und Kartoffeln.
Seid keine dummen Jungfrauen.
Habt das Abendessen fertig.
Wenn der Herr nach Hause kommt,
gibt es Brechbohnen.

In diesem Moment brach es aus dem Verkäufer mit höchst melodischer
Stimme aus:

Oh! Hannah, koch den Kohl ein,
Hannah, koch ihn ein,
und dreh den Buchweizen immer wieder um,
Hannah, koch ihn ein.
Es ist fast Zeit, ins Horn zu blasen,
Hannah, koch ihn ein,
um die Jungs zu rufen, die den Mais hacken,
Hannah, koch ihn ein.

Hannah, mach sie fertig,
zieh den Kohl einfach aus der Erde,
koch ihn im Topf
und mach ihn kochend heiß.


Manche mögen Kohl in Grünkohl eingelegt,
Hannah, koch ihn ein,
Sie essen so viel, dass sie Gicht bekommen,
Hannah, koch ihn ein,
Sie hacken ihn klein und lassen ihn verderben,
Hannah, koch ihn ein;
Ich hätte meinen Kohl lieber gekocht,
Hannah, koch ihn ein.

Manche sagen, das Opossum ist in der Pfanne,
Hannah, koch es ein,
es ist das süßeste Fleisch im ganzen Land,
Hannah, koch es ein;
aber der alte Kohlkopf ist da,
Hannah, koch es ein,
ich werde ihn schätzen, Kinder, bis ich tot bin,
Hannah, koch es ein.

Dieses Lied, das er auf seine unnachahmliche Art vortrug, lockte die Frauen
an die Fenster und die Menschenmenge um den Gemüsehändler auf der
Straße, und er verkaufte bald den Inhalt seines Karrens. Andere Verkäufer,
die ihre Waren in Körben auf dem Kopf herumschleppten, nutzten die
Gesellschaft des Musikanten, um ihre eigenen Waren zu verkaufen. Eine
Frau mit einigen wirklich schönen Erdbeeren brachte ihre Ansprüche in
einem sehr interessanten Lied vor; das Interesse konzentrierte sich jedoch
mehr auf die Art als auf den Inhalt:

„Ich lebe Meilen außerhalb der Stadt,
ich werde zum Ruhme weinen.
Meine Erdbeeren sind süß und gesund,
ich werde zum Ruhme weinen.
Ich habe sie Meilen weit auf meinem Kopf getragen,
ich werde zum Ruhme weinen.
Meine Tochter ist krank und mein Mann tot,
ich werde zum Ruhme weinen.
Jetzt ist die Zeit gekommen, sie billig zu bekommen,

ich werde zum Ruhme weinen.
Iss sie mit deinem Brot und Fleisch,
ich werde zum Ruhme weinen.
Komm, Sünder, knie nieder, ich werde
zum Ruhme weinen.
Iss die Erdbeeren, wann immer du willst,
ich werde zum Ruhme weinen."

Im Großen und Ganzen ist der farbige Mann von Virginia ein sehr vorbildliches Exemplar seiner Rasse; und er hat besonders feine, kultivierte Umgangsformen. Ein Fremder würde, wenn er das Leben hier oberflächlich beurteilt, zweifellos sagen, dass sie ein glückliches, wohlhabendes Volk sind. Vielleicht würde er auch sagen: „Ah, ich verstehe. Der Neger ist überall derselbe – ein Holzfäller, ein Gemüsehändler, ein Träger der weißen Kellnerschürze. Die Freiheit hat seinen Status nicht verändert."

Ein solches Urteil wäre sehr voreilig. Nationen werden nicht in zwanzig Jahren erzogen. Es gibt gewisse Weiße, die von Natur aus ebenfalls zu diesen Positionen tendieren; und wir müssen bedenken, dass nur die heutige Generation von Negern in der Lage war, einen Teil der edleren Segnungen der Freiheit zu erlangen. Aber die farbigen Jungen und Mädchen von Virginia sind heute ganz anders als die farbigen Jungen und Mädchen vor fünfzehn oder zwanzig Jahren. Der Fortschritt und die Verbesserung sind so groß, dass es nicht unvernünftig ist, daraus eine sehr zufriedenstellende Zukunft vorherzusagen.

Die Neger sind hier deutlich in der Mehrheit und haben früher ein Mitglied ihrer eigenen Hautfarbe in den Staatssenat geschickt, aber durch Bestechung und Wahlfälschung sitzt jetzt ein weißer Senator in Richmond. Ein Neger hier verkaufte bei einer letzten Wahl seine Stimme für ein Fass Zucker. Nachdem er abgestimmt und seinen Zucker nach Hause gebracht hatte, stellte er fest, dass es ein Fass Sand war. Ich erfuhr, dass seine Nachbarn ihn ausgelacht und ihn gezwungen haben, die ganze Gesellschaft zu bewirten, was ihn fünf Dollar kostete.

Aus dem, was ich über die allgemeine Lage der Schwarzen in Virginia gesagt habe, möchte ich nicht schließen, dass es keine von höherer Qualität gibt. Ganz im Gegenteil, denn einige der besten Handwerker des Staates sind Farbige. In Richmond und Petersburg haben sie Geschäfte und betreiben beträchtlichen Handel, sowohl mit den Weißen als auch mit ihrer eigenen Rasse. Sie tun viel für die Bildung; viele schicken ihre Söhne und Töchter in den Norden und Westen, um dort bessere Bedingungen zu haben; und sie bauen einige der schönsten Kirchen dieses Staates. Die Second Baptist Church hier hat letztes Jahr ein vergleichsweise neues und schönes Gebäude abgerissen, um es durch ein prächtigeres Gotteshaus zu ersetzen, einfach weil eine konkurrierende Kirche derselben Konfession sie überholt hatte. Ich habe das neue Gebäude besichtigt und bin überzeugt, dass es sich mit jeder Kirche in der Back Bay, Boston, messen kann.

Das neue Gebäude bietet Platz für dreitausend Personen und wird ohne Grundgeld einhunderttausend Dollar kosten. Sämtliche Maurer- und Holzarbeiten werden von Farbigen ausgeführt.

# KAPITEL XXIV.

DIE Ausbildung der Neger im Süden ist die wichtigste Angelegenheit, mit der wir uns gegenwärtig befassen müssen, und eine, die in den kommenden Jahren Vorrang vor allen anderen Fragen haben wird. Als kurz nach Ausbruch der Rebellion im Norden Schulen für die Freigelassenen eingerichtet wurden und Lehrer aus Neuengland entsandt wurden, um die „armen Schmuggler" zu unterrichten, wandte ich mich an die zuständigen Behörden in Boston und bat darum, einer unserer am besten ausgebildeten farbigen jungen Damen, die sich der Ausbildung ihrer benachteiligten Rasse widmen wollte, einen Platz zu geben. Das Angebot wurde mit der Begründung abgelehnt, dass die „Zeit, farbige Lehrer zu schicken, noch nicht gekommen sei". Dies geschah vor fast zwanzig Jahren. Von diesem Moment an bis heute habe ich mit schmerzlichem Interesse die geringen Fortschritte beobachtet, die farbige Männer und Frauen in den Südstaaten machten, um Lehrer ihrer eigenen Rasse zu werden.

Angespornt durch die Aufregung, die die Freiheitsproklamation ausgelöst hatte, und den großen Bedarf an Schulen für die Schwarzen, wurden Tausende von Dollars im Norden gespendet und Agenten nach Großbritannien geschickt, wo die Großzügigkeit keine Grenzen kannte. Geld kam von allen Seiten, und einige der edelsten weißen jungen Frauen widmeten sich der Aufgabe, die Freigelassenen zu unterrichten.

Während der ersten drei oder vier Jahre war dieser Lehrerposten ausschließlich mit Personen besetzt, die nicht der farbigen Rasse angehörten, und dennoch wurde er von der „New England Freedmen's Association" verwaltet, die sich zum Teil aus einigen unserer besten Männer und Frauen zusammensetzte.

Doch viele tatkräftige, gebildete farbige junge Frauen und Männer meldeten sich freiwillig und gingen auf eigene Kosten in den Süden, gründeten Privatschulen und drängten sich buchstäblich in die Arbeit. Darauf folgten einige Ernennungen, die in jedem Fall bewiesen, dass farbige Lehrer für farbige Menschen das Wichtigste waren, was nötig war. Auf den Grundlagen dieser kleinen Schulen entstanden einige der prächtigsten Bildungseinrichtungen des Südens. Fisk, Howard, Atlanta, Hampton, Tennessee Central, Virginia Central und Straight sind einige der bedeutendsten. Sie alle stehen unter der Kontrolle und Leitung der Weißen und werden dementsprechend nach dem Prinzip „Weiße Lehrer und Schwarze Schüler" geführt. Und doch verdankt jede der oben genannten Einrichtungen ihre Existenz der Sympathie für die Schwarzen. Einige dieser Colleges ermutigen die Schwarzen mehr als andere, Lehrer zu werden; aber keines hat es geschafft, den Schwarzen unabhängig von seiner Hautfarbe zu messen.

In Petersburg fand ich ein großes, schönes Gebäude für öffentliche Schulen für farbige Jugendliche; der Direktor war ein Weißer, mit sechs Assistenten, aber nicht einem einzigen farbigen Lehrer darunter. Dennoch hat Petersburg einige der besten farbigen Lehrer hervorgebracht, von denen ich zwei in Suffolk an kleinen Schulen traf. Diese jungen Damen hatten eine unserer besten Einrichtungen mit Auszeichnung abgeschlossen und konnten dennoch keine Stelle als Lehrerin an einer öffentlichen Schule bekommen, wo die Schüler nur ihrer eigenen Rasse angehörten.

In Nashville war die Schulbehörde sogar noch ungerechter, denn sie beschäftigte Lehrer, die es ihren farbigen Schülern nicht erlaubten, sie auf der Straße zu erkennen. Für dieses Verhalten wurden die Kinder gerügt und das Vorgehen der Lehrer von der Bildungsbehörde gebilligt.

Es ist allgemein bekannt, dass alle weißen Lehrer an unseren farbigen öffentlichen Schulen sich über ihre Arbeit stellen; und nur die wenigsten von ihnen haben irgendeinen Kontakt mit ihren Schülern außerhalb des Klassenzimmers. Nach ihrer Ernennung und Übernahme der Schulleitung haben einige von ihnen ihren Schülern erklärt, dass sie sie auf der Straße unter keinen Umständen erkennen oder ansprechen dürften. Es ist sehr offensichtlich, dass diese Leute nicht mit Herz bei der Sache sind und einfach von Tag zu Tag die mechanische Form des Unterrichtens unserer Kinder für den Hungerlohn abarbeiten, den sie als Gehalt erhalten. Während Lehrer an den öffentlichen Schulen und den Freedman's Colleges beschäftigt sind, die sich außer für ihr Gehalt nicht für die Kinder interessieren, die sie unterrichten, sind Hunderte farbiger Männer und Frauen, die den strengsten Prüfungen standhalten, untätig oder besetzen Positionen, die weit unter dem liegen, was sie verdienen.

Es ist zu erwarten, dass die öffentlichen Schulen in unterschiedlichem Maße von den politischen Vorlieben der jeweils herrschenden Parteien bestimmt werden. Wir sollten jedoch von den Schulen Fisk, Hampton, Howard, Atlanta, Tennessee Central und Virginia Central, deren Mauern mit Spendengeldern für die Bildung der Schwarzen errichtet wurden, bessere Leistungen erwarten.

Es gibt jedoch noch andere Bildungseinrichtungen, die ich hier nicht erwähnt habe und die die Schirmherrschaft der Wohltätigen allerorts verdienen. Dies sind: Wilberforce, Berea, Payne Institute in South Carolina, Waco College in Texas und Storer College in Harpers Ferry.

Wilberforce ist bekannt und leistet großartige Arbeit. Er hat einige unserer besten Gelehrten hervorgebracht – Männer, deren Arbeit zur Förderung ihrer Rasse nicht hoch genug gelobt werden kann.

Das Storer College in Harpers Ferry blickt auf die Ruinen von „John Browns Fort". In den kommenden Jahrhunderten wird Harpers Ferry von Reisenden aus anderen Ländern aufgesucht werden. Hier am Zusammenfluss des Potomac und des Shenandoah River, an einem Punkt direkt gegenüber der Lücke, durch die die vereinigten Flüsse auf ihrem Weg zum Ozean die Blue Ridge Mountains passieren, liegt die romantische Stadt, und etwas darüber, auf einer wunderschönen Anhöhe, liegt Storer, eine Institution, deren Funktionäre ich nicht genug loben kann .

Ich habe mit großem Interesse die ernsthaften Bemühungen dieser guten Männer und Frauen bei ihrer glorreichen Arbeit zur Förderung meiner Rasse miterlebt. Und während die Wohltätigen des Nordens von ihrem Überfluss spenden, möchte ich sie ernsthaft bitten, das Storer College in Harpers Ferry nicht zu vergessen.

Die anderen beiden, die ich erwähnt habe, sind weniger bekannt, aber ihre Schüler sind zahlreich und gut ausgebildet. *Beide Schulen liegen im Süden* , und beide sind im Besitz von Farbigen und werden von ihnen geleitet, die nicht der vermeintlichen Notwendigkeit unterliegen, dass Weiße für sie das *Denken übernehmen* . Sie sollten daher die besondere Unterstützung all jener erhalten, die daran glauben, dass die Farbigen die Möglichkeit haben sollten, ihr eigenes Kanu zu paddeln.

Es gelang mir jedoch nicht, Schulen für einen anderen Teil unseres Volkes zu finden, die dringend benötigt zu werden scheinen. Viele Jahre lang war der Süden für seine schönen Quadroon-Frauen bekannt. Tintenfässer und Unmengen von Papier wurden verwendet, um die „fein geschnittenen und wohlgeformten Gesichtszüge", die „seidenen Locken", die „dunklen und strahlenden Augen", die „prachtvollen Formen", die „faszinierenden Lächeln" und „vollendeten Manieren" dieser leidenschaftlichen und wollüstigen Töchter der beiden Rassen darzustellen – das ungesetzliche Produkt des Verbrechens der menschlichen Knechtschaft. Wenn wir die Tatsache in Betracht ziehen, dass die Tugend nie geschützt und Sklavinnen nicht dazu ermutigt wurde, rein und keusch zu sein, werden wir nicht überrascht sein, wenn wir erfahren, dass Unmoral in den Städten und Dörfern des Südens in einem Ausmaß im häuslichen Umfeld vorherrschte, das in den Nordstaaten unbekannt ist. So manche Plantagenbesitzerfrau hat ein elendes Dasein gefristet und musste mit schmerzendem Herzen zusehen, wie ihr Platz in der Zuneigung ihres Mannes durch die schmucklose Schönheit und das bezaubernde Lächeln ihrer Zofe verdrängt wurde. Tatsächlich hatten die meisten farbigen Frauen in den Tagen der Sklaverei keine größeren Bestrebungen, als die fein gekleidete Geliebte eines weißen Mannes zu werden. Obwohl die Freiheit eine neue Ordnung der Dinge herbeigeführt hat und unsere farbigen Frauen rasche Fortschritte machen, um die dunklen Szenen der Vergangenheit hinter sich zu lassen, setzt der Mangel an Schutz für unser Volk, seit die Weißen von einst wieder an die Macht gekommen sind, eine große Zahl der jungen farbigen Frauen in den Städten und Dörfern der Gnade böser farbiger Männer oder noch schlimmerer weißer Männer aus. Um diese vor der Zerstörung zu bewahren, sollten in jeder großen Stadt Institutionen geschaffen werden.

Frau Julia G. Thomas, eine sehr ehrenwerte Dame, die sich sehr für das Wohlergehen ihres Geschlechts interessiert, betreibt eine kleine Einrichtung für Waisen und Mädchen ohne Freunde, wo diese ein Zuhause, Schulbildung und eine kaufmännische Ausbildung erhalten, um sie auf einen erfolgreichen Start ins Leben vorzubereiten. Die Adresse von Frau Thomas lautet 190 High Street, Nashville, Tennessee.

# KAPITEL XXV.

ZU den Ursachen dieser Unzufriedenheit der farbigen Bevölkerung im Süden, die zu deren Exodus geführt hat, gehört eine, die unter der Oberfläche liegt und selbst einem aufmerksamen Beobachter verborgen bleibt, wenn er sich nicht in diesem Gebiet auskennt. Diese Ursache besteht in bestimmten Gesetzeserlassen, die in den meisten Baumwollstaaten angeblich zu anderen Zwecken verabschiedet wurden, in Wirklichkeit jedoch mit dem Ziel, in diesen Staaten ein System der Schuldknechtschaft einzuführen, das dem in Mexiko vorherrschenden ähnlich oder sogar noch schlimmer ist. Dies ist das Ziel eines Gesetzes, das im März 1878 von der Legislative von Mississippi verabschiedet wurde. Der Titel des Gesetzes ist, ob absichtlich oder nicht, sicherlich irreführend. Er lautet: „Ein Gesetz zur Reduzierung der Gerichtskosten des Staates." Aber wie es diese Wirkung haben kann, ist für menschliches Verständnis unerreichbar. Es funktioniert jedoch und wird in einer Weise eingesetzt, die eine große Zahl von Negern versklavt, die nicht einmal wegen des geringsten Verstoßes gegen die Gesetze verurteilt wurden.

Das Gesetz sieht vor, dass „alle verurteilten und ins Gefängnis des Bezirks eingelieferten Personen, mit Ausnahme derer, die wegen Missachtung des Gerichts inhaftiert sind, und mit Ausnahme derer, die zu einer Gefängnisstrafe verurteilt wurden, einem Auftragnehmer übergeben werden sollen, damit dieser sie gemäß den Bestimmungen dieses Gesetzes unterhält und beschäftigt; und alle inhaftierten Personen, mit Ausnahme derer, die keinen Anspruch auf Kaution haben, können mit ihrer Zustimmung ebenfalls vor der Verurteilung an den besagten Auftragnehmer übergeben und gemäß diesem Gesetz beschäftigt werden." Aber Abschnitt 5 des Gesetzes bietet ausreichende und überzeugende Mittel, um die erforderliche Zustimmung des noch nicht verurteilten Gefangenen zur Arbeit für den Auftragnehmer zu erhalten. In diesem Abschnitt wird festgelegt, „dass, wenn eine Person, die wegen eines Vergehens, für das eine Kaution zu zahlen ist, ins Gefängnis eingeliefert wurde, nicht zustimmt, in die sichere Obhut und das Gewahrsam des besagten Auftragnehmers übergeben zu werden und für den besagten Auftragnehmer zu arbeiten und gemäß diesem Gesetz für denselben zu arbeiten, der Gefangene nur Anspruch auf sechs Unzen Speck oder zehn Unzen Rindfleisch und ein Pfund Brot und Wasser hat."

Dieser Abschnitt sieht auch vor, dass jeder Gefangene, der sich vor seiner Verurteilung nicht bereit erklärt, für den Auftragnehmer zu arbeiten, und zwar ohne Entschädigung: „Wenn der besagte Gefangene später verurteilt wird, muss er dennoch für einen ausreichend langen Zeitraum für den besagten Auftragnehmer arbeiten, um alle Kosten der Strafverfolgung zu bezahlen, einschließlich der regulären Gefängnisgebühren für seine

Unterbringung und Verpflegung." Die Kosten für seine Verpflegung betragen, im Rahmen der oben genannten mageren Speisekarte, zwanzig Cent pro Tag. Nun kann nicht geleugnet werden, dass die Anwendung dieses Gesetzes dazu dient, den Neger seines natürlichen Rechts zu berauben, seinen eigenen Arbeitgeber zu wählen; und zwar auf folgende Weise: Nehmen wir einen Fall an, und solche Fälle kommen ständig vor. A ist ein Baumwollpflanzer, besitzt drei- oder viertausend Morgen Land und hat vierzig, fünfzig oder einhundert Negerfamilien auf seiner Plantage. Nach Ablauf des Jahres beabsichtigt ein Neger, die Plantage von A zu verlassen und zu versuchen, seine Lage zu verbessern, indem er für ein weiteres Jahr einen vorteilhafteren Handel mit B oder C aushandelt. Wenn A den Neger auf keine andere Weise davon abhalten kann, ihn zu verlassen, gibt ihm dieses Gesetz die volle Macht. A erfindet eine unbedeutende Anklage gegen den Neger und droht, ihn verhaften und ins Gefängnis werfen zu lassen. Der Neger weiß, wie wenig es braucht, um ihn ins Gefängnis zu bringen, und dass er dann mit einem Pfund Brot und Wasser und sechs Unzen Speck am Tag halb verhungern oder umsonst für den Bauunternehmer arbeiten muss, bis er vor Gericht gestellt werden kann; und wenn er vor Gericht gestellt wird, muss er das Risiko einer Verurteilung eingehen, das nicht gering ist, auch wenn er noch so unschuldig sein mag. Habgier – skrupellose Habgier – verfolgt ihn, und da er kaum Kraft hat, sich zu wehren, da es keine gesunde öffentliche Stimmung zugunsten fairer Spielregeln gibt, die ihn ermutigen könnte, gibt er nach und wird zum Knecht seines Unterdrückers.

Ich fand den Pranger in Virginia in vollem Einsatz vor und hörte, dass er auch in anderen Staaten eingeführt wurde. Ich fragte einen Schwarzen, was er von der Wiedereinführung dieser Strafmethode halte. Er antwortete: „Nun, Sir, ich bin nicht dafür, weil sie uns alle gleich behandeln. Sie peitschen Weiße genauso aus wie Schwarze, und das nenne ich Gleichheit vor dem Gesetz."

Als ein Freund von mir einen Mann traf, der Arkansas wegen der Wiedereinführung der alten Sklavengesetze verließ, kam es zu folgendem Gespräch, das zeigt, dass sich die Unterdrückung der Schwarzen auf alle Staaten im Süden erstreckt.

„Sie kommen aus Arkansas, soweit ich weiß?"

"Ja."

„Welchen Lohn erhalten Sie üblicherweise für Ihre Tätigkeit?"

„Seit etwa 1968 bekommen wir etwa zwei Bits pro Tag – das sind zwanzig Cent. Dann gibt es einige Leute, die monatlich arbeiten und am Ende des Monats entweder abgespeist oder um ihr ganzes Geld betrogen werden. Eigentum und Güter sind einem Schwarzen dort nichts wert. Er kann seinen

Preis dafür nicht erzielen; er bekommt nur das, was der Weiße ihm geben will. Manche Leute, die zehn bis fünfzehn Ballen Baumwolle ernten, haben manchmal kaum genug, um ihren Körper und ihre Füße zu bedecken. Das geht so weiter, während der Weiße den Preis bekommt, den er für seine Güter verlangt. Das ist ungerecht, und solange wir Steuern zahlen, wollen wir Gerechtigkeit, Recht und Gleichheit vor dem Volk."

„Welche Steuern zahlen Sie?"

„Ein Mann, der ein Haus und ein Grundstück besitzt, muss etwa 26 Dollar im Jahr zahlen; und wenn er ein Maultier im Wert von etwa 150 Dollar besitzt, wird er mit zweieinhalb Dollar zusätzlich besteuert. Wenn sie sehen, dass Sie Geld haben – sagen wir, Sie haben dreitausend Dollar verdient –, werden Sie bald eine Rechnung über Steuern, Landpacht und dergleichen erhalten, die etwa zweitausend Dollar beträgt. Sie verlangen von einem Schwarzen dreizehn Dollar, während sie von einem Weißen nur ein oder zwei verlangen würden. Da ist ein Mann", er zeigte auf einen beleibten alten Kerl, „der von seinem Haus, seiner Farm und allem weglaufen musste. Aus diesem Grund verlassen wir Arkansas. Wir wollen Freiheit, und ich sage: ‚Geben Sie mir die Freiheit oder geben Sie mir den Tod.' Wir haben zu den Waffen gegriffen und für unser Land gekämpft, also sollten wir unsere Rechte haben."

„Wie steht es mit Ihrer Schulbildung?"

„Wir dürfen nicht wählen, müssen aber trotzdem Steuern zahlen, um die Schulen der anderen zu finanzieren. Ich habe meine Ausbildung in New Orleans gemacht und auch dafür bezahlt. Ich habe sechs Kinder, und obwohl ich Steuern zahle, hat kein einziges von ihnen eine öffentliche Schule besucht. Die Steuern und Mieten sind so hoch, dass die Kinder schon mit zehn Jahren arbeiten müssen. So ist das da unten."

„Hatten Sie Lehrer aus dem Norden?"

„Es gab einige Lehrer aus dem Norden, die dorthin kamen, aber sie wurden vertrieben. Sie wurden so schlecht bezahlt und so gemein behandelt, dass sie gehen mussten."

„In welchem Landkreis haben Sie gelebt?"

„Phillips County."

„Wie viele Schulen gab es in diesem Landkreis?"

"Über fünf."

„Wann öffnen sie?"

„Etwa alle zwei Jahre, und sie lassen es zwei oder drei Wochen lang offen liegen. Und dann haben sie eine bestimmte Art von Buch für die Kinder. Solche, in denen Hunde, Katzen, Schweine, Kühe, Pferde und alle möglichen Tiere vorkommen. Sie lassen die Kinder darin und lassen sie nie herauskommen."

„Gibt es im Staat Colleges für Farbige?"

„Nein, sie haben keine Hochschulen und erlauben auch keine. Neulich fragte ich einen Republikaner, wie es sein konnte, dass so viele Tausende von Dollar für Hochschulen ausgegeben wurden und wir nichts davon hatten? Er sagte: ‚Das Gesetz wurde irgendwie nicht verabschiedet.' Und jetzt haben diese Leute wohl das ganze Geld ausgegeben."

„Also im Großen und Ganzen sind die Leute sehr unwissend?"

„Ja, Sir. Der Farbige, der eine Bildung hat, ist wie manche Leute, die eine Religion haben – er versteckt sie unter dem Scheffel. Wenn er das nicht täte und für seine Rechte als Bürger eintreten würde, wäre er bald das Ziel einiger Ku-Klux-Clubs."

Nachdem es den ehemaligen Rebellen gelungen war, im Süden die Macht zu erlangen, die schwarzen Wähler von den Wahlen zu vertreiben und sie auch bei der nationalen Vertretung gezählt zu bekommen, werden sie bald über eine Macht verfügen, die sie nie zuvor genossen. Hätten die Sklavenhalter 1860 das Recht besessen, ihre Sklaven im Kongress und im Wahlkollegium voll statt nur teilweise zu vertreten, hätten sie dieses Land auf unbestimmte Zeit im Interesse der Sklaverei regiert. Man nahm an, dass durch den Krieg die Freiheit profitierte und die Sklavenhalterklasse für immer die Macht verlor. Aber genau das Gesetz, das den drei Millionen Freigelassenen mit Hilfe dieser Politik das volle Vertretungsrecht verlieh, hat den rebellischen Verschwörern ein Instrument in die Hand gegeben, das sie benutzen werden, um die Ziele der Verfassungszusätze zu verfälschen und zu vereiteln. Durch diese Politik wurden die 35 zusätzlichen Wahlstimmen, die den Freigelassenen gegeben wurden, „der Demokratischen Partei übergeben". Ja, mehr als das; Sie wurden den Ex-Rebellen übergeben, die sie für eine Unterdrückung einsetzen werden, die an Abscheulichkeit der Sklaverei kaum nachsteht. In einem Kampf mit dem soliden Süden wird die Partei der Freiheit und Gerechtigkeit daher größere Chancen haben als 1860, und die Oligarchen des Südens haben eine Position, die für jeden Zweck, den sie verwenden, nahezu uneinnehmbar ist.

Von den zahlreichen Massakern an den Schwarzen im Süden, seit die Ex-Rebellen an die Macht gekommen sind, möchte ich ein Beispiel anführen, das die Unmenschlichkeit der Weißen zeigt. Dieser Gräuel geschah in Gibson County, Tennessee. Zuerst wurde das Gerücht verbreitet, dass die

Schwarzen in großer Zahl bewaffnet seien und im Begriff seien, die Weißen zu ermorden. Dies löste die beabsichtigte Aufregung aus, und die Weißen zogen in großen Gruppen, bis an die Zähne bewaffnet, durch Gibson und die angrenzenden Countys, entwaffneten die Schwarzen, nahmen ihnen ihre einzige Verteidigungsmöglichkeit und verhafteten alle anstößigen Schwarzen, die sie finden konnten, brachten sie nach Trenton und warfen sie ins Gefängnis.

Der folgende Bericht über das mutwillige Massaker stammt aus dem *Memphis Appeal*:

„Etwa vierhundert bewaffnete, verkleidete, berittene Männer sind heute um zwei Uhr morgens in diese Stadt eingedrungen, haben sich zum Gefängnis begeben und die Schlüssel des Gefängniswärters, Mr. Alexander, verlangt. Er weigerte sich, die Schlüssel herauszugeben. Als Sheriff Williams den Lärm hörte, wachte er auf, ging zum Gefängnis und weigerte sich, den Maskierten die Schlüssel auszuhändigen, und sagte ihnen, er habe die Schlüssel nicht. Sie spannten ihre Pistolen, und er weigerte sich erneut, ihnen die Schlüssel zu geben, woraufhin der Hauptmann der Kompanie den maskierten Männern befahl, ihre Pistolen zu ziehen und zu spannen, und schworen, sie würden die Schlüssel haben oder den Gefängniswärter erschießen. Der Gefängniswärter forderte sie auf zu schießen und sagte, sie seien zu feige zum Schießen. Sie taten dies nicht. Dann drohten sie, das Gefängnis niederzureißen oder die Gefangenen zu holen. Der Gefängniswärter sagte ihnen, dass er ihnen die Schlüssel geben würde, wenn sie mit ihm in sein Büro gingen, anstatt das Gefängnis niederzureißen. Der Gefängniswärter tat dies, weil er sah, dass die Männer entschlossen waren, durchzubrechen. „Sie waren alle verkleidet. „Dann kamen sie“, sagt der Sheriff, „holten sich die Schlüssel aus meinem Büro, gingen mit drei oder vier Schreien zum Gefängnis, schlossen es auf, holten die sechzehn Neger heraus, die man aus Pickettsville (Gibson) hierhergebracht hatte, fesselten ihnen die Hände und führten sie weg. Sie setzten ihren Weg die Huntingdon Road fort, ohne ein Wort zu sagen, und fünfzehn Minuten später hörte ich Schüsse. In Begleitung mehrerer Bürger ging ich die Straße in die Richtung hinunter, die die Männer und Gefangenen eingeschlagen hatten , und gleich hinter der Flussbrücke, eine halbe Meile von der Stadt entfernt, fand ich vier tote Neger auf dem Boden, ihre Körper von Kugeln durchsiebt, und zwei waren verwundet. Maskierte Männer sahen wir keine. Zehn Neger werden noch immer vermisst. Wir ließen die Leichen dort, wo wir sie gefunden hatten, brachten die beiden verwundeten Neger in die Stadt und riefen medizinische Hilfe. Richter JM Caldwell ließ die Leichen untersuchen. Das Urteil beruhte auf der Tatsache, dass der Tod durch Schüsse aus Gewehren in der Hand Unbekannter verursacht wurde. Die Untersuchung fand heute Morgen gegen acht Uhr statt. Dies sind alle Fakten zu der Schießerei, die ich Ihnen nennen kann. Ich habe meine Pflicht getan, die Rettung der Neger zu verhindern, aber ich fand es sinnlos, mich den Männern entgegenzustellen, von denen einer sagte, die Bande sei aus vierhundert Mann zusammengesetzt.‘

„Vorgestern Abend war die Wache, die die Gefangenen aus Pickettsville gebracht hatte, noch da. Damals hörte man weder etwas von Befürchtungen noch Andeutungen eines Rettungsversuchs. Als die Bürger heute Morgen erfuhren, dass vier- oder fünfhundert bewaffnete Neger auf der Jackson Road in die Stadt marschierten, um die Gebäude niederzubrennen und die Menschen zu töten, organisierten sie sich sofort, bewaffneten sich und bereiteten sich auf eine aktive Verteidigung vor. Sie gingen den Negern entgegen, erkundeten das ganze Land, fanden aber keine bewaffneten Neger. Die Bürger aus dem ganzen Land begannen, zu Hunderten in die Stadt zu kommen. Männer kamen aus Union City, Kenton, Troy, Rutherford, Dyer Station, Skull Bone und dem ganzen Land, aber sie fanden keinen Bedarf für ihre Dienste. Die beiden verwundeten Neger werden sterben. Die Leichen der zehn anderen Neger, die aus dem Gefängnis geholt wurden, wurden etwa eine Meile von der Stadt entfernt im Flussbett gefunden.

„Wir erröten für unseren Staat, und angesichts der Schande des blutigen Mordes, der schändlichen Missachtung von Gesetz, Ordnung und Anstand fehlen uns die Worte, um eine Tat zu charakterisieren, die, wäre sie das Werk von Comanchen oder Modocs, jeden Mann in der Union zu einer sofortigen Rache an den Tätern aufstacheln würde. Heute müssen wir die bewaffneten Männer, die das Gefängnis von Trenton belagerten und mutwillig und böswillig, ohne jede Rechtfertigung, die unbewaffneten Neger, die dort auf ihren Prozess warteten, von dort verschleppten und brutal erschossen, ihrer verdienten Missbilligung und Verurteilung aussetzen; und das mit einer Zurschaustellung von Barbarei, die ebenso unnötig war wie das Massaker ungerechtfertigt. Zu sagen, dass wir in keinem County des Staates stark genug sind, das Gesetz durchzusetzen, ist eine Verleumdung des gesamten Commonwealth. Wir sind den Negern an moralischer und physischer Stärke tausend zu eins überlegen; wir sind im Besitz des Staates, des gesamten Regierungsapparats, und haben in einer Zeit, die bedeutsamer ist als jede andere, die wir je wieder erleben werden, unsere Fähigkeit unter Beweis gestellt, die Exekutivbeamten des Gesetzes zu unterstützen und die Gesetze aufrechtzuerhalten. Warum sollten wir dann jetzt, in Zeiten tiefen Friedens, das Gesetz untergraben und seine Verwalter herausfordern? Warum sollten wir die Regierung unserer eigenen Wahl unter unsere Füße stellen und die Männer, die wir gewählt haben, um die Gesetze durchzusetzen, herausfordern und für nichts halten, und das rücksichtslos und grausam, ohne auch nur irgendeine der Formen, die normalerweise mit der Durchführung der wilden Befehle von Richter Lynch einhergehen? Und das alles ohne den Anschein einer Milderung; denn kein vernünftiger Mensch, der die Wahrheit achtet, wird behaupten, dass die unglücklichen Neger, weil sie als Anführer einer bedrohlichen und bewaffneten Bande verhaftet wurden, die auf zwei Weiße geschossen hatte, deshalb des Todes würdig waren, und das ohne die Formen des Gesetzes in einem Staat, der von gesetzestreuen Männern kontrolliert und regiert wird.‟

Niemand wurde jemals bestraft, und es wurde auch nur versucht, die Täter dieses schändlichen Mordes aufzuspüren. Und die Verhängung der Todesstrafe durch das „Lynchgesetz‟ an Farbigen für das geringste Vergehen beweist, dass es in Wirklichkeit kein Nachlassen dieses abscheulichen Rassenvorurteils gibt, das im ganzen Süden vorherrscht.

# KAPITEL XXVI.

JAHREN , als die natürlichen Fähigkeiten der Rassen noch stärker diskutiert wurden als heute, wurde der Neger immer als benachteiligter dargestellt als der Rest der Menschheit. Die öffentliche Meinung ist noch nicht frei von dieser falschen Theorie, und auch die Farbigen haben in den letzten Jahren nicht viel getan, um diese Meinung zu ändern. Langjährige Ausbildung eines Menschen für einen bestimmten Beruf scheint ihn für diesen Beruf besser zu qualifizieren als für jeden anderen. So bleiben die Juden, die an Jahrhunderte des Geldverleihens und Pfandleihens gewöhnt sind, als Rasse dabei, als wären sie nur für dieses Geschäft geschaffen.

Die Ausbildung der Araber für lange Exkursionen durch wilde Wüsten macht sie zu Meistern der Weltumspaziergänge. Die Zigeuner, die dazu erzogen wurden, im Freien zu zelten und mit Pferden zu handeln, vermitteln den Eindruck, sie seien dafür geboren. Die Stellung des schwarzen Mannes als Diener hat über viele Generationen hinweg nicht nur die anderen Rassen glauben lassen, dies sei sein legitimer Bereich, sondern er selbst fühlt sich in einer weißen Schürze und einem Handtuch auf dem Arm wohler als mit einer Feder hinter dem Ohr und einem Hauptbuch vor sich.

Dass ein Farbiger sich im Esszimmer und in der Küche so wohl fühlt wie eine Ente im Wasser, beweist nur, dass ihm seine Erziehung wie anderen Rassen ins Blut übergegangen ist. Das ist keine Theorie, das ist keine Poesie, sondern die harte Wahrheit. Unsere Leute sind lieber Diener.

Dies kann teilweise auf die Tatsache zurückzuführen sein, dass das Ernährungsorgan bei den Negern stärker ausgeprägt ist als bei fast allen anderen Völkern.

Während mehrerer Fahrten mit den Waggons zwischen Nashville und Columbia fiel mir auf, dass der Junge, der Zeitungen verkaufte und die Passagiere mit Obst versorgte, einen Korb voller Süßigkeiten und Kuchen hatte. Als ich das erste Mal in seinem Waggon war, bot er mir die Kuchen an, was ich ablehnte und stattdessen eine Zeitung kaufte. Als ich ihn beobachtete, bemerkte ich, dass er den farbigen Personen, wenn sie in den Waggon einstiegen, die Kuchen anbot, die sie fast immer kauften. Eines Tages, als ich ihm eine Zeitung abnahm, fragte ich ihn, warum er den farbigen Passagieren immer Kuchen anbot. Seine Antwort war: „Oh! Sie kaufen immer etwas zu essen.“

„Kaufen sie mehr Kuchen als Weiße?“

„Ja“, war die Antwort.

„Warum kaufen sie Ihre Kuchen und Süßigkeiten?“, fragte ich.

„Nun, Sir, die Farbigen scheinen immer hungrig zu sein. So etwas habe ich noch nie erlebt. Sie kaufen keine Zeitungen, aber sie essen immer.“

Gerade dann hielten wir in Franklin, und drei farbige Passagiere kamen herein. „Nun“, fuhr der Kuchenjunge fort, „werden Sie sehen, wie sie die Kuchen annehmen werden“, und er ging auf sie zu, musste aber an ihren Sitzen vorbei, um die Tür zu schließen, die offen gelassen worden war. Im Vorbeigehen rief einer der Männer, der ungeduldig war, einen Kuchen zu bekommen: „Hier, hier, kommt mit euren Kuchen her.“

Der Hausierer sah mich an und lachte. Er verkaufte jedem einen Kuchen, und es war noch nicht einmal zehn Uhr morgens.

Vor nicht allzu langer Zeit gelang es mir, in Massachusetts die Begnadigung eines jungen Mannes aus unserem Staatsgefängnis zu erreichen, in dem er mehr als zehn Jahre eingesperrt war und ein gutes Handwerk erlernt hatte.

Ich hatte ihm bereits eine Stelle gesichert, die ihm zunächst drei Dollar pro Tag und die Aussicht auf einen Lohnvorschuss einbrachte.

Als wir zu seiner Pension gingen und ich ihm einige Zeit geraten hatte, ein neues Leben zu beginnen und zu versuchen, sich zu verbessern, kamen wir an einem unserer besten Hotels vorbei. Mein Mündel blieb sofort stehen und begann zu schnüffeln, als ob er „Mäuse riechen“ würde. Ich sah ihn an, sah, wie sein Gesicht aufleuchtete und seine Augen funkelten; ich fragte, was los sei. Mit einem strahlenden Lächeln antwortete er: „Ich rieche gutes Essen; was für ein Ort ist das?“

„Es ist das Revere House“, sagte ich.

„Ob ich dort wohl einen Platz als Kellner bekommen könnte?“, fragte er.

Ich fand, dass das ein trauriger Kommentar zu meinen Bemühungen war, ihm etwas Selbstachtung beizubringen. Dieser junge Mann hatte das Schuhmacherhandwerk gelernt und konnte, soviel ich wusste, an einer McKay-Maschine zwischen dreieinhalb und fünf Dollar pro Tag verdienen.

Vor zwölf Jahren begannen zwei farbige junge Männer mit der Herstellung eines der damals notwendigen Gebrauchsgüter. Nachdem sie das Unternehmen sechs oder acht Monate erfolgreich geführt hatten, verkauften sie es an Weiße, die heute mehr als hundert Arbeiter beschäftigen. Beide farbigen Männer gehen ihrem rechtmäßigen Beruf nach; einer ist Kellner in einem Privathaus, der andere Gepäckträger in einem Schlafwagen.

Dass es diesen jungen Männern nicht gelang, ein Produktionsunternehmen zu führen, lag hauptsächlich an ihrer kaufmännischen Ausbildung. Niemand ist für einen Beruf oder ein Gewerbe geeignet, wenn er es nicht erlernt hat.

Extravaganz in der Kleidung ist ein großes und wachsendes Übel bei unserem Volk. Ich kenne eine Dame in Boston, die ein Seidenkleid trägt, das 130 Dollar kostet. Sie lebt in zwei Zimmern, und ihr Mann ist Friseur.

Seit Kriegsende ließen sich viele Freigelassene in Massachusetts nieder, wo die meisten von ihnen als Diener arbeiteten. Diese Leute übertrafen in ihrer Kleidung die wohlhabendsten Kaufleute der Stadt.

Ein junger Mann, der heute als Diener in einem Privathaus arbeitet, trägt einen 60-Dollar-Mantel, obwohl er für zwanzig Dollar im Monat arbeitet.

Eine Frau in der Arlington Street, die für fünf Dollar pro Woche kocht, kommt jeden Sonntag in einem Hundert-Dollar-Seidenkleid und einem Dreißig-Dollar-Hut vorbei. Sie kann weder lesen noch schreiben.

Gehen Sie am Sabbat in unsere Kirchen, sehen Sie sich die Seide, den Satin, den Samt und die kostbaren Federn an und sprechen Sie mit den ungebildeten Trägern dieser Dinge, und Sie werden sofort das Haupthindernis für die Selbsterhöhung erkennen.

Um uns selbst und unsere Kinder zu erheben, müssen wir Selbstverleugnung kultivieren. Unseren Appetit auf Luxus unterdrücken und uns damit zufrieden geben, uns in Kleidung zu kleiden, die unser Lebensunterhalt und unser Einkommen ist. Die Anpassung und tiefe Einprägung der Prinzipien der völligen Abstinenz von allen Rauschmitteln. Letzteres ist eine Voraussetzung für Erfolg in allen Lebensbereichen.

Wir sind dem Einfluss der Unterdrückung entsprungen und wurden durch frühe Erfahrungen dazu erzogen, kein Vertrauen in die Weißen zu haben. Daher haben wir wenig bis gar kein Vertrauen in unsere eigene Rasse, ja sogar in uns selbst.

Wir brauchen mehr Selbständigkeit, mehr Vertrauen in die Fähigkeiten unseres eigenen Volkes, mehr männliche Unabhängigkeit, einen höheren Standard an moralischer, sozialer und literarischer Kultur. Tatsächlich brauchen wir eine gemeinsame Anstrengung, um den dunklen Schatten der Unwissenheit zu entfernen, der jetzt das Land bedeckt. Während die Barrieren der Vorurteile uns moralisch und sozial von der gebildeten weißen Gesellschaft fernhalten, müssen wir große Anstrengungen unternehmen, um uns von dem gemeinsamen Niveau zu erheben, auf dem uns Emanzipation und die neue Ordnung der Dinge vorgefunden haben.

Wir besitzen die Elemente einer erfolgreichen Entwicklung, aber wir brauchen lebende Männer und Frauen, um diese Entwicklung zu ermöglichen. Der letzte große Kampf um unsere Rechte, der Kampf um unsere eigene Zivilisation, liegt ganz bei uns selbst, und das Problem muss von uns gelöst werden.

Wir müssen unsere Freizeit Tag und Nacht dazu nutzen, uns weiterzubilden. Wir sollten Abendschulen für Erwachsene einrichten und uns nicht schämen, sie zu besuchen. Fördern Sie unsere eigenen Literaten und Schriftstellerinnen; abonnieren Sie von Farbigen herausgegebene Zeitungen und zahlen Sie dafür. Fragen Sie nicht, ob die Zeitung überleben wird, sondern fördern Sie sie und sorgen Sie dafür, dass sie überlebt.

Mit Ausnahme einiger wohltätiger Gesellschaften sind wir so weit voneinander entfernt wie der Osten vom Westen.

# KAPITEL XXVII.

„EINIGKEIT macht stark" ist seit langem ein Sprichwort. Die farbigen Menschen des Südens sollten sofort Vereinigungen gründen, sich zusammenschließen und stark machen und ihnen trotz aller Gefahren gerecht werden. Alle zivilisierten Rassen haben sich durch Zusammenschlüsse und Kooperationen entwickelt. Die Iren, die Deutschen, die Franzosen kommen alle arm in dieses Land und bleiben nur kurze Zeit, bevor man sieht, wie sie in irgendeinem Geschäftszweig Erfolg haben. Dieser Erfolg ist nicht das Ergebnis individueller Anstrengungen – er ist das Ergebnis von Zusammenschlüssen und Kooperationen. Was auch immer ein Ire ausgeben muss, steckt er in die Kasse eines seiner eigenen Landsleute, und das macht den irischen Erfolg aus.

Ein Deutscher hat in diesem Land Erfolg, weil alle seine Landsleute ihn bei jedem Geschäft unterstützen, das er betreibt. Ein Deutscher nimmt Unannehmlichkeiten auf sich und nimmt meilenweit Umwege in Kauf, um Geld bei jemandem auszugeben, der seiner eigenen Rasse und Nationalität angehört.

Bei all seiner Wankelmütigkeit vergisst der Franzose nie, einen seiner eigenen Leute zu finden und zu unterstützen. Italiener halten zusammen und stehen einander bei, egal ob sie Recht haben oder nicht. Die Chinesen sind Clans und halten zusammen. Die kaukasische Rasse ist in allem, was eine fortgeschrittene Zivilisation betrifft, die führende der Welt – einfach aufgrund der Tatsache, dass ein Engländer nie an der Tür eines Landsmanns vorbeigeht, um eine andere Rasse zu unterstützen; und ein Yankee ist sein Leben lang ein Yankee und wird seine Farben nie verlassen. Aber wo ist der Neger?

Vor einigen Tagen kam ein höflicher und gut informierter farbiger Mann zu mir und wollte mir einige wichtige Informationen mitteilen. Er begann mit den Worten: „Nun, Doktor, Sie können sich darauf verlassen, dass das, was ich Ihnen jetzt sagen werde, der Wahrheit entspricht, denn ich habe es von einem Weißen – kein Nigger hat mir das erzählt."

In der Duke Street in Alexandria, Virginia, wohnt ein Ire, der vor zwölf Jahren dort sein Geschäft eröffnete, mit zwei Krügen, einer gefüllt mit Whiskey, der andere mit Melasse, etwas Schweinefleisch, etwas Gemüse, Zucker und Salz. Auf der gegenüberliegenden Straßenseite wohnte unser guter Freund, Mr. AS Perpener. Letzterer hatte einen ansehnlichen Lebensmittelladen, allerdings ohne Whiskey. Der größte Teil der Straße war von Farbigen bewohnt. Waren sie Stammkunden ihrer eigenen Landsleute? Überhaupt nicht. Das Geschäft des Iren wuchs rasch; bald vergrößerte er sein Geschäft und erweiterte sein Verkaufsangebot um Holz und Kohle.

Perpener tat dasselbe, aber die Schwarzen gingen vorbei und gingen auf die andere Seite, um dem Sohn von Erin ihre Stammkunden zu geben, der jetzt Häuser „zu vermieten" hat, sie aber nicht an Farbige vermieten will.

Die Juden sind, obwohl über die ganze Welt verstreut, immer noch Juden. Sie haben ihre Rasse und ihre Religion in allen Ländern und zu allen Zeiten bewahrt. Sie verlassen einander nie. Wenn sie sich wegen eines Handelsstreits streiten, versöhnen sie sich rechtzeitig, um sich gegen den Rest der Menschheit zu verbünden. Shylock sagt: „Ich werde mit euch kaufen, mit euch verkaufen, mit euch reden, mit euch gehen und so weiter; aber ich werde nicht mit euch essen, mit euch trinken oder mit euch beten." So wird der Jude trotz seiner Geldgier seine Religion nicht aufgeben, um andere zufriedenzustellen, und dafür ehren wir ihn.

Es ist das Unglück unserer Rasse, dass der Eindruck vorherrscht, „ein Nigger ist so gut wie der andere". Das ist ein großer Irrtum; es gibt in diesem Land farbige Männer, die anderen ihrer eigenen Rasse so weit voraus sind, wie Webster und Sumner dem durchschnittlichen Weißen überlegen waren.

Andererseits haben wir auch kein Vertrauen zueinander. Wir halten die Waren aus dem Laden eines Weißen zwangsläufig für besser als die, die man bei einem Farbigen kaufen kann.

Kein Mensch war jemals erfolgreich, dem es an Selbstvertrauen mangelte. Kein Volk, das kein Vertrauen in seine eigene Nationalität hat, hat jemals Erfolg gehabt oder wird jemals Erfolg haben oder eine respektable Geschichte schreiben.

Wer sein eigenes Volk nicht wertschätzt, wird auch von anderen nicht wertgeschätzt. Wenn ein Weißer einem Farbigen auf die Schulter klopft, sich vor ihm verbeugt und ihn „Mr." nennt, wird er einen meilenweiten Umweg machen, um ihn zu bevormunden, wenn er dabei an einem erstklassigen Händler seiner eigenen Rasse vorbeikommt. Ich fragte einen Farbigen in Columbia, ob er Mr. Frierson bevormunde. Er sagte: „Nein." Ich fragte: „Warum?" „Er hat mich in seinem Leben noch nie zu sich nach Hause eingeladen", war die Antwort.

„Lädt der weiße Mann, mit dem Sie zu tun haben, Sie ein?"

"NEIN."

„Warum erwarten Sie dann, dass Herr Frierson es tut?"

„Oh! Er ist ein Nigger und ich erwarte mehr von ihm als von einem Weißen." Es ist also klar, dass dies das Ergebnis von Eifersucht ist.

Der jüngste Fall der Misshandlung des Kadetten Whittaker in West Point zeigt am deutlichsten, wie arglos die Neger gegenüber Weißen sind. Obwohl

Whittaker wiederholt gewarnt worden war, dass ein Angriff auf ihn bevorstünde, und ihm besonders gesagt worden war, er solle sich in der Nacht, in der das Verbrechen begangen wurde, vor einem Angriff in Acht nehmen, legte er sich mit offener Zimmertür hin und fiel in einen tiefen Schlaf, ohne eine Waffe oder ein Mittel zur Verteidigung in der Nähe. Das war, für alle Welt, wie ein Neger. Ein Yankee hätte einen Revolver mit geladener Patrone gehabt; ein Ire hätte mit einem offenen Auge und einer kräftigen Schillala in der rechten Hand geschlafen, und aller Wahrscheinlichkeit nach hätte jemand nach dem Angriff ein schönes Begräbnis gehabt. Aber dieser Mangel an Mut und Energie, der für diese Rasse so charakteristisch ist, ermöglichte die Begehung eines der schlimmsten Verbrechen, das seit Jahren ans Licht gekommen ist.

Aber der schändlichste Teil dieser ganzen Angelegenheit betrifft das Untersuchungsgericht, das derzeit in West Point unter der Aufsicht von US-Beamten durchgeführt wird . Die gefühllosen und widerspenstigen Kadetten, die Whittaker beleidigten, schmiedeten zweifellos einen ausgeklügelten Plan, um ihre Spuren zu verwischen, und dieser bestand darin, es so aussehen zu lassen, als hätte sich ihr Opfer selbst verletzt. Und auf der Grundlage dieser Theorie erklärte sich einer der jungen Schurken, der zweifellos für diesen Anlass geprobt hatte, freiwillig bereit, dem Gericht zu zeigen, wie der Neger die Täuschung begangen haben könnte.

Und seltsamerweise saßen diese weisen *Ermittler* ruhig da und sahen zu, wie sich der junge Rüpel auf den Boden legte, sich fesselte und erklärte, wie die Sache gemacht wurde.

Wäre das Opfer ein Weißer und seine Peiniger ein Schwarzer gewesen, glaubt irgendjemand auch nur eine Sekunde lang, dass man einer solchen Theorie Gehör geschenkt hätte?

Generationen der Unterdrückung haben ihre Arbeit zu gründlich getan, als dass ihre Spuren in einem Dutzend Jahren ausgelöscht werden könnten. Die Rasse muss aus der Unwissenheit, in der sie gegenwärtig lebt, erzogen und auf eine Stufe mit anderen Rassen gehoben werden. Farbige Anwälte, Ärzte, Handwerker und Mechaniker hungern nach Gönnern, während der Neger den Weißen anfleht, seine Arbeit zu tun. Durch Zusammenschlüsse sind andere Rassen zu dem geworden, was sie heute sind.

Die großen Errungenschaften der Wissenschaftler hätten nicht durch individuelle Anstrengungen in die Praxis umgesetzt werden können. Die großen Werke eines Genies hätten der Welt niemals von Nutzen sein können, wenn diejenigen, die sie geschaffen haben, gemein und selbstsüchtig gewesen wären. Alle großen und nützlichen Unternehmungen waren nur durch den Einfluss und die Energie der Masse erfolgreich.

Ich möchte nicht glauben, dass alle Farbigen sich durch das Lächeln des Weißen kaufen lassen oder durch Einschüchterung Angst bekommen. Ganz im Gegenteil. In allen Südstaaten leben einige der edelsten Vertreter der Menschheit – Männer mit Genie, Kultiviertheit, Mut und Großzügigkeit, die bereit sind, für ihre Rasse zu handeln und zu sterben.

# KAPITEL XXVIII.

RATSCHLÄGE zur Gründung literarischer Vereinigungen und zur völligen Abstinenz von allen alkoholischen Getränken sind erforderlich, und ich werde sie Ihnen in diesem Kapitel geben. Die Zeit für farbige Männer und Frauen ist gekommen, sich zur Selbstverbesserung zu organisieren. Moralische, soziale und intellektuelle Entwicklung sollte die Haupterrungenschaft der schwarzen Rasse sein. Farbige haben so lange die Angewohnheit gehabt, die Weißen nachzuäffen, und oft auch nicht die bessere Klasse, dass ich diese Eigenschaft bei ihnen mehr fürchte als alles andere. Ein großer Prozentsatz von ihnen sind Kellner, sie sehen viel Alkohol in der weißen Gesellschaft der „Oberen Zehn". Folgen Sie nicht ihrem schlechten Beispiel. Lassen Sie sich von ihrer Erniedrigung warnen.

Im Jahr 1879 schickte Boston vierhundert betrunkene Frauen in das Sherborn-Gefängnis; zwei private Irrenanstalten sind belegt, viele von ihnen aus Bostons ersten Familien. Deshalb bitte ich Sie, das Rauschmittel niemals in Ihre Kreise zu lassen.

Es ist schlimm genug, wenn Männer der Trunksucht verfallen. Ein betrunkener Ehemann, ein betrunkener Vater – nur jene geduldigen, untröstlichen, beschämten Ehefrauen und Kinder, denen dieses große Leidenskreuz auferlegt wird, können das Elend ermessen, das es mit sich bringt.

Aber ein betrunkenes Mädchen – eine betrunkene Ehefrau – eine betrunkene Mutter – gibt es für Frauen eine tiefere Tiefe? Das Zuhause wird verdorben – die Kinder werden entehrt, vernachlässigt und misshandelt.

Denken Sie daran, dass all dies vom ersten Glas an geschieht. Der Wein mag angenehm schmecken und für den Moment Glück bringen; man darf jedoch nie vergessen, dass, egal wie hoch die Erheiterung bei einem gesunden Menschen durch den Genuss von Wein auch sein mag, ihm mit Sicherheit ein Grad der Nervendepression folgt, der dem Ausmaß der vorherigen Erregung entspricht. Daher schwächt der übermäßige Genuss von Wein oder sein gewohnheitsmäßiger Genuss das Gehirn und das Nervensystem, lähmt die geistigen Kräfte, beeinträchtigt die Magenfunktionen, erzeugt einen perversen Appetit auf eine Erneuerung des schädlichen Getränks oder eine krankhafte Vorstellungskraft, die die Brauchbarkeit des Menschen zerstört.

Das nächste wichtige Bedürfnis unseres Volkes ist die Pflege von Geschäftsgewohnheiten. Wir sind seit so langer Zeit eine abhängige Rasse, haben so lange auf die Weißen als unsere Führer geschaut und uns mit der Plackerei des Lebens zufrieden gegeben, dass die meisten, die ein eigenes

Geschäft beginnen, wahrscheinlich scheitern, weil sie nicht wissen, was wir tun. Da die Bildung eines großen Prozentsatzes der farbigen Menschen fragmentarischer Natur ist, hier und da nach und nach erworben wurde und notwendigerweise auf ein gewisses Maß beschränkt sein muss, sollten wir unsere freien Stunden zum Lernen nutzen und Vereine für moralische, soziale und literarische Bildung gründen . Wir müssen darauf abzielen, uns selbst aufzuklären und andere zu höheren Gesellschaften zu bewegen.

Unsere Arbeit liegt in erster Linie in der inneren Kultur, an den Quellen und Ursprüngen des individuellen Lebens und Charakters. Wir versuchen überall, die vollständige Befreiung des menschlichen Geistes von der Unwissenheit zu fördern und zu unterstützen, indem wir die größtmögliche Freiheit des Denkens und die größtmögliche Erhöhung des Lebens in Richtung des erhabeneren Standards eines kultivierten Charakters einladen. Da wir der Meinung sind, dass die Literatur unserer Zeit die Widerspiegelung der bestehenden Sitten und Denkweisen ist, die im Alembik des Genies vergeistigt und verfeinert werden, sollten wir der Literatur unsere größte Ermutigung zukommen lassen und unseren Verbänden die Bedeutung von Originalaufsätzen, ausgewählten Lesungen und der Förderung des musikalischen Talents vor Augen führen.

Wenn wir einen Beweis für die positiven Auswirkungen einer solchen Bildung brauchen, müssen wir nur zurückblicken und den wunderbaren Einfluss Homers auf die Griechen, Vergils und Horazes auf die Römer, Dantes und Ariostos auf die Italiener, Goethes und Schillers auf die Deutschen, Racines und Voltaires auf die Franzosen, Shakespeares und Miltons auf die Engländer sehen. Die Vorstellungskraft dieser Männer, in Verse oder Prosa umgesetzt, war das Thema des Königs in seinem Palast, des Liebhabers in seinen verträumten Stimmungen, des Bauern auf dem Erntefeld, des Mechanikers in der Werkstatt, des Seemanns auf hoher See und des Gefangenen in seiner düsteren Zelle.

Tatsächlich verfügen Autoren über die begabtesten und produktivsten Köpfe, die alle Reize des Stils mit seltenen, faszinierenden sprachlichen Fähigkeiten, Eloquenz, Witz, Humor, Pathos, Genie und Gelehrsamkeit vereinen. Und aus solchen Quellen Wissen zu schöpfen, sollte eines der höchsten Ziele des Menschen sein. Die besseren Elemente der Gesellschaft können nur durch die Organisation von Gesellschaften und Clubs zusammengebracht werden.

Die Kultivierung des Geistes ist der Überbau des moralischen, sozialen und religiösen Charakters, der uns in unser tägliches Leben begleitet und uns zu dem macht, was Gott von uns wollte – die edelsten Instrumente seiner schöpferischen Kraft. Unsere Bemühungen sollten darauf gerichtet sein, unseren Geist mit breiteren und besseren Ansichten über Wissenschaft und

Literatur und einer geistigen Edelmut zu erfüllen, die kleinliche Ziele wie Patriotismus, Ruhm oder bloße persönliche Bereicherung ignoriert. Es heißt, es fällt nie ein Schatten, der nicht einen bleibenden Abdruck seines Bildes hinterlässt, ein Denkmal seiner vorübergehenden Präsenz. Jeder Charakter wird durch Assoziation verändert. Worte, das Bild der Ideen, sind eindrucksvoller als Schatten; Taten, verkörperte Gedanken, beständiger als alles Materielle. Wenn wir diese Wahrheiten glauben, sage ich, dass Gott uns für jeden geäußerten Gedanken belohnen wird, der in seiner Tendenz veredelt und zu christlicher Würde und männlicher Ehre erhebt. Dauerhafter Erfolg hängt vom inneren Wert ab. Der beste Weg, einen öffentlichen Charakter zu haben, ist, einen privaten zu haben.

Der große Kampf um unseren Aufstieg findet jetzt bei uns selbst statt. Wir können von Hannibal, Euklid, Phyllis, Wheatly, Benjamin Bannaker und Toussaint L'Overture sprechen, aber die Welt wird uns nach unseren Männern und Frauen der Gegenwart fragen. Wir können nicht von der Vergangenheit leben; wir müssen uns einen Ruf erarbeiten, der der Prüfung standhält, einen, auf den wir ein legitimes Recht haben. Dazu müssen wir die besten Beispiele nachahmen, die uns die kultivierten Weißen geben, und ihnen auf diese Weise beibringen, dass sie aufgrund ihrer Rasse keine Überlegenheit beanspruchen können.

Die Bemühungen unterdrückter Nationen oder Gemeinschaften, ihre Ketten abzuwerfen, berechtigen sie zum Respekt der Menschheit und verschaffen ihnen diesen. Die Schwarzen haben dies nie getan, und was sie taten, war so schwach, dass es kaum eines Kommentars bedarf. Denmark Veseys Pläne für einen Aufstand in South Carolina waren edel und hätten ein besseres Schicksal verdient; aber er wurde von der Rasse verraten, der er dienen wollte.

Nat Turners Freiheitskampf war der Gefühlsausbruch eines Wahnsinnigen, der durch die Sklaverei dazu geworden war. Zwar leisteten die Neger in den Schlachten von Wagner, Honey Hill, Port Hudson, Millikin's Bend, Poison Springs, Olustee und Petersburg gute Dienste. Doch wäre es weitaus besser gewesen, wenn sie früher begonnen hätten oder unter Führern ihrer eigenen Farbe gestanden hätten. Die Revolution von St. Domingo brachte mutige Männer hervor. Doch das spätere Verhalten des Volkes als Regierung wirft wenig oder gar keine Ehre auf die Rasse. Seit der Vertreibung Rochambeaus treiben sie wie ein Schiff ohne Ruder umher.

Tatsache ist, dass die Welt gerne die Tapferkeit eines unterdrückten Volkes sieht, auch wenn es sein Ziel nicht erreicht. Es sind diese Ausbrüche der Freiheitsliebe, die den Versklavten Respekt und Sympathie einbringen. Deshalb wünsche ich den Männern und Frauen des Südens Gottes Segen bei ihren Bemühungen, die lange Phase der Lethargie zu durchbrechen, die über der Rasse schwebt. Seien Sie nicht zu voreilig beim Aufbruch, sondern bereiten Sie sich auf den Aufbruch vor, und „stehen Sie nicht auf dem Befehl zu gehen, sondern gehen Sie." Nach allgemeinem Recht ist der Süden die Heimat der Neger. Dort geboren und „aufgewachsen", urbar machten sie das Land, erbauten die Städte, ernährten und kleideten die Weißen, pflegten ihre Kinder, verdienten das Geld, um ihre Söhne und Töchter zu erziehen; durch die Arbeit der Neger wurden Kirchen gebaut und Geistliche bezahlt.

Zweihundert Jahre lang führten die Weißen im Süden ein faules Leben auf Kosten der Freiheit der Neger. Als es zum Aufstand kam, schützten die Schwarzen, die bis zuletzt treu und vertrauenswürdig waren, die Familien und Häuser der Weißen, während diese im Ausland gegen die Regierung kämpften. Der Süden ist die Heimat der Schwarzen; doch wenn seine Rechte nicht geschützt werden können, sollte er gehen. Wo weiße Männer mit liberalen Ansichten keinen Schutz finden, sollte der Farbige nicht danach suchen. Folgen Sie dem Beispiel anderer unterdrückter Rassen und brechen Sie zu neuen Gebieten auf. Wenn Leid die Folge ist, lassen Sie es geschehen; andere haben vor Ihnen gelitten. Sehen Sie sich die Iren, Deutschen, Franzosen, Italiener und andere Rassen an, die in dieses Land gekommen sind, in den Westen gegangen sind und jetzt die Segnungen der Freiheit und des Überflusses genießen, während der Neger die Frage diskutiert, ob er den Süden verlassen soll oder nicht, einfach weil er dort geboren wurde.

Während sie so über das Thema debattieren, verbieten ihm ihre alten Unterdrücker, das Land zu verlassen, da sie sehen, dass der Neger den richtigen Ton getroffen hat. Georgia hat es zu einem strafbaren Vergehen gemacht, die Schwarzen zur Auswanderung aufzufordern, und ein Neger sitzt bereits im Gefängnis, weil er die Lage seiner Mitmenschen verbessern wollte. Dies ist derselbe Geist, der die Menschen dieses Staates 1835 dazu veranlasste, eine Belohnung von fünftausend Dollar für den Chef von Garrison anzubieten. Kein Volk hat Unterdrückung ertragen wie der Neger, und keine Rasse wurde so sehr bedrängt. Gehen Sie in sein eigenes Land. Fragen Sie den holländischen Bauern, woher seine Verachtung und innere Abneigung gegenüber dem Neger, den Hottentotten und dem Caffre kommt; fragen Sie ihn nach seinem Vollmachtsbefehl, diese unglücklichen Rassen in die Sklaverei zu zwingen; er wird auf die Feuerwaffen zeigen, die über dem Kaminsims hängen – „Das ist mein Recht."

Der Mangel an Unabhängigkeit ist der größte Fehler der Farbigen. Im gegenwärtigen Zustand der Südstaaten, wo das Land in den Händen einer schäbigen, unwissenden, abergläubigen, rebellischen und Neger hassenden Bevölkerung ist, können die Schwarzen nicht unabhängig sein. Dann wandern Sie aus, um der Umgebung zu entkommen, die Sie dort festhält, wo Sie sind. Alle können nicht gehen, selbst wenn es wünschenswert wäre; aber diejenigen, die bleiben, werden bessere Chancen haben. Die

Plantagenbesitzer werden dann eine andere Politik verfolgen müssen. Das Recht der Neger, die bestmöglichen Bedingungen auszuhandeln, muss anerkannt werden, und was früher eine Anmaßung war, die nach Unterdrückung verlangte, wird jetzt als eines der Privilegien der Freiheit toleriert. Die Fähigkeit der Neger, ihren Standort zu wechseln, wird auch die öffentliche Meinung gegen die Plantagenräumung aufbringen.

Zweihundert Jahre haben gezeigt, dass die Neger die Handarbeiter dieser Bevölkerungsgruppe sind und ohne sie die Landwirtschaft zum Stillstand käme.

Der Neger ist bereit, gegen Bezahlung jeden Dienst unter der Erde zu verrichten, egal wie abstoßend oder entbehrungsreich er ist. Er singt seine alten Plantagenmelodien und läuft im Juli und August über die Baumwollfelder, wenn der härteste Weiße ein Sonnendach sucht. Hitze ist sein Element. In den Reissümpfen, wo das Leben eines Weißen nicht einmal sechs Pence wert ist, fürchtet er keine Malaria.

Dann, sage ich, verlassen Sie den Süden und hungern Sie die Weißen aus, bis sie Gerechtigkeit und gesunden Menschenverstand erkennen. Denken Sie daran, dass Tyrannen ihre Opfer nie aus der Hand geben, bis sie dazu gezwungen werden.

Ob die Schwarzen nun auswandern oder nicht, ich sage ihnen: Haltet euch von den Städten und Dörfern fern. Geht aufs Land. Arbeitet auf den Bauernhöfen.

Wenn Sie in der Stadt bleiben, erlernen Sie einen Beruf oder ein Gewerbe, aber bedenken Sie, dass ein gutes Gewerbe besser ist als ein schlechter Beruf.

In Boston gibt es viele farbige Berufstätige, vor allem in der Rechtsbranche, und die meisten von ihnen sind besser für landwirtschaftliche Dienstleistungen, den Maschinenbau oder das Fahren eines Aschenkarrens geeignet.

Man sollte sich keinen Beruf aussuchen, nur weil man den Ruf hat, ein „Profi" zu sein, oder weil man glaubt, dass man damit ein bequemes Leben führen kann. Ein ehrenhafter, lukrativer und durch Treue erworbener beruflicher Ruf ist eine Karriere, die Ehrlichkeit, Geduld, Nüchternheit, Fleiß und christlichen Eifer erfordert.

Keine Drohne kann eine solche Position besetzen. Wählen Sie den Beruf oder das Gewerbe, das Ihre Ausbildung, Neigung, geistige und körperliche Stärke zulässt, und widmen Sie dann Ihre Zeit der Arbeit, die Sie übernommen haben, und arbeiten Sie, arbeiten Sie.

Ich sage noch einmal: Wer im Süden keine bezahlte Arbeit findet, soll auswandern.

Manche sagen: „Bleibt und kämpft, kämpft für eure Rechte, lasst euch nicht von den alten Rebellen vertreiben, das Land gehört euch genauso wie ihnen." Solche Reden sind sehr nützlich für Männer, die außerhalb des Südens ein komfortables Zuhause haben und durch Gesetze geschützt sind; aber für den Neger, der kein Zuhause, kein Essen, keine Arbeit hat und dem der Landbesitzer Bedingungen bietet, unter denen er kaum mehr tun kann als zu verhungern, ist solches Gerede Unsinn. Was ausfechten? Hunger? Armut? Kälte? Verhungern? Schwarze Männer, wandert aus.

# KAPITEL XXIX.

IN Amerika ist der Neger als Rasse einzigartig. Er hat in der großen Menschheitsfamilie weder Partner noch Mitmenschen. Welche Fortschritte er auch macht, er muss sie hauptsächlich seinen eigenen Bemühungen verdanken. Dies ist eine bedauerliche Tatsache, gegen die es scheinbar kein Heilmittel gibt.

Die gesamte Geschichte beweist, dass die Verschmelzung der große Zivilisator der menschlichen Rassen ist. Wo immer eine Rasse, ein Clan oder eine Gemeinschaft zusammengehalten und Mischehen mit anderen durch Gesetz, Brauch oder allgemeine Zustimmung verboten hat, haben sie wenig oder gar keine Fortschritte gemacht. Die Juden, ein eigenständiges und isoliertes Volk, sind nur gut darin, Geschäfte zu machen und reich zu werden. Die Zigeuner beginnen und hören mit dem Pferdehandel auf. Die Iren sind in ihrem eigenen Land langweilig. Die koptische Rasse bildet nur eine Handvoll dessen, was sie einmal waren – diese Erbauer, die in der Antike und in der Neuzeit ihresgleichen suchten. Was ist aus ihnen geworden? Wo sind die Römer? Welche Rassen haben sie zerstört? Welche Rassen haben sie verdrängt? Vierzehn Jahrhunderte lang herrschten sie über die halbzivilisierte Welt; und jetzt sind sie nicht bedeutender als die alten Skythen oder Mongolen, Kopten oder Tataren. Ein nicht verschmelzendes, inaktives Volk wird untergehen. So war es bei den Mexikanern, als Cortés nach Mexiko marschierte, und bei den Peruanern, als Pizarro nach Peru marschierte.

Vor der Invasion ihres Landes waren die Briten ein langweiliges, lethargisches Volk, und durch ihre Adern floss das heiße, romantische Blut von Julius Cäsar und Wilhelm von der Normandie.

Caractacus, König der Briten, wurde gefangen genommen und in Ketten nach Rom geschickt. Noch später legten die sächsischen Generäle Hengist und Horsa den Briten die demütigendsten Bedingungen auf, denen sie sich unterwerfen mussten. Dann kam Wilhelm der Normanne, besiegte Harold bei Hastings, und das Blut der berühmtesten Landpiraten und Seeräuber, die jemals die Menschheit entehrt haben, vermischte sich mit dem der Briten und Sachsen und schenkte der Welt die angelsächsische Rasse mit ihrer körperlichen Leistungsfähigkeit, ihrem starken Geist, ihrem mutigen und unternehmungslustigen Geist. Und doch verdankt diese Rasse alles, was sie ist, ihrem gemischten Blut. Die Zivilisation oder der soziale Zustand des Menschen ist das Ergebnis und der Test der Qualitäten jeder Rasse. Der Neger wird auf diesem Kontinent niemals von dieser Blutmischung profitieren. Im Süden, wo er aufwächst, im Norden, Osten oder Westen, es ist alles dasselbe, kein frisches Blut wird in seine trägen Adern fließen.

Seine einzige Hoffnung sind Bildung, Berufe, Gewerbe und das Nachahmen der besten Beispiele, egal aus welcher Quelle diese stammen.

Diese Abneigung gegen die Vermischung mit den Negern hat sich in allen Staaten gezeigt. Die meisten Parlamente der nördlichen und östlichen Staaten haben diese Frage schon vor Jahren behandelt. Seit Beginn dieses Jahres hat der Senat von Rhode Island die Aufhebung des alten Gesetzes abgelehnt, das die Mischehe zwischen Weißen und Schwarzen verbietet . Somit bleibt dem farbigen Mann überlassen, „sein eigenes Kanu zu paddeln". Wo es kein Gesetz gegen die Vermischung der beiden Rassen gibt, herrscht eine öffentliche Meinung, die oft stärker ist als das Gesetz selbst. Sogar das wilde Blut der Indianer weigert sich, sich mit dem trägen Blut der Neger zu vermischen. Dies ist keine leichte Angelegenheit, denn Rassenhass, Vorurteile und allgemeine Bosheit vergehen alle vor der schmelzenden Kraft der Vermischung. Die Schönheit der Mischlinge des Südens, das Ergebnis des Verbrechens der Sklaverei, hat seit langem die Aufmerksamkeit der Schriftsteller auf sich gezogen, und warum nicht eine legale Vermischung? Und dann könnte dies helfen,

„Sie machen eine Rasse viel liebenswerter und schöner,
ein wenig dunkler als die Weißen:
stärker und edler und besser gebaut, mit
wollüstigeren, gütigeren und wärmeren Herzen; mit
schönen Brüsten, die sich mit einem Stolz heben,
den die Natur den Weißen je verwehrt hat."

Die Auswanderung in andere Staaten, wo die Schwarzen mit gebildeten und unternehmungslustigen Weißen in Kontakt kommen, wird ihnen sehr gut tun. Dieser Nutzen des Handelsverkehrs zeigt sich in den viertausend Farbigen, die nach Boston gekommen sind, wo die meisten von ihnen als Dienstboten arbeiten. Sie sind als die besten Hausangestellten der Stadt begehrt. Einige dieser Menschen, die vor dem Krieg Sklaven waren, sind jetzt im Handel tätig, machen gute Geschäfte und zeigen, was der Kontakt bewirken kann. Viele von ihnen zählen zu den fähigsten Weißen in denselben Berufen. Tatsächlich sind die verschiedenen Berufe gut durch Südstaatler vertreten, was die Notwendigkeit der Auswanderung deutlich zeigt. Obwohl der Farbige einen traurigen Fehler gemacht hat, indem er sein Recht auf Freiheit nicht verteidigt hat, hat er, das ist wahr, auf anderen Gebieten Fähigkeiten gezeigt. Benjamin Banneker, ein Neger aus Maryland, der vor hundert Jahren lebte, zeigte hervorragende natürliche Eigenschaften. Er hatte eine schnelle Auffassungsgabe und ein lebhaftes Verständnis, mit denen er die subtilsten und verzwicktesten Teile der Mathematik und Metaphysik mühelos erfassen und bewältigen konnte. Er besaß in hohem Maße jenes Genie, das einen Gelehrten ausmacht; jene Qualität, ohne die

Urteilskraft kalt und Wissen träge ist; jene Energie, die sammelt, kombiniert, verstärkt und belebt.

Die trotz widriger Umstände raschen Fortschritte der farbigen Bevölkerung des Südens bei der Erlangung von Bildung und Wohnstätten ernten in allen Gesellschaftsschichten höchste Bewunderung.

Die Produkte ihres angeborenen Genies und Fleißes, wie sie auf den Landwirtschaftsmessen der Bezirke und Bundesstaaten zur Schau gestellt wurden, sprechen für diese Rasse.

Auf der National Fair, die im Herbst 1879 in Raleigh, North Carolina, stattfand, wurde den farbigen Bürgern des Südens, die die Sache in die Hand genommen hatten, große Ehre gemacht. Solche Demonstrationen intellektuellen und technischen Unternehmergeistes werden die Menschen stark dazu anregen, ihre Fähigkeiten weiterzuentwickeln und höhere Fähigkeiten zu erlangen.

Die farbige Bevölkerung der Vereinigten Staaten benötigt dringend eine Nationale Wissenschaftliche Vereinigung, der jährliche Berichte über die in den Bereichen Wissenschaft, Philosophie, Kunst, Philologie, Ethnologie, Rechtswissenschaft, Metaphysik und allem, was dazu beitragen kann, die Rassen in ihrer moralischen, sozialen, intellektuellen und physischen Entwicklung zu *vereinen , erzielten Ergebnisse vorgelegt werden können.*

Wir haben hochkarätige schwarze Künstler, sowohl in der Malerei als auch in der Bildhauerei; außerdem Entdecker, die Patente besitzen, und doch weiß die Welt wenig oder nichts über sie. Die Zeit für den Neger, sein Schicksal zu bestimmen, ist gekommen. Jetzt lasst ihn zeigen, dass er der Stunde gewachsen ist.

In diesem Werk habe ich häufig das Wort „Neger" verwendet und werde zweifellos davon hören, wenn die Negerkritiker das Buch zu Gesicht bekommen. Und warum sollte ich es nicht verwenden? Ist es nicht ehrenhaft? Was ist an dem Wort, das nicht so gut klingt wie „Englisch", „Irisch", „Deutsch", „Italienisch", „Französisch"?

„Nennen Sie mich nicht Neger, ich bin Amerikaner", sagte vor ein paar Tagen ein Schwarzer zu mir.

„Warum nicht?", fragte ich.

„Nun, Sir, ich bin in diesem Land geboren und möchte nicht, dass mein Name falsch genannt wird."

In diesem Moment kam ein Irisch-Amerikaner auf mich zu und schüttelte mir die Hand. Er war mein Nachbar in Cambridge gewesen. Als der junge Mann gegangen war, fragte ich den Schwarzen, was für ein Landsmann er glaubte, der Mann sei.

„Oh!", antwortete er, „er ist ein Ire."

„Wie kommen Sie darauf?", fragte ich.

„Das verrät allein sein Akzent."

„Warum", sagte ich, „reicht Ihre Hautfarbe dann nicht aus, um zu erkennen, dass Sie ein Neger sind?"

„Arh!", sagte er, „das ist ein Pferd von anderer Farbe", und ließ mich mit einem „Ha, ha, ha!" zurück.

Schwarze Männer, schämen Sie sich nicht, Ihre Farbe zu zeigen und dazu zu stehen.